◆高等院校会展专业教材

◆南开大学出版社

◆主编　丁　烨◆

企业参展管理

（第二版）

图书在版编目(CIP)数据

企业参展管理 / 丁烨主编. —2 版. —天津:南开
大学出版社,2015.3(2022.1 重印)
高等院校会展专业教材
ISBN 978-7-310-04761-1

Ⅰ.①企… Ⅱ.①丁… Ⅲ.①企业－展览会－管理－
高等学校－教材 Ⅳ.①F274－28

中国版本图书馆 CIP 数据核字(2015)第 032122 号

企业参展管理(第 2 版)
QIYE CANZHAN GUANLI (DI-ER BAN)

南开大学出版社出版发行
出版人:陈　敬
地址:天津市南开区卫津路 94 号　　邮政编码:300071
营销部电话:(022)23508339　营销部传真:(022)23508542
https://nkup.nankai.edu.cn

天津泰宇印务有限公司印刷　全国各地新华书店经销
2015 年 3 月第 2 版　　2022 年 1 月第 5 次印刷
230×170 毫米　16 开本　16.25 印张　296 千字
定价:45.00 元

如遇图书印装质量问题,请与本社营销部联系调换,电话:(022)23508339

前　言

　　进入 21 世纪以来，我国会展业得到快速发展，在"十五"、"十一五"期间，会展业产值年均增长率达到15%以上，会展业已成为国民经济的重要组成部分，成为地区经济发展的助推器。目前，我国多个省市都将会展业列为本地区的支柱产业或重要产业，有近 60 个城市提出要大力发展会展经济，成为会展中心城市。全国制定会展业"十二五"发展规划的省区市超过 60 个。据不完全统计，截至 2012 年底，我国举办各类展览会超过 8000 个，展出面积达到 9000 万平方米，其中 3 万平方米以上的展览达到 400 多个。中国会展业历经 30 年的发展，在展览数量、展览内容、组展水平等方面不断提高，已形成众多国际知名品牌展览，其中已有 78 个展览获得世界最高级别展览认证——国际展览联盟（UFI）认证，成为世界展览业界公认的知名品牌展览。国际展览联盟（UFI）公布的数据显示，2013 年中国展览会数量已是世界第二，亚洲第一。越来越多的展览会在中国举办，越来越多的中国企业纷纷参加国内外各类展览，中国逐渐成为世界展览大国。参加展览会已经成为越来越多企业推广产品、打造形象与品牌、开拓市场的重要营销手段。

　　企业参展是一项系统工程，涉及营销、管理、物流、财务等诸多方面。如何选择展览会、如何有效分配参展资源、如何实现参展目标是成功参展需要深入思考的问题。

　　本书在 2009 年出版的《企业参展管理》基础上，修订完成。与第一版相比，本书在章节编排以及内容上都做了新的调整。本书共分上下两篇，上篇是企业参展基本原理，主要针对企业参展的一般原理和流程进行阐释，在全面讨论企业参展需求的基础上，从企业参展的角度出发，全面详尽地阐述了企业参展的流程和企业参展管理要点，并补充了新的内容；下篇是中国企业出国参展，将此部分内容独立，是为了顺应越来越多的中国企业赴海外参展，开拓海外市场对此领域知识信息的需求。这样的编排更符合当前企业参展的发展形势。

　　本书分为上下两篇，共十二章。上篇是企业参展基本原理，内容包括第一章重点介绍展览会的概念、特性、分类以及发展历史；第二章重点介绍企业参展的效益、参展目标以及目标制定过程中常见的问题；第三章重点介绍参展企业正确选择展览会的方法和要点；第四章重点介绍企业在参展前要做哪些准备工作；第五章重点介绍如何选择设计合理的展台，达到展出效果；第六章重点介绍在企业参展过程中，如何对物流、现场等一系列活动进行有效控制管理；第七章重点介绍企业在参展结束后要进行哪些具体工作；第八章重点介绍企业参展的知识产权保护问题。下篇针对中国企业出国参展流程中突出的问题进行阐释，主要内容包括第九章重点介绍中国企业赴国外参展的流程；第十章重点介绍中国企业出国参展需要注意的问题；第十一章重点介绍中国企业出国参展的知识产权保护注意事项及应对方案；第十二章重点介绍中国企业出国参展主要的目的地国家展览业概况。

　　企业参展管理不仅是参展企业必须掌握的管理技能，也是会展专业核心课程之一。本书既可作为企业参展人员的指导手册，也可作为高等院校会展专业的教材。

　　本书的出版离不开许多人的无私帮助和热情鼓励。

　　感谢我所在单位上海对外经贸大学会展与旅游学院的领导和同事们对本书出版的无私帮助。

　　感谢我担任的企业参展管理原理课程的德方合作教师 Muller-Martin 先生、我的德国同事奥斯纳布吕克应用技术大学会展专业主任 Schwaegermann 教授以及前汉诺威会议中心总经理 Gaida 博士对我的帮助。

　　感谢南开大学出版社王冰老师为本书的修改、定稿和编撰出版付出的大量心血。

　　在本书写作过程中，吸收了国内外学者的研究成果，参考了许多相关著作，在此谨向这些作者们表示衷心的感谢和敬意。

丁　烨

2014 年 6 月

于上海对外经贸大学思源湖畔

目 录

下篇　中国企业出国参展

上　篇
企业参展基本原理

第一章

展览会概述

【教学目的与要求】

参加展览会已成为企业实现各种商业目的的重要手段。企业参展越来越成为现代商务的重要方式、现代商贸的重要环节。通过本章学习，明确展览会的概念、特性和各种分类，以及展览会在欧美、中国的发展历史，进而掌握现代展览会的内涵与外延。

第一节 展览会的概念

在现代展览业中，"展览会"是使用最多、含义最广的展览代表名称，也是所有展览称谓中最富有现代含义的词语。展览会从字面上理解，就是陈列、观看的聚会。它是在集市、庙会形式上发展起来的更高层次的展示形式。在内容上，现代展览会不局限于集市或庙会的贸易及其所具有的娱乐性，而是已扩大到科学技术、文化艺术等人类活动的各个领域；在形式上，现代展览会具有正规、固定的展示场地，现代的管理组织等特点。

从广义上讲，展览会涵盖了所有的展示形式，包括通常意义上的展览会、展销会、交易会、博览会等；从狭义上讲，展览会特指带有贸易和展示性质的展览活动，是交易会、贸易洽谈会、展销会、看样定货会的总称。展览会的内容一般限于一个或几个相邻的行业，主要目的是新产品或新技术的发布和展示以及商贸洽谈。

除展览会外，交易会和博览会也是频繁使用的展览代表名称，它们各有特指。交易会英文是 Trade Fair，特指商贸类交易活动，是生产企业与批发商、零售商等专业买家之间的交流交易形式，不包括公众消费者。

博览会英文是 Exposition，更多的是侧重对展出内容与展出规模的描述。一般是指那些展览规模较大、展出内容较广、参展企业和参观者众多的展览会。目前世界上最知名、最具影响力的博览会就是"世界博览会"，简称世博会（World Expo）。世博会是全球最高级别的博览会，是由某一国家政府主办，多个国家或国际组织参加，用以展现人类在社会、经济、文化和科技领域取得的成就的国际性大型展示会。与普通展览会相比，世博会展示时间长，展出规模大，且具有非商业性。

综上所述，本书对"展览会"概念作如下界定：

展览会是一种具有一定规模，举办日期和举办场地相对固定，具有现代管理组织特征，以展示组织形象或产品为主要形式，以促成参展商和观众之间交易活动或信息交流为目的的中介性活动。

展览会的利益主体包括展览会的主办方、承办方、参展商和观众，其表现形式是货物或服务的展示，目的是实现货物或服务的宣传与交易、参展商和观众之间的信息交流与商贸洽谈等。

展览会有着悠久的历史和独特的经济交换与沟通形式，在现代市场经济环境下，凭借其特有的优势，得到了快速的发展。

第二节　展览会的特性

现代展览会根据其形式具有市场营销性、前沿性、直观性和互动性四大特性。

一、市场营销性

展览会的市场营销性是指展览会作为一种以产品交易、信息交流为目的的中介性活动具备一系列市场营销的特性。市场营销是一系列的计划及执行活动，其过程包括对一个产品、一项服务或一种思想的开发制作、定价、促销和流通等，其目的是经由交易或交换的过程达到满足组织或个人的需求目标。市场营销的大部分功能和目的都可以通过展览会这样的形式来实现，市场营销性也是展览会最首要的特性。展览会的市场营销特性具体表现在以下 4 个方面：

1. 产品销售

目前阶段，国内企业参加展览会首要目的就是为了销售产品和获取订单。通过展览会这样一个交流平台，进行老客户的联络和新客户的寻求，是建立企业销售渠道最有效、最便捷的途径。不仅中国如此，大型国际展览会更是经济全球化的舞台。有资料显示，展览业强国——德国 80%的贸易活动都是通过参加展览会直接或间接完成的。

与消费品零售不同，展览会产品销售的对象更多的是商业市场。所谓商业市场是指包括为生产向他人出售、租赁、供应的产品而购买产品的所有组织，也就是平时所讲的批发商、代理商和零售商，它们是生产企业和终端消费者的中间桥梁。商业市场规模巨大，以美国为例，每年有超过 1300 万个零售、批发组织购买价值数千亿的商品与服务。展览会是向这些商业市场展示产品、提供产品的最佳场所，商业市场组织在展览业界一般被称为专业买家或专业观众。

2. 寻求潜在消费市场

展览会的另一个市场营销性表现在对潜在消费市场的寻求，即企业如何通过展览会挖掘潜在消费市场。从消费者购买行为分析着手，对于这一点许多市场营销书籍和消费者行为学研究都有广泛深入的讨论，如图 1.1 所示。

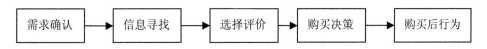

图 1.1　购买者决策过程

资料来源：菲利普·科特勒等著，王永贵等译，《营销管理》（第 14 版），北京：中国人民大学出版社，2014 年，第 209 页。

在图 1.1 中，菲利普·科特勒将购买者决策过程划分成 5 个阶段，各阶段之间相互衔接。在整个购买者决策过程中，展览会在第二阶段即信息寻找阶段起到重要的作用。消费者在经历了购买决策的第一阶段即消费需求确认阶段之后，进入第二阶段，针对需求进行相关产品信息的寻找。一般消费者信息来源包括个人来源、商业来源、公共来源和经验来源。研究显示，消费者关于产品信息的最主要的来源是商业来源，而目前展览会正越来越成为商业来源的重要组成部分。

一个较大规模的展览会上，参展企业少则上百家多则几千家，相比参展企业数量更多的是产品的购买者——观众。一般为期 3～5 天的展览会，观众多达上万人。参展企业在展览会现场不仅能联系到许多老客户，还能发现更多的潜在客户或新的买家。在现代商贸形式中，只有展览会这样一个平台能在短时间内为企业提供数量众多的新买家，挖掘更多的潜在消费者。

3. 关系营销

关系随着人类社会的产生而出现，随着社会的发展而发展。现代社会中，关系体现了个人、企业乃至社会大系统的基本特征。市场营销的最新发展趋势之一就是基于外部因素和社会发展的关系营销。

关系营销是指把营销活动看成企业与消费者、供应商、分销商、行业竞争者及其他公众发生互动作用的过程，企业营销活动的核心是建立并发展与这些机构单位的良好关系。展览会作为产品展示、企业竞争、广而告之的最佳舞台，也是产品制造销售企业与各关系网络交流、了解的最佳场所。在展览会现场，销售人员通过与买家面对面的互动可以建立起良好的关系网络；通过与竞争者的同台竞技，相互接触，形成竞争合作关系。

4. 市场调研

搜集市场信息是市场营销的重要组成部分。传统搜集信息的渠道包括：从应聘者和竞争对手处获得情报，从与竞争对手有生意往来的人中获得信息，从出版物和公共文件中获得信息，以及通过观察对手或分析产品获得信息。近年来，在以消费者需求为导向的营销理念影响下，很多企业高价聘请专业市场调查公司，通过设计问卷、调研访谈等多种形式，进行市场信息搜集。采用这样的方法在一定程度上对掌握市场信息有着积极的作用，但不足之处在于成本过高，而且由于专业市场调查公司对本行业并不是很熟悉，造成一定程度的信息不对称可能会影响企业的市场判断。

展览会尤其是专业展览会，是本行业机构单位、个人、产品、信息技术等在时间与空间上的快速集聚。本行业企业、专业买家和产品的高度集中，将会产生大量信息流，通过面对面的接触，在很大程度上可以避免信息不对称，便于企业或个人快捷而准确地搜集信息，进行市场分析。此外展览会现场，无论是采用调查问卷还是现场访谈，其成本相对较低，因此参加展览会是企业实现市场调研的有效手段。

二、前沿性

展览会另一大特点是给企业提供了展示新产品、新技术的最佳舞台。为吸引观众和塑造企业形象，企业在展览会现场所展示的是必定是该企业最新的、最前沿的产品和技术。因此，现代展览会具有科技性和时尚性的特征。

1. 科技性

展览会的科技特性体现在两方面：一是展示产品的科技含量高，二是展览会本身从组织、策划到管理整个过程包含较高的科技成分。

展览会的成功与否，很大程度取决于业内领军企业的出席率，取决于业内新技术的展示以及新产品发布的数量。这在电子通信业、汽车制造业、机械制造业等专业展览会表现尤为突出。以汽车展为例，每年的国际四大车展，即德国法兰克福国际汽车展、瑞士日内瓦国际汽车展、美国芝加哥国际汽车展和中国上海/北京国际汽车展，各知名汽车厂家都会隆重出席，德国大众和奔驰公司、美国的通用公司、日本的本田和丰田公司等世界一流汽车生产厂家在车展现场除展示比拼豪华的展台和最新的车型以外，最新研发的汽车技术也成为彰显各厂商实力的重要看点。近年来，环保低碳型、节约紧凑型、电动小型车已成为车展的新趋势，诸如特斯拉等知名电动车品牌新贵一经车展亮相后，销售量猛增，直逼传统汽车品牌。由此可见，展览会上展品的科技发展直接体现了本行业的发展趋势。

展览会自身的科技性更多地体现在现代信息技术和多媒体技术的运用上。现代展览会从招展销售、观众登记、现场检票以及展台演示都不同程度地引入了新技术。运用 Online-Offline 的营销宣传模式，利用网络技术实现网上招展，采用电子识别系统进行观众登记检票，展台运用多媒体技术，多维立体地向观众展示产品，这些高新技术也实现了展览会的进一步发展。

2. 时尚性

现代展览会与传统集市最显著的区别还体现在其紧跟潮流的时尚性。这一方面是指展览会展示的产品能引领时尚，另一方面是指展览会现场展示的手段是时尚吸引人的。

纵观近代制造业的发展，许多产品都是通过展览会走向大众，成为引领世界的潮流，为人们所熟知接受，并且也改变了人类的生活。历史上蒸汽机、光缆、汽车、飞机、无线电通信、GPS 全球定位系统、电脑触屏技术这些引起人类生活重大变革的产品，无一不是从世博会、专业展览会上，被介绍给大众，成为人类时尚生活的重要组成部分。

此外，现代展览会的展示手段不再局限于传统的样品陈列，大量的产品和服务在展览会现场通过与时尚相结合的方法，生动地展现给观众。例如电子产品的展示，往往会请专业模特作现场使用展示；车模曾几何时与汽车展一样成为人们关注的焦点；化妆品等日用消费品展上，参展厂商更是会重金聘请影视明星到场与观众面对面交流，一方面可以吸引更多的人流，另一方面也可以增加观众对该企业产品的印象。通过与时尚相结合的展示方法，不仅能唤起观众对产品的认可度，也有利于塑造企业和产品时尚的形象。

三、直观性

与其他宣传方式相比，展览会最突出的一点就是直观性强。这包括两方面：

一是对产品的直观性。展览会现场观众不仅可以亲眼目睹产品，还可以亲手操作使用产品、亲身体验感受产品的各种性能。产品是否合适，能否满足需要，试一下就知道了。特别是那些大型定制产品，如大型机床、轮船、飞机等，光凭文字材料说明和图片，很难有深切感受，只有在展览会现场看到实物样品，买家才能放心下订单。

二是参展企业的直观性。宣传广告中企业的信息均来自媒体，不是直接的，可能是经过修饰甚至是虚假的。而在展览会现场，参展企业进行的是现场展示，通过展台评估、营销活动、展台人员交流等各种形式，观众能以最直观的方式感受企业、了解企业。

虽然在一段时期内，有人提出网络展览会的出现有可能取代实体展览会，但基于展览会直观性这一显著特征，笔者认为网络展览会只能作为实体展览会的补充和延伸，在相当长的一段时期无法替代实体展览会。

四、互动性

展览会的互动性体现为产品供应与需求之间的互动，厂商与买家之间的互动以及厂商与厂商竞争者之间的互动。

市场建立在供应与需求的动态平衡之上，消费需求增大，供应方就要及时增加产量同时会有更多的厂商进入该行业；反之消费需求减少，供应方就会降低产量，最终实现供求平衡。展览会特别是本行业知名的大型展览会聚集了业内大量的供应方和需求方，体现的是近期业内供求状况和发展趋势。在这样的一种环境下可以实现多方的互动，如图 1.2 所示。

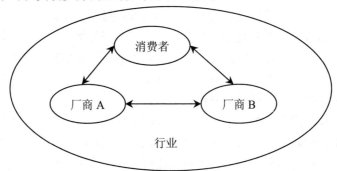

图 1.2　企业、消费者和行业互动模型

在多方互动的环境下，不仅有利于企业与买家之间建立良好的合作关系，也有利于企业与主办单位之间形成密切联系。专业展览会的主办方很大一部分是该行业的行业协会，它们对本行业的协调、发展都有着很大的推进作用。与行业协会建立长期良好的关系，也有利于企业在未来的发展。

第三节　展览会的分类

展览会可以按目标对象、展览会规模以及展出内容进行分类。

一、按目标对象分类

展览会根据目标对象，可以分为贸易型展览会、消费型展览会以及混合型展览会3类。

1. 贸易型展览会

贸易型展览会又称业内展览会，目标对象是业内企业以及批发商、零售商等专业观众，不对公众开放。展览会的主要目的是贸易洽谈和信息交流。

参展商可以是行业内的制造商、批发商、经销商、代理商以及相关咨询服务公司。观众是本行业的批发商、经销商、贸易商等专业观众，大都经由主办方筛选，通过特殊途径（直接发函）邀请而来。贸易型展览会属于专业展览会，一般对观众收取门票费用，且门票价格较高。高价订票的方式，屏蔽了普通观众，营造了良好的展览环境，保证了展览会的专业性。贸易型展览会观众对口，营销成本低，宣传影响大，市场契合度高。此类展览会专业度高，在业内广为认知，但因为展示的产品专业度太高，往往是工业中间产品或是机械，普通公众不熟悉也不感兴趣，如 BUMA 建筑机械展、上海国际广告技术设备展等都属于贸易型展览会。

贸易型展览会每年举办的时间和地点都相对固定，这样有利于参展商和专业观众在制订年度工作计划的时候安排参展日程。此外，贸易型展览会举办的同时，还会同期举行一些学术研讨会、专业技术交流会或新品发布会等。

2. 消费型展览会

消费型展览会目标对象是普通消费者，是面向大众的展览会。因为是面向普通消费者，此类展览会一般门票价格不高，尤其在国内多是免费入场，通过网上登记、填写问卷的方式获取门票。这样，一方面可以收集消费者信息，另一方面可以提高进场效率。企业参展的目的是向公众直接展示或销售产品和服务，消费者可以在展位上直接购买产品。参展商主要是那些生产最终消费品的企业。此类展览会大部分安排在周末举行，展期有长有短。为方便上班族，有时举办方还会安排晚上的时间继续展出，例如上海书展就属于此类展览会。

3. 混合型展览会

混合型展览会顾名思义，是既面向专业买家、又向公众开放的展览会。展期一般较长，涵盖工作日和双休日。混合型展览会一般先向专业观众开放，在展期的最后一两天才向公众开放，如上海韩国时装纺织品博览会、中国国际旅游交易会等都属于混合型展览会。

二、按展览会规模分类

展览会按规模可分为国际性展览会、地区性展览会和公司展览会。

1. 国际性展览会

国际性展览会是指展览会的参展企业国际化、观众国际化。在参展企业和观众数量以及场馆租赁面积的国际化程度上，一些展览业协会作出了明确规定，只有符合规定的展览会才能称作国际性展览会。如国际展览联盟（UFI）规定，只有当展览会符合以下标准才能被称作国际性展览会：

（1）20%以上的国外参展商；

（2）5%以上的国外观众；

（3）国外参展商租赁20%以上的净展出面积。

当前许多主办单位为提升展览会规格，自己冠以"国际"称号，但当参展企业到达展会现场往往觉得名不副实，缺乏海外买家和国际观众，因此企业参展应首先选择那些声名卓著、历史记录良好的国际性展览会，比如获得UFI认证的展览会就是一个很好的选择。UFI是国际展览联盟（Union of International Fairs）的简称，UFI认证是指获得国际展览联盟认证的展览会，此类展览会一般在展出规模、展览质量上都有一定的保障。UFI认证的具体内容详见本书附录一。

2. 地区性展览会

与国际性展览会相比，地方性展览会规模较小，在参展企业、参展人数和租赁面积上都达不到国际标准。但地方性展览会的优点在于地域特色明显，无论是参展企业还是观众都来自周边地区，参展费用也相对较低。

选择参加国际性展览会还是地方性展览会关键取决于企业的参展目标，如果地方性展览会上的买家和效果能达到参展企业的要求，特别是对那些处于创业阶段的中小型企业，就没有必要花费更大的成本参加更高规格的展览会。

3. 公司展览会

近年来公司展览会正逐步成为企业营销的一种新趋势。所谓公司展览会就是由独家企业租赁场馆，以展览会的形式向行业、买家或公众展示最新产品或服务，主办方和参展商都是该企业，一些实力雄厚的跨国大型企业常会采用这种展览会方式。与参加其他两类展览会相比，此类展览会的花费更大，但优势在于不受展览会主办企业规定时间和地点的限制，自由度更大，更有市场针对性，可以根据公司需要邀请目标更明确的观众或媒体。如美国苹果公司每次的数码新品发布会就属于此类展览会。此外，世界四大时装周上的各奢侈品牌也都采用独家办展演秀的方式进行新品发布。

三、按展出内容分类

展览会按展出内容可分为综合展览会和专业展览会。

1. 综合展览会

综合展览会（Multi-Branch Exhibition）聚集的是地区多行业的企业，目的是为了促进当地经济发展，例如中国进出口商品交易会（广交会）、中国国际工业博览会（原上海国际工业博览会）、汉诺威工业博览会（Hannover Messe）都是以展示本国或本地区商品及工业发展水平为手段，促进当地经济发展的综合性展览会。综合展览会也可以是某一行业以及与其相关的上下游产业的纵向综合，例如中国上海国际食品加工及包装机械展览会，展出内容既包括了加工食品的机械，也涵盖了其下游的食品包装行业。

综合展览会行业涉及面广，参展企业不仅可以通过观众寻找买家，也可以在上游或者下游的参展企业中寻找合作商机。

2. 专业展览会

专业展览会（Branch Exhibition）与综合展览会相比，它专注于某一行业或特定领域。因为专业，所以此类展览会规模有时不是很大。在举办时间上，此类展览会通常是一年一届或是两年一届，例如汉诺威家具机械展每两年举办一届。专业展览会的参与者无论是参展企业还是观众都是本行业的专业人士，展览会组织者一般是行业协会，最大限度地突出了专业性，是业内交流的最重要平台之一。

以上 3 种分类针对不同的对象、规模或展出内容对现有的展览会进行划分，分类之间可以相互交叉，比如中国进出口商品交易会（广交会）从对象上属于贸易型展览会，从规模上属于国际性展览会，从展出内容上属于综合展览会。

第四节　展览会发展历史

近代展览会起源于欧美，随着商务活动的日益频繁和贸易的全球化，展览会在世界范围内逐步发展。

一、欧洲展览会发展历史

展览会作为欧洲商业贸易的一种重要形式可以追溯到中世纪后期。800 多年前法国北部地区由于贸易需要开始出现展览会的萌芽，后因西欧佛兰德斯地区和布拉班特地区的南北贸易发展，来自欧洲的精美布料、华贵的纺织品，以及来自神秘东方的香料、皮革制品和贵重金属都集中在此交易，这就成为早期的"展览会模式"。

这种早期的"展览会模式"是欧洲现代展览会的雏形。随着欧洲贸易中心逐渐转移，德国莱比锡作为德国南部贸易及该地区中介者的作用日益重要，并不断延伸至德国西南部的意大利、瑞士等国。至此，莱比锡博览会以展览会的形式，发挥着建立和扩展东南欧经济区联系的重要作用。

时至 14 世纪，伴随着欧洲西部展览会的逐渐衰败，另一个近代早期最古老的同时也是最著名的展览会城市——法兰克福开始兴起。法兰克福展览会承担了连接莱茵河以东繁荣经济区与古老的西欧经济区的任务，由此蓬勃发展起来。与此同时，先前所提到到的德国另一大展览会——莱比锡展览会开始壮大。

莱比锡展览会在世界展览史上的里程碑意义在于，实现了从传统展览会的易货贸易模式向现代展览会的样品贸易模式的转变。19 世纪后半叶，随着加速大规模生产所必需的样品贸易的发展，人们开始对传统的商业展览会制度——易货贸易产生怀疑。与此同时，一些新兴行业如金属制造业开始采用赠送新产品作为贸易样品的形式吸引观众。此时，由于那些盼望变革的产业合作者和思想开明的莱比锡市民的支持，拥有几个世纪悠久历史的莱比锡商品展览会发展成为现代莱比锡样品展览会。1912 年，法国议会主席艾杜阿·赫里欧把莱比锡展览会称为"展览会之母"，他评价样品展览会是"在最有限的空间和尽可能最短的时间内，用最简单的方法完成最大的交易"。

尽管在此后的 20 世纪里，展览会的发展经历了两次世界大战以及东、西德国的分裂与合并等考验，120 年前现代样品展览会模式的形成，为国际展览会体制的发展奠定了成功的基石。

进入 21 世纪，展览会更是在全球范围内快速发展，逐步由西向东转移，由发达国家向发展中国家转移。近年来，展览会业在中国、俄罗斯以及印度发展所取得的成果，备受世界瞩目。

二、北美展览会发展历史

与欧洲相比，北美展览会的发展较晚，一般认为北美展览业始于公元 18 世纪，直接从西欧传来，展览会一开始主要集中在早期殖民城市波士顿举办。1765 年，美国第一个展览会在温索尔市诞生。加拿大的第一个展览会则诞生于 1792 年，是由当时加拿大尼亚加拉联邦的一个农业组织发起和举办的。

北美展览会起源于专业协会的年度会议。起初展览会只是作为协会年度会议的一项辅助活动，是信息发布和形象的展示，展览会的贸易成交和市场营销功能曾在很长一段时间里并不为企业所重视。这也就是为什么直到现在，仍有许多美国展览会与行业协会年度会议合在一起同时举办的原因。

正是由于北美展览会的贸易性不及欧洲，贸易展览会在欧洲企业开展市场营销和贸易促销中所发挥的作用大于它在北美所发挥的作用，从而导致欧美企业对展览会的重视和利用程度也存在较大的差异。据统计，在欧洲企业编制的市场营销费用年度预算中，用在参加展览会方面的费用约占其总预算的 50%，而美国企业用在这方面的费用只占其年度市场营销费用预算的 16.5%。

三、中国展览会发展历史

我国展览会的产生迟于欧洲，但与欧洲展览会一样源于集市，并以集市为主要形式一直持续到 19 世纪末。到了清末和民国初期，中国举办过几次具有一定规模、并有现代特征的博览会和贸易展览会，例如北京的"劝工陈列所"、南京的"南洋劝业会"、上海的"中华国货展览会"、杭州的"西湖博览会"等。抗战时期，也曾举办过一些展览会，目的是为了彰显成就、鼓舞士气、促进经济发展和抵抗日本的侵略，当时展览会的举办对经济发展有一定促进作用，但在流通领域的作用并不大。

新中国成立后，由于实行计划经济，经济贸易型的展览会在国内经济中失去存在、发展的土壤，只有个别展览会仍具有一定的贸易性质，例如被誉为中国第一展的中国进出口商品交易会。

改革开放后，社会主义市场经济推动展览会获得了极大的发展，并逐渐形成规模化和专业化。改革开放的 30 年是中国展览业快速发展的 30 年，一般将中国展览业在这段时期的发展分为 3 个阶段：起步阶段、积累阶段和飞跃阶段。

1. 起步阶段（1978 年～1989 年）

自改革开放以来，伴随着中国经济体制改革的不断深入和对外开放的不断扩大，特别是社会主义市场经济体制的建立，中国展览业迎来了大变革和大发展时期。1978 年，中国国际贸易促进委员会在北京成功举办了"十二国农业机械展览会"，这是新中国成立以来首次举办国际性展览会，标志着中国展览业由起步期的"单国展览时期"向"国际展览时期"过渡。

1982 年 8 月 26 日，经国务院批准，中国国际贸易促进委员会、对外经济贸易部、外交部《关于出国举办经济贸易展览会若干问题的规定》和《关于接待外国来华经济贸易与技术展览会若干问题的规定》双双出台，标志着我国展览业法制化、规范化的开端。1984 年，中国国际展览中心建成，成为北京 20 世纪 80 年代十大著名建筑之一。与此同时，出国参展也经历了重大的变革，其标志性的事件是中国国际贸易促进委员会 1986 年参加了瑞士"巴塞尔样品博览会"。在这次博览会上，中国首次采取了以展览为手段、以贸易成交和销售为主要目的的摊位展览形式，改变了以往以宣传成就为主的展贸分离的整体式展出方式，展览会的贸易性、专业性大大加强，从而使中国展览业开始与现代国际展览业接轨。1989 年 6 月，深圳国际展览中心建立，拉开了深圳展览业发展的帷幕。自此，深圳展览业在全国率先走上市场化之路。

总体来看，这一阶段作为中国展览业的萌芽时期，展览会数量少，组织水平和专业化程度还处于初级阶段。这一时期的中国展览业不论是出国参展还是来华展览，均作为配合新中国政府外交政策的手段，主要目的是冲破当时西方国家对我国的政治孤立和经济封锁，宣传新中国的经济建设成就。由于尚未形成将展览会作为一个产业来发展的经营意识，此阶段的展览会从严格意义上讲大都不具备现代展览会的特征。

2. 积累阶段（1990 年～1999 年）

中国展览会的产业化历程起步于 20 世纪 90 年代。随着我国建设国际经济、金融、贸易等方面目标的确立，随着金融、贸易和现代工业的聚集，我国一线城市如上海、广州、北京的展览业迅速崛起，以年均 20% 的速度递增。1990 年上海举办的国际展览会只有 40 个，展览面积为 10 万平方米；1999 年上海举办的国际展览会达到 150 个，展览面积为 80 万平方米。

从 20 世纪 90 年代末开始，除上海、北京和广州等地的展览业已初具规模以外，全国明确提出将展览经济作为新增长点的城市多达三四十个。环渤海经济圈的天津、大连、廊坊等，珠三角经济圈的深圳、东莞等，长三角经济圈的宁波、杭州、苏州、南京等，这些国内二线、三线城市都已开始将展览业作为城市经济发展的重点。

与此同时，外资展览公司也开始纷纷入驻中国。1995 年我国首家中外合资展览公司——京慕国际展览有限公司成立，这是一家由德国慕尼黑国际博览集团亚洲公司与中国国际展览中心集团共同组建的合资公司，也是德国慕尼黑国际博览会公司在中国的总代理。京慕国际展览有限公司的成立标志着我国展览业国际化的开端。

总体而言，这一时期是我国展览业发展的积累阶段，展览会数量逐渐增多，新展览法规颁布，展览组织企业成立，国际展览会的比例逐渐增大，展览中心数量不断上升，展馆面积不断扩大，为我国展览业奠定了很好的发展基础。

3. 飞跃阶段（2000 年至今）

从展览业的专业化、国际化、品牌化来看，北京、上海、大连、珠海等城市正在涌现出如"国际纺织机械博览会"、"国际机床展览会"、"国际汽车展览会"、"大连时装博览会"、"珠海航空博览会"等一批在亚洲乃至世界上都有一定影响的知名品牌的专业化国际展览会。

中外合作办展也迅速开展，继中国国际展览公司同德国法兰克福展览公司在北京成功合作举办了"中国卫生洁具、供暖及空调设备展览会"（ISH China）和"中国汽车配件展览会"（Automechanika China）后，国外知名展览公司或是合资，或是以展览品牌合作，与国内展览集团公司开展了多种形式的合作。

目前我国展览业已渗透到各个行业领域，从机械、电子、汽车、建筑到纺织、花卉、食品、家具，各行各业都有自己的国际专业展。北京、上海、广州等城市已成为全国最大的展览中心城市。从展览会规模看，北京为全国之最；

从展览会数量看，上海位居全国首位。

全国各地的展览场馆建设在 2000 年后又掀起了一个新高潮，上海新国际博览中心（SNIEC）自 2001 年 11 月 2 日正式开业以来，每年举办约 60 余场知名展览会，所有展馆已于 2012 年完成，目前室内展出面积为 20 万平方米，室外面积为 13 万平方米。位于广州的中国进出口商品交易会琶洲展馆三期已全部竣工，全部室内展出面积近 34 万平方米。国家会展中心（上海）于 2014 年底竣工，届时将拥有 50 万平方米的展示空间，包括 40 万平方米的室内展厅和 10 万平方米的室外展场，是目前世界上规模最大、最具竞争力的会展综合体。新一轮的场馆建设必将推动中国展览业的进一步发展。

2000 年以来中国展览业的发展，无论是展览会的规模、国际化水平、专业化程度，还是展览品牌知名度都跃上了一个新的台阶，这一阶段是中国展览业飞跃发展的阶段。

【思考题】

1. 展览会具有哪些特性？

2. 请简述展览会有哪些不同分类？各有什么特点？

3. 请思考中国展览会发展历史与欧美展览会发展历史有什么共同点？有什么区别？为什么会有这样的差别？

第二章

企业参展目标

【教学目的与要求】

【教学目的与要求】

通过本章的学习，明确企业通过参加展览会可能获得的收益，企业参展为实现哪些目标，企业如何选择和制定参展目标，制定企业参展目标会出现哪些常见问题，该如何避免和解决。

第一节 企业参展的效益

企业耗费相当的财力、物力和人力一次或多次参加展览会，是为了实现企业的战略目标，究其主要原因还是展览会能为企业带来效益，企业参展所获得的效益既包括经济效益也包括社会效益。

一、企业参展的经济效益

经济效益是通过商品和劳动的对外交换所取得的社会劳动结余，即以尽量少的劳动耗费取得尽量多的经营成果，或者以同等的劳动耗费取得更多的经营成果。经济效益是资金占用、成本支出与有用生产成果之间的比较。企业参加展览会将耗费一定的资源，但这些资源的耗费与所获得的回报相比较，应该是效益大于成本。只有这样，企业才会选择参加展览会。

具体而言，企业参展获得的经济效益包括：

1. 销售商品，获取订单合同

销售商品、获取订单合同是企业参加展览会获得的最直接的经济效益，这也是现阶段国内企业参展的最主要目标。展览会现场大量的买家、卖家聚集，参展企业通过展示商品或服务，吸引目标市场。观众通过比较商品、询问价格，与参展商交流沟通，作出购买决策，一经双方达成协议就可购买商品或签订销售合同。

因此，一定程度上展览会现场的商品销售额或是达成的交易额是评判一个展览会成功与否的重要指标。那些成功的、知名度高的展览会都是能带来大量商品成交的展览会。以中国第一展——中国进出口商品交易会（以下简称广交会）为例，2012 年第 112 届广交会，展览总面积为 116 万平方米，总展位数 59509个，出口成交 326.8 亿美元，境外采购商 188145 人，境外企业 24840 家。一个中小型企业通过参加广交会，可以拿到企业 1 年的订单合同。这也是广交会举办至今长盛不衰、一票难求的最主要因素。

与传统的销售模式相比，通过参加展览会销售商品，获取订单合同，正逐步成为企业销售的一种新趋势。企业通过参展进行贸易，可以突破传统销售模式对地域和人员的限制。传统销售模式中，销售人员与购买厂商要进行一对一的接触，花费大量的时间和财力与厂商沟通、交流，进行公关活动。同时，在与竞争对手博弈的过程中，信息的不对称会带来意想不到的损失。展览会现场本行业内的买家和卖家都集聚到一个地方，销售人员可以一对多地与买家进行交流。这样不仅可以将销售效益最大化，同时信息也掌握得比较全面。

2. 搜集行业信息，分析市场变化

好的展览会特别是贸易型展览会，应当是本行业多个供应厂商和需求企业的聚集，特别是那些行业领军企业的参加。这样的展览会能比较全面地反映某一行业或特定领域的现状及其发展趋势。企业和客户在展览会现场可以开展调研活动，搜集行业信息，以此分析市场变化。市场调研是为实现特定的管理目标而进行的信息收集和数据分析。调研的基础是调查，调查是针对客观环境的数据收集和情报汇总，调研是在调查的基础上对客观环境收集数据和汇总情报的分析、判断，调研为目标服务。

通过展览会搜集行业信息可以从两方面展开，一是参展企业或专业观众在展览会现场进行市场调研直接获得一手数据；二是从主办方手中获得展览会信息库的二手数据。

市场调研的结果会对企业在制定管理或战略决策时起到十分重要的作用。无论企业规模大小，市场调研都十分重要。但实际情况是，那些大公司或跨国企业的市场调研相对比较容易，因为这些企业财力雄厚，或有独立的市场调研部门，或将业务外包专业咨询公司进行调研活动形成咨询报告。但对于市场上众多的中小规模企业，市场调研是一个棘手的问题。人力上，这些企业缺少专职的调研人员；财力上，也负担不起专业市场调研公司的费用。但通过参加展览会的形式进行市场调研是解决这一问题的行之有效的途径。这是因为展览会现场聚集的都是本行业或本领域的买卖双方，展览会不仅比较容易搜集数据与信息，且获得的信息基本能描绘本行业的发展现状，其分析结果具有相当的参考价值。此外，展览会展期一般为 3～5 天，无论采用问卷调查还是访谈的调研形式，时间都相对充裕。

此外，展览会组织者都拥有自己的数据库，这也是展览会主办方提供的附加服务之一。在每次展览会结束之后，展览会组织者都会对各项数据进行分析汇总，既包括本届展览会参展企业数量、展出面积、观众的数量等重要指标的记录，也包括本届展览会的国际化趋势、行业发展等评价。这些数据不仅可以直接提供给参展企业，也可以到展览会官方网站上免费下载。此外，一个成功的展览会都会有历届展会的纵向历史记录，这些珍贵的历史数据不仅可以作为当前行业现状的描绘，也可以作为行业发展趋势的判断依据。从展览会组织者手中直接获得展览会分析报告，不仅信息量全，且可节省大量的人力物力。

3. 进行市场促销，节省广告费用

展览会作为促销手段，包含三大基本功能：介绍功能、影响功能和说服功能。

介绍功能是指展览会活动能把参展企业的产品、服务、形象、价值、交易方式等所有消费者关心的信息一并告知公众，使消费者对企业和产品得到多维度的认知和熟悉，同时在不同产品之间进行比较，进而在进行购买决策时将本企业的产品或服务纳入决策考虑的范围。

影响功能是指展览会通过对社会进行广泛的信息传播，形成一种社会导向，在大众心理的作用下，对目标消费群体产生影响，引导他们进行消费。这种影响包括产品对消费者的影响和企业形象对消费者的影响。以汽车展为例，每年世界各大汽车展都是媒体争相报道的焦点，媒体报道车展的要点除了参展企业和观众的数量以外，更多的是集中在有哪些知名汽车企业参加了本次车展。德国大众汽车公司不仅每年参加世界上所有的大型知名国际汽车展，并且会耗费巨额资金搭建展台，展示最新的产品。近年来国有自主汽车品牌也越来越意识到通过参加知名汽车展览会宣传品牌形象的重要性，吉利、中华、比亚迪等国产汽车品牌也一掷千金，搭建豪华展台以宣传本企业形象。通过这样的参展活动，汽车公司不仅仅在推销企业产品，同时也向公众展示了企业雄厚的实力，提升了企业对汽车行业的影响力，给公众留下一种深刻的印象。

说服功能是指企业通过展览会面对面地展示产品或服务，回答消费者的问题和销售承诺，加强消费者对本企业产品或服务的信心，说服消费者购买本企业的产品或服务。当消费者在进行购买决策时，新的信息往往能对其行为起到重要影响，展览会活动上企业与消费者的直接沟通，能促使消费者形成有利于参展企业的购买决策。

企业参加展览会除了介绍功能、影响功能和说服功能，与传统媒体广告相比最大的优势是节省成本。传统媒体无论是电视广告还是报纸广告，刊登一则广告费用都比较高，比如在上海新闻综合频道，以 1 次 30 秒的广告播出，平均费用在 50000 元左右，黄金时段高达 100000 元。与高昂的成本相对应的产品影响力却很弱，1 次 30 秒的广告对消费者几乎难以起到任何影响。此外，一些非最终消费品的产品，包括工业中间产品，如建筑机械、食品包装机械、广告印刷等，普通消费者并不是其目标市场，因而选择大众媒体广告是达不到期望的效果的，因为这些产品的购买对象是特定的制造企业而非普通消费者。与传统媒体广告相比，企业参加展览会的优势不仅成本低而且更有市场针对性。

4. 老客户的交流，新客户的寻求

展览会是一个交易的平台，也是一个交流的舞台。很多企业参加了一届展览会后，感到效果理想会选择年年参加，并且在参展前向老客户发出邀请函，介绍自己的参展情况和展位地址，邀请老客户到现场进行新一年的洽谈合作。这样不仅省去了登门拜访的麻烦，也可以营造一种宽松的环境进行商贸洽谈。目前在中国，企业通过参加展览会进行客户关系维护，正逐步成为企业客户管理的新趋势。

据相关调查，发掘一个新客户的成本是留住一个老客户的几倍，而通过参展这个成本也可以大大降低。展览会现场的观众是经过主办单位筛选的专业观众，市场目标集中。参加展览会的专业观众，都有明确的目标，或寻找合作方，或进行采购。在与这些观众的交流接触过程中，参展企业可以挖掘潜在的新客户，节省在市场上寻求新客户的机会成本。因此，有目标地选择不同地域举办的展览会，是企业开拓新兴市场的一个很好的方式。比如目前低碳环保的电动自行车越来越成为欧洲，特别是西欧一些国家人们出行交通工具的新选择，一家中国电动自行车企业如果想开拓欧洲市场，最直接的办法就是参加欧洲的自行车或电动车展览会，例如欧洲自行车展（Eurobike）或是德国慕尼黑自行车展（Bike Expo）。

二、企业参展的社会效益

社会效益有多重含义，企业参展的社会效益是指除却经济效益以外，企业通过参加展览会能给企业带来的其他方面的效益。这包括：

1. 企业形象的立体宣传，提升企业知名度

企业在展览会上的宣传，不仅是对产品或服务的有力营销，更是树立企业形象、提高企业知名度的重要途径。

市场经济发展规律表明，企业竞争的初级阶段是产品竞争，靠物美价廉的产品取胜，有人称之为商品力。随着竞争的加剧，企业单靠物美价廉的产品已

不足以建立自身的优势，企业转而借助于优秀的推销员，以形成强大的销售力，于是企业把促销作为经营战略的重点。当今时代，由于市场不断扩大，特别是竞争的国际化使得市场上同类产品的差别在不断缩小，消费者对产品的质量、服务、品牌、款式更加挑剔，产品不仅要满足消费者的实用需求，还要满足审美需求、精神需求。因此，企业形象就成为增强产品竞争力的重要手段。

企业形象的立体宣传贯穿于企业参展的整个过程，有的企业通过连续参加多届展览会形成稳定、可靠的企业形象；有的企业通过参加业内大大小小的多个展览会，彰显其行业领军地位；有的企业租借大面积场地，搭建豪华展台显示其雄厚的资金实力；有的企业远赴海外参展，通过媒体播报，力争树立国际化的企业形象。

中国企业要在国际上树立企业形象、打造品牌，最佳途径就是参加业内最高级别、最大规模的展览会。通过亮相国际舞台，引起广泛关注。如图 2.1 所示，中国知名大型家电企业海尔集团 2006 年通过参加世界上最大的工业展览会之一——汉诺威工业展览会（Hannover Messe），首次亮相国际舞台。

图 2.1　汉诺威工业博览会——海尔展台

海尔此次参展大获成功，将这一品牌推向国际市场。通过图片可以看到，海尔整个展台的设计顺应了国际化潮流：品牌 Logo 全英文标示，突出醒目，给参展观众留下深刻的印象；产品选择上，虽然海尔涉及家用电器的方方面面，但在展览会现场选择的是当时技术含量最高的液晶电视，从而提高了海尔企业形象的科技含量。此外，在寸土寸金的汉诺威工业展览会场馆内，租赁几百平方米的特装展位，也彰显了海尔集团雄厚的资金实力。这些都为海尔集团树立了良好的品牌形象，为开拓海外市场奠定了坚实的基础。

2. 优化产业结构，指导行业发展

通过企业参展能优化产业结构，指导行业发展，这是企业参展所获得的又一项社会效益。展览会上展出的多是最新的产品和本行业前沿的技术，企业通过参展可以发现新的消费需要和新的科学技术成果，从而形成新的生产力和新的生产企业，带动生产投资，实现产业结构的优化，探索行业发展的新趋势。

企业参加一个涵盖本产业上游供应或下游销售的综合性展览会，相关产业的技术发展、新品演示，都能帮助其发现本企业发展的突破点和新经济增长点。比如汽车行业，由于石油原材料的紧缺和环境保护问题的日益突出，每年各大车展上，节能型概念车层出不穷，新型动力正成为各大汽车生产厂家关注的焦点。在发掘新技术的同时，各大汽车制造商在决定未来的生产策略和销售重点时，可以预测到节能减排型汽车、混合动力型汽车以及电力型汽车将成为未来汽车市场的主流，汽车行业的发展正迈向新纪元。

第二节　企业参展目标

企业参展目标的制定对整个参展过程将起到战略性的指导作用，所有的参展工作都要围绕参展目标展开，参展目标的制定是企业参展计划必不可少的第一步。

企业参展目标的制定可以从两方面出发：一是内部考虑，基于企业发展计划制定参展目标；二是外部考虑，基于客户的参展目标制定。

一、基于企业发展计划的参展目标

基于企业发展计划的参展目标是依据本企业的发展战略和市场条件制定的参展目标。基于企业发展计划的参展目标有四大类，分别是：交流和宣传目标、价格和条件目标、销售目标以及产品目标。如图 2.2 所示。

1. 交流和宣传目标

与客户和其他企业的交流，企业产品和企业形象的宣传是大多数国外企业参展的首要目标。具体内容包括：

（1）接触新客户，建立个人关系；

（2）与客户面对面交流，了解客户的需要；

（3）建立客户数据库；

（4）增加企业知名度；

（5）将企业对消费者和公众的广告效用最大化；

（6）加强与媒体的关系；

（7）搜集新市场的信息；

（8）将企业团队设计的计划付诸于行动；

（9）通过交流经验培训员工的调研和销售能力。

交流和宣传目标是多方位的，不仅仅限于企业与企业之间的交流，更强调人与人之间的交流，包括销售人员通过展览会上的洽谈与客户建立良好的私人关系，维护与老客户之间的友谊。同时，参展现场还是培训新员工的好地方，通过3～5天的展会，在回答客户问题的同时，新员工对企业的了解，包括对产品、企业形象、企业文化等的了解能得到快速提升。

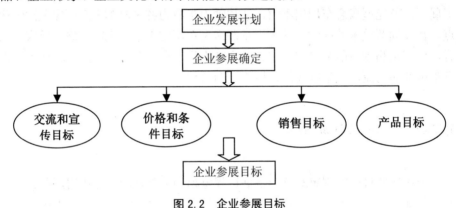

图 2.2　企业参展目标

资料来源：www.auma.de。

2. 价格和条件目标

定价对于企业的新品推出是至关重要的，产品价格如果定高了很难被市场接受；定低了，企业利润将遭受损失。据相关研究，影响企业定价决策的因素包括内部因素和外部因素，如图2.3所示。

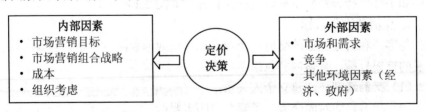

图 2.3　影响价格决策的因素

资料来源：菲利普·科特勒等著，王永贵等译，《营销管理》（第14版），北京：中国人民大学出版社，2014年。

新产品一经推出，了解公众对新品的接受程度固然重要，更关键的是对新产品定价，它直接关系到企业的利润收益。产品定价决策受内部因素和外部因素共同影响，特别是外部影响因素，因其不确定性，很难在产品研发和上市时进行预测和估计。此时企业参展就成了企业定价接触外部环境最有效的渠道。

产品定价范围的确定，一般成本决定价格下限，市场和需求决定价格的上限。消费者、专业买家会在产品或服务的价格与拥有的产品或服务的利益之间，作一番权衡比较。因此在设定价格之前，企业必须掌握产品价格与产品需求之间的关系。展览会现场是专业买家和目标消费群体的集聚地，是一个模拟的市场，也是企业试销新品的理想场所。

同时，专业展览会是同类或同质产品聚集的地方，竞争对手企业也会在现场展示最新产品，竞争企业的新品定价可作为本企业产品定价的参考。

3. 销售目标

达成销售合同，完成企业销售计划，目前仍是国内企业参展的首要目标。除签订合同、达成销售意向的直接销售目标，企业通过参展还能完成一些间接的销售行为——建立销售渠道。具体包括：

（1）扩大销售网络；

（2）寻找新代理商；

（3）评估减少一个贸易环节所取得的效果。

无论是销售网络的建立还是寻找新的代理商，对企业而言都是对销售渠道的管理。企业重视销售，希望把尽可能多的产品销售给终端客户，但往往会忽视销售渠道的管理。销售渠道是连接产品生产企业与终端消费者的重要桥梁。展览会可以成为企业寻找最佳桥梁的合适场所，可以比较不同的渠道，甚至考虑减少某个环节，尝试新的销售渠道。

4. 产品目标

一直以来，展览会都被看做企业推出新品的最佳舞台，很多新技术、新产品都是在展会上为大众所接受并流行起来的。企业参展的产品目标具体可以包括以下内容：

（1）测试产品在市场上被接受的程度；

（2）介绍新发明；

（3）推出新产品；

（4）评价新产品市场推广是否成功；

（5）扩大产品系列。

企业在进行参展决策伊始，并不一定能确定其主要目标，这可以从企业发展计划的实际需要入手，理清思路。经过多方面总结，发现企业发展需要可以包括以下内容：

（1）发掘新市场；

（2）检验本企业的市场竞争力；

（3）寻求出口机会；

（4）了解行业内其他分支行业的发展情况；

（5）交流经验；

（6）寻求合作机会；

（7）认识行业总体发展趋势；

（8）向新市场介绍本企业及产品；

（9）将参展融合到其他活动中（技术交流会、论坛、工厂参观等）；

（10）面对竞争对手（哪家竞争对手参加哪个展览会）。

企业可以将这些需求一一列出，然后逐一确定参展目标。

二、基于客户的企业参展目标

企业参展除了要考虑企业发展计划，依据企业发展战略制定参展目标外，还应从客户的角度出发，揣摩客户参展的意图，即客户或买家参加展览会的目的。通过迎合客户的参展目标，企业所制定的参展计划才能发挥更大的作用，对客户具有更大吸引力。企业、客户参展目标关系如图2.4所示。

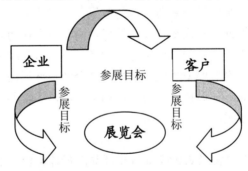

图2.4 企业、客户参展目标关系图

客户的参展目标可以归纳为以下5点：

1. 与市场相关

（1）获得市场及相关专业领域的总体概况；

（2）了解市场当前的形势和发展趋势。

2. 与产品相关

（1）比较产品或服务间的价格和条件；

（2）寻找符合需要的特殊产品；

（3）观看新产品并评价其实用性。

3. 搜集信息

（1）学习新知识和新技术；

（2）寻求解决问题的信息；

（3）参加会议和产品展示会；

（4）搜集本公司产品或设计的建议和意见。

4. 贸易活动

进行商务活动，下订单或签订意向合同。

5. 其他

评估是否下次有可能作为参展商参加展览会。

德国展览会协会（AUMA）在 2012 年 11 月对 500 家德国企业进行调研，调查结果显示这些企业参展目的呈以下分布：

- 96%的企业想要提高公司知名度
- 95%的企业想要提升客户服务
- 93%的企业想要获得新客户
- 91%的企业想要发展公司/品牌形象
- 87%的企业想要展示新产品/服务
- 79%的企业想要开拓新兴市场
- 74%的企业想要寻求新的合作伙伴
- 73%的企业想要进行产品销售，获得订单合同
- 58%的企业想要开拓新产品销售渠道

从该协会的调查资料显示，产品销售和获取订单合同已不再是国际企业参展的最重要目标，企业知名度和企业品牌树立已成为国际企业参展的最主要目标。德国或者说欧洲地区的企业参展目标虽与我国企业参展目标存在一定区别，但企业形象和品牌树立或将成为企业参展目标的一种发展新趋势。

三、企业参展目标的选择

企业参展目标的选择，无论是基于企业内部的发展计划，还是基于企业外部的客户参展目标，都要考虑到这样两点：一是要符合市场的普遍规律，二是要适应环境的具体情况。

参展企业要遵循市场普遍规律和经营原则，这也是选择参展目标的普遍规律。遵循企业发展的规律，企业自身发展到一定程度会从成长期进入扩张期，此时的参展目标不能再沿用以前的，参展目标会从原来单纯的通过贸易获取订单，向企业形象的塑造和宣传上转变。

企业所处的外部环境也在不断变化中，尤其是在经济全球化的趋势下，国

际市场的变化很大程度上会影响到国内市场。因此企业参展目标的选择必须要顺应时代的潮流，适时而变。在全球都提倡节能环保的情况下，就不应该在展览会上展示能耗高的产品，同时要注意在参展的组织过程中避免污染的产生。

事实上企业选择参展目标时，既要服从企业发展战略，又要迎合观众的参展目标，必须从两者的结合点上正确选择企业参展目标。

第三节　制定参展目标的常见问题

企业参展目标是统领企业参展工作的指导性纲领，参展目标不正确，会造成整个参展活动的失败。在耗费了大量人力、物力的情况下，企业自然希望参展获得成功，以下这些错误的行为或是判断会造成参展目标制定的错误，从而导致整个参展的失败。

一、参展商和组织者目标不统一

目前国内一些展览会的举办目标并不是从参展企业和观众的角度考虑，而是把举办大型展览会作为一项政绩工程。特别是一些政府主导型展览会，以一定的宣传或政治目的，通过行政手段将一些展览会推出，其目的是树立良好的国家、地区或行业形象，扩大影响力。这类展览会在特定的历史时期，特定的经济环境下确实起到很多积极作用。但随着市场经济的迅速发展，以市场为导向的经济规律逐步替代计划经济，企业参加展览会是为了获取经济效益和社会效益，而主办单位偏离了参展方的需求，矛盾势必产生。

这个问题在企业海外参展中特别突出。在一定时期内，国内企业尤其是中小企业很难直接申请赴国外参展，往往以组团形式参加国外的知名展览会。负责组织国内企业的部门多是政府行政部门，或半官方的组织协会，仅仅是办个手续，组织一个中国代表团，对企业的现状、企业的需求了解不够，它们最关心的是能否完成组团任务，而对企业参加展览会究竟能否达成企业参展目标却关心较少。这样目标不一致导致的后果是，中小企业组团在海外参展往往拿不到好的展位，或是在展品物流通关、参展人员签证方面受到限制，展台搭好了人却到不了，人到了展品却还被扣在海关等问题时有发生，极大地影响了企业参展目标的达成。

二、参展目标过高或过低

参展目标对展出工作具有指导性作用。但如果展出目标过高，无论通过何种努力都难以达到，展出目标就不能作为一种工作的指导，对于工作人员来说，也失去了想要达到目标的动力。

与之相反，展出目标制定过低，非常轻松，甚至不用努力都可以达到，对于工作人员也失去了挑战和激励的作用，会使得整个团队在工作过程中缺乏积极性。

最好的方法就是制定一个展出的总目标，纵向的将其划分为几个阶段，按时间序列完成；横向的将其化解为几个具体的分目标。例如，参展目标是以新产品推广为主，在纵向上，就新产品的挑选、包装运输、现场演示等几个步骤进行安排；横向上分成新产品市场接受程度调查、新产品定价接受范围调查、新产品替代老产品可能性分析等。由核心向外逐步展开，分层次递进，就能很好地控制整个过程，最后达成总目标。

三、参展目标过于抽象，没有主次

参展目标应是具体的目标，有时甚至需要量化，只有这样才能具有操作性。以往一些企业沿用老的宣传口号作为参展目标，这样的目标过于抽象，可以将其具体转换成企业形象的认知度、企业市场占有率等可量化的指标。

企业参展都有预算，除去一些大型跨国公司有能力承担庞大的开支之外，大多数中小企业参展预算有限，因此每次的参展目标都要突出重点，按主次关系分配预算、安排人员、布置工作。只有这样才能做到抓住重点，用最少的成本收到最高的回报，实现利益最大化。

四、参展目标随意更换

参展目标一经确定，不能随意更换。因为参展目标在整个参展过程中具有指导性作用，有些企业更改参展目标，只是因为在参展活动过程中遇到了困难。这是不应该的，遇到困难应设法克服。参展目标的制定具有战略意义，是基于企业发展需要结合实际情况等综合因素考量的结果。若无充足理由随意更改参展目标，不仅要调整原有的人事、财力和资源分配，新目标还可能不适应环境和市场的需要。一般无重大变故，企业参展目标一经制定，不得更改。

当然企业的运营应当是适时而变的，参展目标如遇到下列问题，还是应当及时作出调整，以便确保企业参展效用最大化。一是原展出目标的制定是不科学、不合理的，如制定的参展目标过于抽象、没有主次等；二是参展企业的经营方向和营销战略有重大改变，参展目标是基于企业发展战略制定的，当企业战略发生变化时，参展目标也应当随之调整；三是市场发生重大变化，市场是影响企业发展的重要外部因素，市场变化了，企业的各项战略也都要随之调整，参展目标当然也要跟着调整。

【思考题】

1. 通过参展能给企业带来哪些效益？请具体阐述。

2. 企业参展目标分哪几类？

3. 观众参加展览会一般有哪些目标？

4. 企业为什么要制定参展目标？在制定参展目标的过程中要注意哪些问题？

第三章

企业参展的选择

【教学目的与要求】

通过本章的学习，掌握企业参展调研考察的各种方法，企业参展该如何选择展览会，以及在企业参展选择中出现的一些常见问题及其应对措施。

第一节 企业参展调研考察

企业在作出参加展览会决策后，接下来要面对的问题是参加哪个展览会，即展览会的选择问题。就中国而言，各类行业展览会不胜枚举。以中国鞋类展为例，全国范围内就有数十个，且各展览会品质良莠不齐。如何选择展览会成了企业在做出参展决策后的首要工作。

满足企业参展目标，是企业选择展览会的基本原则。但什么样的展览会可以让企业达成这个目标呢？企业在展览会选择决策之前应收集本行业展览会相关资料，并依此进行评估，评价结果将作为展览会选择的重要依据。

展览会评估的方式包括资料考察、直接调研和展览会实地考察。

一、资料考察

展览会资料考察是指通过已有展览会二手数据资料分析、调研，进而进行选择。所谓二手资料是指现成已有的资料，采用二手资料的方式了解展览会，是间接调研方式的一种。

展览会二手资料包括正式出版的展览会年度报告、行业期刊以及大众媒体信息。展览会年度报告大多是指由政府部门编制的，资料可靠性高，并具有权威性的年度展览会汇编。比如中国国际贸易促进委员会（CCPIT）每年都会编制一本中国展览业年度报告，对过去一年中国举行的展览会进行归纳总结和评价。此外，上海交通大学过聚荣教授主编的《中国会展经济发展报告》和上海会展行业协会龚维刚先生主编的《上海会展业发展报告》，都是获取展览会信息的有效途径。

行业期刊是指参展企业所在行业的行业协会编制的期刊，其内容不仅丰富全面，而且更有市场针对性。行业期刊会用很大篇幅介绍行业内的展会信息，方便专业展览会的主办方招展。

大众媒体信息主要指各类商业杂志、电视广告甚至是公众场所张贴的广告，其中包含不少展览会信息。展览会正在成为一种生活的新方式，特别是面向普通消费者的综合性展览会，在各类商业杂志、电视节目上都会有详细的介绍。

展览会的另一个二手资料来源是因特网。网络时代的来临，意味着网站已经成为企业的另一个门户。通过展览会网站和协会组织网站，可以收集到详细的展览会资料。

展览会一般都会在招展办展期间建立自己的网页，并实时更新，在网页上进行宣传和招展工作。网站主页包括 5 方面的内容：

（1）主办方介绍，主办方联系方式；

（2）展会历史，历届展会资料（参展企业数量、观众人数和成交量）；

（3）展会举办日期和地点，展品范围等；

（4）针对参展商的各个项目（参展协议书、网上报名、招展书、外包服务提供等）；

（5）观众网上预约登记、展馆周围交通等。

展览会网站显性或隐性地包含了展览会的许多信息。首先，网站网页制作的专业、精美和科技程度，可以体现展览会的专业程度，一个国际化的品牌展览绝对不会使用一个粗制滥造的网页。其次，网页内容更可以让参展企业一定程度上了解展览会的规模、品牌和效应，通过展览会历史数据的比较，对比往届的参展企业的参展效果，对展览进行评估。

只浏览展览会的官方网站是不够的，不排除有些展览会为了吸引参展企业，在网站上发布虚假消息，或是使用经过处理的数据。企业还可以通过浏览行业协会的官方网站，间接获取展览会信息。行业协会组织官方网站发布大量行业信息，展览会尤其是专业展览会往往会在这类网站上刊登广告，并且会有一些参加过展览会的企业留下评论，通过舆论监督，可以很好地判断此类展览的专业性及效果。另外，展览行业协会或会展行业协会也都有自己的官方网站，这些网站会实时刊登各类展览会信息，比如上海会展行业协会官网（www.sceia.com.cn）、苏州会展行业协会官网（www.eventsz.org）、深圳市会议展览业协会官网（www.exhibitionsz.com）等，这些会展行业协会官网所包含的信息都是参展企业搜集资料的重要来源。此外，各大著名展览场馆也都有自己的网站，并会在网站公布一年的展览计划，如上海新国际博览中心（SNIEC）官网（www.sniec.net），每年都会公布一年内展馆所有的展览会信息，由于上海新国际博览中心的准入门槛很高，租金不低，因此在新国际博览中心举办的展览会都是品牌的国际性展览会，这也成了评判展览会的一个有效依据。

还有一个评判方法就是查看展览会是否有认证，展览会应有属于自己的认证，如前文所述的 UFI 认证就是一个很好的评价标准。UFI 是迄今为止世界展览业最重要的国际性组织之一，经 UFI 认可的展览会都是高品质的贸易型展览会。展览会要想获得 UFI 认证，就要在规模、效益、服务、质量、知名度等方面达到一定的标准。UFI 认证对展览会的规模、办展历史、国外参展商比例、国外观众的比例等都有严格的规定。

通过资料评价展览会还有一种方法就是仔细阅读各展览会的参展手册。展览会提供的参展手册是最直接的信息来源。以下是一份 2014 年德国法兰克福国际汽车零配件及售后服务展览会的参展手册。从内容来看，展览会性质、规模、举办时间和地点、对参展企业的要求等对应的信息，都能在这份参展手册中一一找到。因此详细阅读展览会提供的参展手册是参展企业在进行展览会选择时很重要的一种手段。

附录　2014 年德国法兰克福国际汽车零配件及售后服务展览会参展手册

1. 展览会基本信息

展会名称：2014 年德国法兰克福国际汽车零配件及售后服务展览会——Automechanika Frankfurt 2014

展览地点：德国法兰克福国际会展中心（Frankfurt Messe）

举办时间：2014 年 9 月 16 日至 9 月 20 日

2. 展台租赁价格

特别价格所要求符合的条件

- 面向那些参加过 Automechanika Frankfurt 2012 的参展商和组织机构
- 最后注册日期：2013 年 6 月 16 日
- 展台租赁尺寸至少等于或大于 2012 年所租赁的展台尺寸
- 尺寸减少不包括在此优惠中
- 馆和产品的搬迁不受影响

早预定价格所要求符合的条件

- 面向所有参展商、组织机构、联合参展商以及潜在参展商
- 最后注册日期：2013 年 9 月 9 日

普通价格的条件：

- 面向所有参展商、组织机构、联合参展商以及潜在参展商
- 2014 最后注册日期：2014 年 9 月 10 日

	特别价格保留至 2013.06. 16	早预订价格保留 2013.09. 9	普通价格保留至 2014.09. 10
一面开口展台	EUR 212 /sqm	EUR 218 /sqm	EUR 228 /sqm
二面开口展台	EUR 229 /sqm	EUR 237 /sqm	EUR 253 /sqm
三面开口展台	EUR 235 /sqm	EUR 240 /sqm	EUR 259 /sqm
四面开口展台	EUR 239 /sqm	EUR 245 /sqm	EUR 262 /qm
室外展台	EUR 118 /sqm	EUR 120 /sqm	EUR 125 /sqm
双层展台	EUR 117 /sqm	EUR 117 /sqm	EUR 127 /sqm

3. 其他技术和服务信息

- 一般条款和条件（PDF 文件 75.87kb）
- 法兰克福展览有限公司服务供应商（PDF 文件 138.4kb）
- 展馆搭建高度技术参数（PDF 文件 30.62kb）
- 展台玻璃和有机玻璃材料搭建技术参数（PDF 文件 868.25kb）
- 技术指引（PDF 文件 524.50kb）
- 交通指引（PDF 文件 346.80kb）

通过参展手册，无论是已经参加过该展览会的参展商，还是从未参加过的参展商，都能全面而详尽地了解展览会的相关信息。

二、直接调研

直接调研是企业通过多种渠道进行直接询问、考察，了解展览会信息。

询问是通过语言交流最直接的方式。参展企业询问的对象可以是展览会主办方、企业的客户、所在行业的行业协会以及同行。询问的方式包括电子邮件问询、电话问询以及上门拜访。在展览资料搜集不全面和信息不对称的情况下，询问是一种很好的补充。向展览会主办方询问，可以获得最直接的信息和参展所需要了解的细节问题；向企业客户及同行询问，他们有的是展览会的参展商，或是展览会的观众，特别是那些实力强的客户，参加展览会多，了解信息面广，他们的回答可以给企业提供很好的参考；向行业协会询问，行业协会掌握的是整个行业的动态和发展，对展览会的情况比较了解，能够获得行业内较全面的

信息。

询问的内容主要是展览会的一些概况，不可能涉及细节问题。例如对主办方的询问，主要是本届展览会的组展情况、参展人数、国际化程度等，以及上届的参展人数和成交情况。对于客户、同行可以询问一些现场情况，例如展览会现场组织是否有序，主办方给出的专业观众和海外买家的数量是否名副其实，以当事人的角度回答问题，更为客观。

三、实地考察

了解一个展览会最直接的方法就是参加一次展览会，耳听为虚、眼见为实，到现场看看，实地考察是了解真实情况最有效的方法。作为参展商参加一次展览会，各种费用相加，成本较高，相对而言，作为观众参加一次展览会的成本较低。特别是目前在中国，展览会很少向观众收门票费用，往往是专业观众凭名片登记就可入场，但在国外，专业展览会的门票价格是很高的，例如在德国一个大型的展览会门票价格可高达 200 欧元。即使这样，也比不了解情况参展失败的损失要小得多。

带着展览会评估的目的实地考察展览会，与单纯作为专业观众参加展览会，考察的方法和角度大不一样。

带着展览会评估的目的实地考察展览会，到展会现场要分步骤、分层次地看。首先是粗略地看，了解展览会的整体情况，包括规模、性质等。可以从现场人数入手，展馆内参展商的数量、展台的数量，如果是专业贸易展，还包括特装的规模和档次；还有就是观众的数量和质量，观众的质量从观众的衣着是否正式、谈吐是否专业等可以一一考察。

其次是观察展馆所在地的选择以及展馆本身的选择是否合理，这都是体现展览会主办方专业程度的重要因素。有些展馆在结构、地理位置上根本就不适合进行某一类的专业展览会。还有就是针对一些综合性展览会，参展范围的划分和布局也能体现主办方的水平。如有些贸易型展览会在经济不发达地区或交通不便利地区举办，显然这类展览会是不可能达到企业参展效果的。

在对整个展览会有大概了解之后，就可以细细地看。展览会的宣传布置，包括横幅、广告、展板及现场售发的材料，都可以体现一个展览会的国际化、专业化水平。展览会组织的科技含量，包括门卡的登记是否实现电子化，进门检查是否电子刷卡，这些能体现展览会的先进性和专业性。

最后也是最重要的就是与现场的参展商进行交流，以专业买家的身份进行询问，包括"这是第几次参展"、"以往的参展效果如何"、"是否可以达到效果"、"没有达到效果的症结在哪里"等问题。

以笔者亲身经历，2006 年笔者以普通观众的身份参加了德国汉诺威工业博览会（Hannover Messe），这是世界上最大的工业博览会之一。在现场很高兴看到了中国企业，但同时发现与国外参展企业豪华、气派的布置和人头攒动的展台相比，中国企业租赁的都是标准展位，且展品布置简单，位置分布都在展馆的边缘地带，无人问津。个别展台甚至出现企业楣板悬挂、但展台内没有展品也无展台人员的现象，如图 3.1 所示。

图 3.1 汉诺威工业博览会个别中国展位

笔者与一家山东机械制造企业的参展人员进行攀谈，从他那里了解到，造成这种现象的原因主要是中国企业海外参展渠道不通畅。首先，中国企业尤其是中小企业在国内是无法自行报名参加海外展会的，该次汉诺威展览是通过中国汉诺威子公司在国内招展组团，展台选择余地小，只有位置较差的标准摊位。其次，海外参展的经验不足且费用有限，无法找当地搭建公司进行展台布置。再次，展品运输是海外长途运输，运输方式无法确定，空运成本太高，航运时间不好控制。最后，参展人员签证办理难度大，中小企业赴德参展拒签率高。于是就出现了展台空无一人的局面。通过这样的交谈，可以了解参展德国将遇到的问题和困难，可以提前研究解决的方案。

第二节　企业参展展览会选择

企业参展展览会选择目的是为了帮助企业通过参加展览会找到适合企业战略、有助于完成参展目标、满足自身需要的展览会。展览会的选择一定要适合企业的现状，并不是选择规模越大、档次越高的展览会就越好。展览目标与展览会选择之间的关系是相辅相成的，应先根据企业战略制定展览目标，然而再以展览目标为依据选择展览会。

一、按展览会性质选择

展览会按展出性质可分为贸易型展览会、消费型展览会和混合型展览会，企业在选择展览会时，可以根据展览会性质结合本企业产品选择展览会。产品如果是产业中间品或原材料，企业可以在专业贸易展览会和混合型展览会中进行选择，因为它们的客户是产业下游企业，大众型的终端消费者不会对它们的产品感兴趣，纺织机械、建筑机械、模具生产企业都属于这类。产品如果是最终消费品，企业可以选择消费型展览会，因为它们的客户是销售商和终端消费者，如鞋类、箱包、灯具、食品都属于此类。

在确定展览会性质后，可以考察展览会的品质与行业评价。如前所述，评价一个展览会，首先要分析展览会的基本情况，包括主办单位与行业背景、展览会的规模与历史、展览情况与专业特点、目标观众、展商构成、展出展品、展览的效果、媒体的参与程度、展览的影响力等方面。其次，还要看展览会的行业评价，是不是在行业中受到好评？能不能吸引权威单位和专业人士参与？是不是有好的展览服务？这些情况了解后，企业再作下一步的分析。

然而一个评价结果好的展览会也未必是合适本企业的展览会。对于想获取订单满足生产需求的中小企业，花费很高的成本参加国际性展览会，成本与收益未必能相抵，也许参加一个客户数量多的区域性展览会，更能帮助它们达成目标。

企业在根据展览性质选择展览会时，先要问自己这样一些问题：这个展览会是否符合公司发展战略？这个展览会是否能满足公司的销售策略？能否增加现存市场的产品销售？能否推出换代产品？能否开拓新的市场？还是区域或纵向销售？如果能很好地回答这些问题，那么就能很容易决定是否选择参加这个展览会。

二、按展览会规模选择

展览会按规模分为国际性展览会、地区性展览会和公司展览会，不同规模的展览会吸引的展商和观众也不同。地区性展览会更多的是吸引当地的和国内的买家，特别是一些规模不大的展览会目标观众就是当地买家。但如果是以科技为主的国际性展览会，参展企业的主要目的是推出新技术，在这样的展览会上参展企业突出其技术的先进性更能吸引目标观众。展览会本身的规模不同、目标观众不同都会影响到企业的参展效果。

企业选择展览会的依据，并不在于规模大小或是国际化程度，重要的是所选择的展览会是否符合企业的参展目标。以鞋展为例，中国目前大大小小的鞋类展览会有十几个，其中规模最大、影响力最强的是中国东莞国际鞋展，这个展览虽然只举办了 15 届，举办地在广东东莞，参展商多为中国展商，该展览会的观众则是来自世界各地的大品牌、大买家，因此在这样的展览会上参展企业不用走出国门，就可以获得来自世界各地的订单和交易合同。中国东莞国际鞋展，在国际制鞋行业已引起广泛关注。究其原因，还是近年来中国快速发展的制造加工业和出口贸易，特别是制鞋类的密集型劳动产业，在中国有较广泛的产业基础。目前国际三大鞋类展览之一的德国杜塞尔多夫秋季国际鞋展览会（Global Shoes & Accessories Fair）已经举办了 108 届，每年吸引来自全球各国的 1500 名参展商、10 万名专业观众。但对于中国大多数的中小企业而言，它们目前的重点还停留在贴牌、加工，缺少属于自己的品牌，它们的业务就是拿到订单，按品牌商的订单要求完成产品。因此在现阶段，花费很大的成本到德国去参加鞋展是没有必要的，反到是国内一些中小型鞋类展览会更适合这些加工企业。

三、按展览会举办时间和地点选择

展览会旺季一般是春秋两季，形成这样的时间规律的原因有两个，一是企业的生产规律。企业在开春之季制订新一年年度计划，也是大部分产品的订货季节，在这个时间参加展览会，可以制定企业新一年的销售目标和控制订货需求。二是西方国家的休假制度。冬季是西方的圣诞节，所有企业、员工休假 1 个月左右；夏季是度假季节，企业员工都外出休闲、度假，特别是欧洲国家，十分注重此类休假福利保障，在假期内不会涉及任何工作。因此参展企业在选择展览会，尤其是欧美的展览会，对时间和季节的安排要引起足够的重视。

目前中国的情况有所不同，展览会的季节性规律有所改变，即使在炎热的夏天也有很多大规模的国际性展览会举办。这是因为近几年展览业在中国，尤其是上海、北京、广州等大城市发展过快，展览会数量迅速增加，而好的展馆数量有限，一些企业在展览旺季订不到合适的展馆，只好将展览会放在淡季举办。

根据展览会举办地选择展览会，也是企业选择展览会的一项重要考量因素。

首先应考虑展览会所在地的区位优势，即展览会举办地是否地理位置优越、经济发达。地理位置优越，便于人员的流动和物品的流动，试想一下一个展览会若在交通不便利的地方举办，不易抵达，如何可以吸引人流和物流。经济发达意味着整个地区大环境优越，基础设施设备齐全、服务完整、治安有保证。

其次要考虑展览会举办地是否是该行业的生产基地或交易中心。例如中国的小商品交易会，全国虽有数十个甚至上百个，但最有影响力的当属中国国际义乌小商品博览会（简称义博会），因为义乌是中国最大的小商品交易市场和生产基地之一。虽然义乌还不属于经济发达的中心城市，但是依托市场环境，义博会在行业里有口皆碑。再如东莞的国际鞋展和制鞋机械展，之所以成功，且规模不断扩大，不仅与中国是制鞋大国有关系，更重要的是东莞本身就是中国最大的制鞋基地之一。

四、按展览会效益选择

按展览会效益选择的具体指标有：展览会的成交量、参展企业数量和质量、专业观众数量以及展览会组织者实力。

展览会成交量是指展览会期间有多少参展企业和专业观众签订成交合同、达成成交协议。这是考察展览会，特别是以成交为目的的贸易展览会的最硬的指标，用数字说话更有可信度。

关于参展企业数量和质量，参展企业的数量可以判断展览会的规模是否符合企业需要，参展企业的质量可以考察展览会在行业内的影响。举一个反面例子，亚洲信息电子展（CeBIT Asia）是德国汉诺威展览有限公司 CeBIT 展览品牌移植中国的一个展览会，开始初期众多亚洲乃至国际电子生产企业踊跃参展，包括日本的 SONY、韩国的三星和 LG 等，但后来由于种种原因，这些业内龙头企业纷纷退出该展览会，参展商逐渐被一些不知名的中小企业所取代，业内口碑越来越差，最后这个展览在 2008 年被汉诺威总公司取消。这充分说明参展企业的数量和质量都将直接关系到展览会的存亡，也是考量展览会的一个重要指标。

专业观众对于贸易型展览会尤其重要，专业观众的数量和结构，都能充分显示展览会的经济效益和社会效益。专业观众目标明确——做生意，因此能吸引大量专业观众的展览会，必定是行业内有知名度的展览会，是能做成生意的展览会。这也是广交会长盛不衰、一票难求的原因，广交会的观众都是海外专业买家和批发商、零售商，一届有几万名海外专业观众。广交会成为中国企业寻求出口机会，拿到外贸订单的重要平台。

展览会组织者的实力，不仅可以看出展览会的专业程度和知名度，也是展览会的信誉保证。与国外展览会组织者就是主办方的模式不同，中国展览会组织者由展览会主办方、承办方以及协办方构成。主办方一般是政府机构或行业协会，承办方是展览会实际的组织者和操作方，协办方是相关协同单位。主办方可以体现一个展览会的级别，例如广交会的主办方是中国商务部和广东省人民政府，在中国这是一个很高的级别。承办方体现的是展览会组织的专业水平，目前中国知名专业展览会组织公司有上海博华国际展览有限公司、励展展览有限公司、德国汉诺威展览有限公司、荷兰万耀企龙展览有限公司等，这些知名专业展览会公司的名字如果出现在展览会的组织者名单中，能给予展览会专业性的保障。

展览会的选择，是要结合参展企业的实际，以参展目标为指导进行选择。在选择过程中，应从展览会性质、展览会规模、展览会举办的时间和地点以及展览会效益等各个方向进行综合考虑。

第三节　企业参展的常见问题

一、因为费用低参展

很多企业在进行参展选择时，将参展费用作为一个重要的考虑因素。当然投入与产出之间的平衡是必须的，企业活动都希望低投入、高产出。然而俗话说"一份价钱，一份货"，虽然不乏有性价比高的展览会，但多数展览会规模、质量、效益与价格成正比。

一些展览会之所以参展费用低，可能有以下两个原因：一是展览会刚刚开始举办，知名度不高，通过价格吸引参展商。当然此类展览会不乏具有发展潜力的展览会，但也存在知名度不高、难以吸引专业观众的问题。参加此类展览会，虽然节省了一定的参展费用，却有可能见不到预想的专业观众，达不到预期的效果。二是展览会举办地的经济效益不够好，市场潜力不大。目前中国展览业发展遍地开花，展馆大规模建设，许多基础条件不够理想的城市也纷纷提出"打造会展城市"的口号。这些城市在现阶段，无论是本地区的交通通达性、经济发展水平，还是产业发展成熟度，都尚未达到举办展览会、发展会展经济的要求，这样强行上马，结果必然是不成功的。就好比在不适宜的土壤里播种不适宜的种子，种子无法按照自然条件生长而是由人为助长。这些地方的展览会在当地政府的推动下举办，因为要发展会展经济而举办展览会，而非展览会选择了这些城市。这种因为非市场因素而举办的展览会，自然不会有广阔的市场。参加此类展览会，因为市场潜力不大，自然不能针对目标观众，达不到很好的参展效果。

还有一类展览会，在早期知名度高，在行业内有一定吸引力，参展费用也不低，但由于市场的变化和运营上的失误，展览会越办越差，一届不如一届，为了吸引更多的参展企业，这些展览会实行降价，在价格上吸引企业。此时企业就要作出判断，这类展览会在行业内还有没有吸引力，是否在价格降低的同时，质量也大幅度降低。

二、因为主办方参展

中国展览会的主办方有很强的政府背景和行政色彩，一方面为展览会提供了公信力的保证；另一方面，也会使得行政手段过于强烈，例如一些展览会是企业所在地的政府或直接主管部门举办，往往通过行政手段要求企业参展。展览会在行政干预的背景下举办，参展企业缺乏自主选择权，质量很难控制，企业参展效益也很难保证。

还有一些展览会的主办方是企业所在的行业协会。行业协会举办展览会本身是不错的，是值得推广的。借鉴国外展览会的成功经验可以看到，国外行业协会在行业内部调整结构、协调企业之间关系以及加强行业自律等方面起到了重要作用，有这样的行业协会举办的展览会是可以信赖的，也会在行业内部获得良好的效果。但目前中国的有些行业协会组织不健全，对行业的发展不能起到应有的作用，有时它们举办展览会只是为了追求自身的经济利益，由这样的行业协会举办的展览会，质量很难得到保证。

三、其他原因

企业参展选择中出现问题的另一个原因，是由于对展览会评价不正确造成的。媒体、政府、商会、行业协会对展览会的评价很大程度上可以作为选择展览会的参考，但是如果这些评价不准确，不符合专业要求，受这些评价的误导，也会使企业参展选择出现问题。评价不准确的原因是多方面的，有的是因为给出评价的组织本身就是展览会的主办方，它们的评价总是尽量多讲优点，少讲缺点，这是他们进行宣传营销的一种手段。媒体给出的评价往往是从媒体的标准出发，但不一定符合参展企业的评价标准。

另外一些企业参展仅仅是因为竞争对手也参加了这个展览会，所以自己也一定要参加这个展览会。出于这样的原因，有积极的方面，如果展览会本身符合企业参展目标，参加这样的展览会能了解竞争对手的情况，包括新品开发情况、营销手段等。但如果竞争对手对展览会的判断是不准确的，错误地参加了一个不合适的的展览会，企业仅仅是因为竞争对手参展，而不作任何判断就选择参展，这样的决定就是错误的，也不可能达到什么效果。

【思考题】

1. 企业参展调研考察有哪些方式？请举例论述。

2. 企业参展调研考察中，采用资料调研方法，资料的来源一般有哪些？

3. 企业参展展览会选择可以从哪些角度展开？

4. 企业参展选择时，如因为费用低而参展，有可能会给企业造成哪些不良影响？

第四章

企业参展展前准备

【教学目的与要求】

通过本章的学习要掌握的内容包括企业参展的步骤、企业参展计划的制订和企业参展的一些具体准备工作。充分的展前准备工作是确保企业参展成功的关键，而企业参展展前准备是一项繁复而细致的工作。

第一节 企业参展的一般步骤

一、企业参展的一般步骤

企业参展的一般步骤可以分为确定企业参展目标、企业参展选择、制订企业参展计划、企业参展准备、企业参展现场控制管理和企业参展展后管理六大步骤。

1. 确定企业参展目标

企业在决定参加展览会后，首要的工作是确定参展目标。企业参展目标的制定对整个参展过程起到引领作用，所有的参展工作都是围绕参展目标展开的，因此参展目标的制定是企业参展的第一个步骤。

2. 企业参展选择

在确定了企业参展目标后，参展企业要针对参展目标选择适合企业战略、能完成参展目标且满足自身需要的展览会。目前展览会市场上，各类展览会品种繁多，品质参差不齐。企业参展展览会的选择，一定要选择那些适合本企业现状和发展目标的展览会，并不是选择规模越大、档次越高的展览会就越好。

3. 制订企业参展计划

参展计划的制订是对整个企业参展过程的统筹安排，内容包括企业资源分配、人员协调、工作部署等。企业参展是一个较长的时间周期，期间具体工作繁复琐碎。只有制订了详细的参展计划，才能确保整个参展过程中各项活动能有条不紊地进行。

4. 企业参展准备

企业参展准备就是按照制订好的参展计划，完成一系列与企业参展相关活动的准备工作。企业参展准备工作内容包括参展团队人员的组织、展品的选择和物流安排、展台申请、展台设计和搭建等。展览会展期很短，一般只有3～5天，与之相对应的是长时间的准备工作，企业参展准备工作的周期需要半年到一年的时间。准备工作的好坏直接关系到展出效果，因此认真进行企业参展准备工作是企业参展达成参展目标的重要步骤。

5. 企业参展现场控制管理

企业参展现场控制管理阶段涵盖了展览会开始前1～2天直至展览会结束的整个时间段。企业参展现场控制管理由两阶段组成，第一阶段是展览会开始前的1～2天，参展人员抵达展览会举办地，这个阶段的工作内容包括向展览会主办方进行参展登记、检查展览会场馆和场地、确保展台搭建顺利进行、检查展品是否运抵、确保展品摆放及时以及其他各项服务是否到位等。

第二阶段是展期，是从展览会开幕到结束的整个过程。此阶段是参展过程的重中之重，也是参展目标能否达成的关键，工作内容包括参展人员与客户的沟通、数据记录、各类活动的开展等。这一阶段大量的人流、信息流集聚，参展企业只有进行有效的控制管理，才能确保各项任务的顺利完成。

6. 企业参展展后管理

企业参展展后管理是企业参展工作的最后一个步骤，包括展馆现场的展台清理、展品清运，以及回到本企业后，对参展活动进行总结、评估和汇报以及对客户进行跟踪服务。展后管理的一系列工作，既是对本次参展活动的总结，也能为下次参展活动作参考。

二、企业参展时间表

企业从决定参展、选择展览会、筹备参展、展会现场控制管理直至展后管理工作完成，一般要花费一年左右的时间。具体时间安排是：

1. 展前12个月到展前9个月

（1）确定企业参展的目标和期望；

（2）确定新产品或服务是否要在展览会中进行展示；

（3）综合评价展览会的营销可能性；

（4）成本核算，投资回报计算；

（5）确定是否参展；

（6）参展预算确定；

（7）组建参展项目团队；

（8）内部交流与协调。

这是参展前的筹备阶段，工作内容包括参展目标讨论、成本核算、团队组建。

2. 展前8个月

（1）取得展览会的资料；

（2）确定参展的展台面积；

（3）向主办方进行参展登记。

这是参展信息搜集和向主办方提交参展申请的阶段。

3. 展前7个月到展前6个月

（1）展台计划；

（2）选择展台搭建公司。

从展前7个月开始，参展进入具体实施阶段，首先是在确定参展目标的前提下，在参展预算的框架内开始展台计划。展台设计的确定是第一步，在计算机还未普及的年代，展台设计耗时较长，先由设计公司制作小型展台模型，参展企业选择、修改、重新制作，直至定稿。随着计算机制图的普及，目前更多的是运用计算机三维设计图纸，更直观、更方便，如图4.1所示。

图4.1　展台三维设计图

展台设计定稿后，就要选择合适的搭建公司策划展台搭建活动。展台搭建有别于普通建筑物建造，展台搭建时间短，搭建时间仅 1～3 天，即展览开始前的几天。设计还原性好，展台搭建在色彩、结构、布置上要完全按照设计图纸进行。展台搭建质量要求高，展台设计为了引人注目，往往采用高的框架结构，有时是要搭建 2～3 层楼高，但施工时间短，为确保展览现场的安全性，展台施工质量要求高。展台搭建的上述特点决定了参展企业必须挑选符合要求的搭建公司。

展台是企业参展最重要的组成部分之一，也是参展企业向目标观众展示的唯一途径，因此要尽早确定展台设计，确保有充裕的时间修改、完善。尽早选择搭建公司，有利于全面沟通，如果是异地参展，更需要搭建公司提前制定异地搭建计划。

4. 展前 5 个月到展前 4 个月

（1）与展台搭建公司确定各项细节，签订合同；

（2）各类预付款的支付；

（3）向服务承包商及展览组织单位订购促销广告；

（4）进行广告和礼品的准备，对参展进行宣传；

（5）确定参展样品；

（6）搭建商展示展台，确定设计结构；

（7）确定外包员工。

这是参展前的具体准备阶段，包括参展宣传、广告、展品选择等各项具体措施安排。

5. 展前 3 个月

（1）制作参展手册；

（2）确定在展览过程中使用的通讯设备（上网，电话）、电力供应等；

（3）确定展台人员；

（4）展台人员培训；

（5）向客户邮寄邀请函；

（6）对参展团队进行简报；

（7）参展人员名牌制作；

（8）展会活动内容的确定。

展前 3 个月是对展台现场的具体准备阶段，包括展台人员的确定和培训、参展资料的准备、VIP 客户的邀请以及展览期间举办活动的确定。

6. 展前 3 天

（1）参展主要人员抵达展览所在地；

（2）参展人员向展览会主办方到场登记；

（3）检查展览场地；

（4）询问运输商，确保所有参展物品送抵；

（5）联络所有服务承包商，确定一切就绪；

（6）联络展览组织方，登记通信方式。

展前 3 天开始，是展前准备工作的倒计时阶段，也是所有准备工作的确认阶段。尤其是异地参展，无论是外地参展还是国外参展，展台主要人员在展前 3 天必须抵达参展地，除了参展登记外，还要检查展览场馆场地，确保展台搭建顺利进行。检查展品是否运抵，确保展品摆放及时，以及其他各项服务项目是否到位等。

7. 展前 2 天

（1）确定全部物品送抵；

（2）查看所定设备的使用性能；

（3）布置展位；

（4）所有活动的最后确定。

这是最后工作的确认阶段。

8. 展前 1 天

（1）对展位、设备等作最后的检查；

（2）将促销用品发送至直接分配中心；

（3）与企业参展员工、服务外包人员进行开展前最后通报。

展前准备最后动员阶段。

9. 展览期间

（1）按展览主办方规定的时间，尽早进入展览会现场；

（2）展览第一天将新闻稿送到展会的记者通信厅；

（3）热情接待参展观众；

（4）详细记录每一位到访客户的情况及要求，并作出及时回应；

（5）每日与员工进行简单通报。

企业参展有近 1 年的准备工作，就是为了展览会举办的这 3～5 天。展期内，展台人员应当每天要尽早到场，对到访客户，无论是主办方邀请的还是企业自己邀请的，无论是已有的老客户还是潜在的新消费者，要提供热情周到的服务并进行尽可能的沟通。对于每一天记录要及时整理，如有必要展台经理要向公司总部及时汇报。

10. 展后工作

（1）展台拆除，垃圾清运；

（2）展品处理；

（3）数据库补充；

（4）寄出谢卡。

展览会结束并不意味着参展工作也结束，合理有效的展后工作安排，也是评估参展是否成功的重要环节。展后参展团队要进行后续处理工作，很重要的一点是展台的拆除。一般展台是由参展企业自行拆除，而非主办方。参展企业一般在与搭建公司签订展台搭建合时就要说明，搭建费用中包括展台的拆除费用和所产生的垃圾清运费，以避免额外费用的发生。

企业参展展后工作还包括展品的处理，展品可以打包运回，也可以现场销售处理，这取决于展品的大小和企业的决策以及展览会的相关规定。

此外展览会期间会收到很多客户包括名片在内的各类信息和现场访谈记录，这将成为企业建立客户数据库的最有效资料来源，如已有客户数据库，要及时更新补充。

向到访的客户，尤其是受邀前来的客户，寄出谢卡，表示感谢，给客户留下深刻良好的企业印象。

第二节　企业参展准备

一、企业参展计划

1. 制订企业参展计划的原则

（1）参展目标原则

制订参展计划首要原则是展出计划从内容到步骤，都要符合企业的参展目标，一切活动的安排都要以参展目标为纲领，指导整个展出过程。

制订参展计划，必然要对参展工作作出安排，例如参展人员的安排、展台设计的确定、参展费用的分配等，每一项操作是否恰当、安排是否合理都会直接关系到展出效果。衡量一次参展活动是否成功的最根本标准是参展目标能否达到。可以说，参展目标既是企业参展活动的指导纲领，也是企业参展的评价准绳。

企业参展目标包括交流和宣传目标、定价目标、销售目标和产品目标四大类。参展计划的制订，要根据不同的目标，安排不同的活动，有侧重地分配各种资源。参展工作的安排没有一种固定的模式，是不同工作的组合，根据不同的展出目标，完成不同的任务。如果制订的展出计划不考虑参展目标，只是随便选取一种工作组合，没有侧重，那么实践证明最终无法获得理想的展出效果，也达不到企业预期的参展目标。

因此，制订参展计划的首要原则就是根据不同的参展目标制订参展计划。如果企业参展是以宣传为目标，展出计划的制订要侧重公关和宣传活动，在财务管理、人员配置以及活动安排上都依此进行。资金配备上要增加宣传费用，展览会前通过媒体宣传，包括大众媒体和业内期刊宣传此次参展活动；在展览会现场展台设计与搭建富有吸引力，在展馆及室外购买广告摊位，悬挂宣传条幅；会刊上除刊登常规信息，还应购买版面，或在封面、封底刊登广告；如实力许可，作为展览会的赞助商参加展览会，不仅可以获得更多优惠和优先选择，影响力更是普通参展企业无法比拟的。但如果参展是以销售为目标的，那么在展台设计上就不必花费过多的财力求新求异，应清晰明白地展示产品，配备较多的销售人员，对销售人员进行专门培训强化参展目标。展览会现场活动的重点是展台销售人员与客户的交流，产品固然重要，但销售人员的态度、知识和交流技巧，更是赢得合同的关键。

（2）参展效用最大化原则

一次参展活动是对企业包括人力资源、财力资源和企业精力的所有内部资源的整合和再分配的过程，活动的进程涉及公司内部纵向联系和横向部门。企业展出计划的制订以参展目标为首要原则，但是企业资源的有限性和各部门利益冲突决定了参展活动不可能无限制地获取企业内部的各类资源。为更好达成企业参展目标，同时兼顾协调企业组织内部各类资源和各方利益，最理想的方法是在参展活动中做到参展效用最大化，即最有效地利用各方可利用的资源，最合理地分配各类资源，使其充分发挥功效。

人力资源效用最大化是参展效用最大化的第一步。为达成参展目标，自然希望入选的参展团队成员能力越强越好，人手也尽可能多。但实际情况是，在调集员工的同时，要注意兼顾市场营销等经营与生产部门自身的利益。因为企业人力资源是有限的，各个部门配备的人员首先要完成本部门的本职工作。调集太多人力在参展组织上，会导致其他部门的正常工作无法进行。因此企业参展人员使用要精于计算，可以调配一定的骨干人员，确保参展工作的质量，同时可以考虑雇佣外部人员，这样既不影响企业正常运作，也能顺利完成参展工作。

财力资源效用最大化，是指将钱用到最需要的地方。企业参展预算都是有限的。企业参展预算无论多少，与参展实际费用相比，可以说永远是不够的，但也可以说是永远够的。说永远不够，是因为一次参展费用，从展台租赁、展台搭建到展品运输、印制宣传手册，要用钱的地方实在太多，如果面面俱到，样样精益求精，钱再多也不够。但如果抓住主要环节，该省的省，该花的花，在具体操作过程中下功夫、花心思，那么即使普通的标准摊位也能吸引客户，顺利完成参展目标。

企业精力效用最大化是指要根据展出工作的轻重缓急，加强重要部分的投入，减少不必要的浪费，保证企业有限的精力花费在最见成效的地方。

（3）项目控制原则

根据项目的定义，项目是以一套独特而相互联系的任务为前提，有效地利用资源，为实现一个特定的目标所做出的努力。企业参展活动以参展目标为前提，利用企业内部和外部的多方资源进行一系列的活动。一次参展活动就是一个项目，项目的一些基本操作原则也完全适用于企业参展活动。

项目操作中最重要的原则就是控制原则，第一，项目有一个明确界定的目标，所有的活动都要围绕这个目标展开，目标需要受控制的活动来达到；第二，项目的执行要完成一系列相互关联的任务，许多任务以一定顺序完成，这个过程需要控制；第三，项目的实现需要运用各种资源来执行任务，资源间的组织调配离不开控制；第四，项目都有具体的时间计划或生命周期，有开始时间和目标实现的到期时间，时间控制是项目成功的保障；第五，项目包含着不确定性，这些不确定性会给项目的顺利完成造成阻碍，控制的手段可以将这些不确定性降到最低，在可掌握的范围内，确保项目的顺利实施。

在制订参展计划的时候，要将项目的控制原则贯穿整个计划过程中，制定的方案、措施都要便于控制活动的开展，包括：

①清晰地定义展出目标；

②把参展工作范围一步步细分到各个具体的工作包；

③为实现参展目标，界定对应每一个工作包所必须执行的具体活动；

④以网络图描绘各项工作和任务，标明各项工作和任务之间的先后次序和相互依赖程度；

⑤进行时间估计，预计每项工作和任务完成所需的时间；

⑥为每项工作做成本估算；

⑦计算参展活动项目进度计划与预算，以确定项目能否在预定时间内、在既定的资金和可利用资源的条件下完成。

2. 企业参展计划的步骤

参展工作按内容，可分为人员组织、费用核算、媒体宣传、展品工作、展台工作、展后工作六大类。制订参展计划，只有先明确各项工作的主要内容，才能根据各项内容的分类详细列出具体的事项，在时间上明确工作进程，对工作进度和质量进行控制，如图4.2所示。

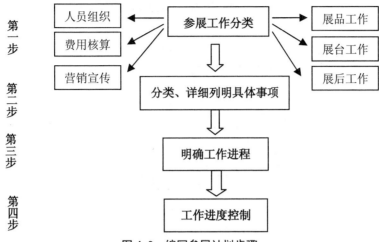

图 4.2　编写参展计划步骤

3. 企业参展计划的内容

（1）概述。概述是对于一个项目的简要概括，主要是为了让参展企业的最高领导层和企业参展人员了解参展项目的目标和大致情况。

（2）计划目标。制订参展计划目标应考虑企业的发展战略、企业的参展需求，使企业参展计划目标尽量具有体系性，满足多方的需求。

（3）计划范围。确定参展计划目标之后，应该明确确定为完成计划目标所要做的各项工作，也就是企业参展工作的范围。

（4）计划进度。根据企业参展的时间表，明确企业参展准备、企业参展现场控制管理、企业参展展后管理各项工作的时间节点。

（5）资源配置。对参展活动所需要的人力、财力、物力各项资源进行有效配置，达到效用最大化。

（6）评估方法。制定展后评估指标、评估程序、评估人员，形成具体的方案。

4. 企业参展工作进度控制

展出工作进度控制包括定期收集参展项目完成情况的所需数据，将实际完成情况与计划进度进行比较，一旦实际进度晚于计划进度，要采取纠正措施，这项工作必须在整个展出工作进程中经常进行。工作进度控制操作具体步骤如图4.3所示。

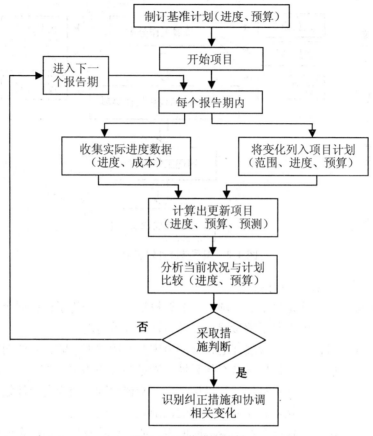

图 4.3 工作进度控制

资料来源：（美）克莱门斯·吉多著，张金成、杨坤译，《成功的项目管理》（第 5 版），北京：电子工业出版社，2012 年。

工作进度控制很重要的一点是确定一个固定的报告期，将实际进程与计划进程进行比较。在展出工作的初始阶段，各项工作还在准备阶段，报告期一个月一次；进入展期的倒计时阶段报告期可缩短至每周一次；展期内每天展出工作结束，都应该做一个总结报告。

在整个报告期内，两类信息数据的收集非常重要：（1）实际执行的数据，包括活动开始或结束的实际时间，使用或投入的实际成本；（2）与项目范围、预算、进度有关的变更信息，包括不可抗拒因素造成的变更，像自然灾害、国家政策的变更等。这些数据作为更新数据，成为更新计划进度的依据。

新的进度计划和预算一旦形成，必须与基准进度和预算进行比较，分析各种变量，预测项目是提前、准时或者延期完成，以及预算超标与否。如果项目进展良好，不需要采取纠正措施，则进入下一个报告期。

如需采取纠正措施，要及时给出修正方案，但要考虑修正方案带来的联动效应，对后项步骤的工作要采取相应调整。采取的纠正措施带来的进度和预算的变更，应列入进度计划和预算内，实时更新数据。

采用项目控制的方法，可以在企业参展工作进程中适时控制时间进度和预算，及时把脱离基准的行动拉回正轨，保证参展活动按计划进度准时完成以及对计划预算有效控制。

二、企业参展准备

1. 参展申请

企业一旦决定参加某个展览会，就要根据参展申请流程，向主办方提出参展申请，租赁展位。参展申请流程如图4.4所示。

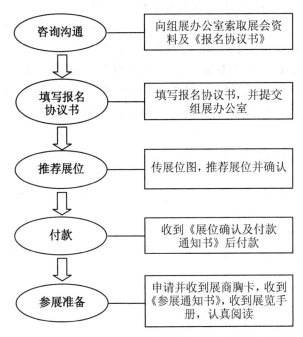

图4.4 企业参展申请流程

参展申请首先要与展览会主办方取得联系，咨询展览会与参展相关的各项内容，索要报名协议书，报名协议书包含了当届展览会的重要信息，具体内容包括：

（1）展览会概要，展览时间、地点、展位数量和展出面积；

（2）展品范围；

（3）观众简介，如国际贸易协会、海外买家、本行业的分销商和代理商；

（4）参展费用；

（5）会刊宣传费用；

（6）填写参展企业的具体信息，如公司名称、联系人、职位、地址、国家、电话等。

另外还有付款协议和参展的详细规定：

（1）展览会主办方收到报名协议及报名费后，协议盖章确认回传参展企业，协议方为有效。

（2）参展企业应在收到组织者的展位确认书和付款通知书后15日内将各项费用汇至组织者，否则此协议自动失效。

（3）展览会主办方确认参展企业的展台类型、面积与位置，同时也规定参展企业不得将展台转让他人，也不得与本单位以外的他人合用，不许零售，不许展出本展会展品范围以外的产品，否则展位由主办方收回，展位费不予退回。

约束性的协议规定了双方的权利和义务，保护了参展商与主办方双方的利益。随着网络的发展，网上参展申请变得越来越普及，点击展览会网站，进入"参展商须知"模块或者是"网上申请"就可轻松申请，参展申请变得越来越简便。

参展申请是企业参展进入实质性操作阶段的第一步，也是非常重要的一步，必须慎重考虑，一旦与组织者确认参展，定下展位，预付一定的费用后，中途提出撤展，预付的费用一般不会被退回，参展企业将遭受一定程度的经济损失。

2. 人员组织

企业参展的整个过程是一个完整的项目实施过程，除了"财"以外，"人"是另一大重点——人员配备是项目实施的关键环节。大型企业或跨国大型集团公司一般会设有专门的展览部、市场部，专项负责本企业参展工作。这些部门的人员是为企业参展专门配备的参展专职人员。然而大部分的中小企业不设展览部，企业参展需要临时调配相关部门的员工，承担参展过程中的各项工作。参展团队成员包括市场部或营销部门的销售人员，研发部门的技术人员以及客户服务的客服人员，人员构成比例依参展目标而定。例如参加一次以产品目标为主的展览会，相对要多配备技术人员，在展会现场能及时而专业地回答客户的各类技术问题。

（1）人员组织

人员组织包括参展人员组成的确定、人员的具体分工和人员的管理工作。人员组成的确定必须以参展目标为前提，根据展出工作需要，由企业各部门协调派遣组织一支参展筹备团队，可以由企业副总直接担任负责人，委任一名项目经理负责参展筹备团队的日常管理和联络。企业参展人员按工作性质分为筹备人员和展台人员。筹备人员，即后台人员负责参展筹备的各方面工作；展台人员，即企业参展现场的工作人员，包括展台管理人员、展台业务人员和展台辅助人员，具体分类如图 4.5 所示。

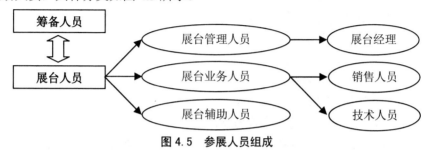

图 4.5　参展人员组成

在确定参展筹备团队的人员之后，开始进行分工，制定人员分工情况联络表。联络表的内容包括团队人员的姓名、联系方式、职权等。联络表不仅包括企业内部人员，还应包括外包单位的联系人，例如展台设计单位、展台搭建公司、运输代理、广告代理、翻译公司等。为使用方便，还可将联络表细分成筹备联络表和展期联络表。筹备联络表，包含参展筹备阶段需要联系的单位；展期联络表，包含展出期间所有需要联系的单位。

（2）人员分工

①筹备人员

筹备人员是在展期之前，负责企业参展筹备各方面工作的人员，具体工作内容包括展台设计、施工、展品选择、运输、宣传公关等参展前期工作。筹备人员一般以公司内部市场部或展览部员工为主，再加上其他相关部门人员组成。一般情况下，展台筹备人员在筹备工作完成后，都将进一步参与展台的现场工作。

②展台经理

展台经理是整个参展项目的管理者，同时也是项目责任的承担者。展台经理在整个参展过程中，对内向公司各个部门，包括产品部、财务部、客服部等进行横向沟通，争取资源，并向直属领导及时进行工作阶段汇报；对外联系展览会组织者、联系包括 VIP 客户在内的重要观众、各供应商，处理参展过程中遇到的各类问题和各环节的衔接工作。参展项目经理是参展团队的关键人物，对参展的成功与否起到重要作用。

参展团队无论是人员组成还是资源配备都属于临时性的，因而项目负责人对内部人员和外部人员的管理协调的重要性尤为凸显。只有很好地协调内部人员在本职工作与参展临时工作之间的平衡，在分配任务和时间控制上充分考虑两者之间的矛盾，对外部雇佣在全局观下进行统筹安排，才能顺利完成参展目标。展台经理在整个协调管理的过程中，起到关键作用并承担很大的责任。根据参展需要，展台经理是负责参展现场的主要管理人员，应具备以下素质：

- 具有一定的参展经验；
- 善于并乐于作出判断；
- 具有组织才能和应对突发事件的能力；
- 具有激励能力和领导才能；
- 具有很强的责任感；
- 善于表达和磋商；
- 具备一定的产品知识和商务交际基础。

展台经理要有一定的参展经验，对整个参展流程熟悉，至少代表本企业参加过一次展览会。在各项决策前要能作出准确的判断，并能应对参展过程中的突发事件，引导工作顺利前进。展台经理要具有激励能力和领导才能，展期3～5 天是最繁忙也是实现参展目标的最重要阶段，展台人员从入场到展后报告，每天工作超过 10 个小时，体力和精力都处于极度疲乏状态，展台经理要善于发挥激励作用，鼓舞团队士气，才能保证团队人员更好地投入第二天的工作，坚持到最后。参展期间的各项工作都由展台经理负责，包括展品运输抵达、主办方确认以及最后的展台、展品检查等，每项工作如有失误都会对参展效果造成影响。一般而言，参展现场展台经理是唯一的负责人，展台经理应具有高度的责任心，将每一件工作都能很好地落实。展台经理应具备一定的商务技巧和营销知识，展台经理具有这方面的知识不仅是为了直接在展台进行推销工作，而是为了更好地指导展台业务人员，解决商贸洽谈中所出现的各类问题。

对于参展企业而言，展台经理应尽早任命，并尽早参与到参展筹备工作中，全面参与展品选择、展品运输、展台设计、宣传广告等一系列活动的安排。展台经理最好能自项目开始到结束，由一人担任，如果参展项目工程较大，可配备助手，或委任分支负责人，如展品负责人、展台负责人、宣传负责人等。一般而言，展台经理和参展项目经理由同一人担任，这样更有利于参展工作的协调统筹，顺利进行。

展台经理在展出期间的主要职责：

- 负责展览开幕前的展台搭建工作；
- 向各个工作人员分配具体任务；
- 制定值班表和观众计划，并监督实施；
- 接待 VIP 客户；

- 协助与客户磋商交谈；
- 传递重要信息回总公司。

③展台业务人员

展台业务人员包括销售人员、技术人员和公关人员，主要工作内容包括接待观众、介绍展品、洽谈贸易、签定合同、记录信息。在观众眼里，展台业务人员代表了参展企业，因而他们必须对企业、产品的各项内容都十分了解。为满足观众的需要，在开展员工培训时，综合提高展台业务人员提供各方面信息和知识的水平，提高展台业务人员综合素质。展览会现场观众不会对展台人员进行区别提问，无论是销售人员、技术人员还是公共人员对企业参展的一些基本信息，包括企业基本情况、参展产品主要性能、销售情况、业务范围等都应全面掌握。

除基本信息外，展台业务人员还是要根据各自特长分工。展台销售人员来自企业的销售部或市场部，对企业产品性能、销售范围、特点以及客户心理有更多的把握。他们的展台工作应更多地集中在接触、识别目标观众，通过进一步洽谈吸引消费者，进而推销产品，达成销售目标。

技术人员来自企业研发部门，对产品尤其是高科技产品的技术参数、类比优势更熟悉，能很好地回答专业客户在技术上的问题。

公关人员的主要工作是同媒体和贵宾交流，解决参展现场发生的纠纷，并协助销售人员建立客户关系。

展台业务人员并不要求全部都有参展经验，第一次参展和有参展经验的员工比例控制在 1：4 左右较为合理。通过这样的搭配组合，富有参展经验的老员工带新员工，也是进行新员工培训、让新员工快速了解本企业的一个有效途径。此外展台业务人员还要有良好的体能、责任心和积极沟通的意向，能与每个潜在顾客友好接触，良好的感染力也是必不可少的条件。

④展台辅助人员

展台辅助人员一般多为展台外包服务人员。根据企业参展计划和展品需要决定是否雇佣或者雇佣哪些展台外包服务人员。展台辅助人员包括招待人员、模特、翻译、操作人员、保洁员、安保人员等。参展规模越大，就越倾向于采用外包的形式雇佣展台辅助人员；如参展规模不大，可由企业内部员工自行担任，例如操作人员可由技术人员担任，保洁员可以由展台业务人员轮流值勤。

招待人员是在问询台或展台专门负责接待的人员。任务是接待观众、记录观众基本信息、回答简单问题、提供企业资料等。这类人员可以聘请主办方提供的公关公司人员，也可以自行选择礼仪公司雇佣，或是挑选企业内部形象好、态度佳的员工担任。雇佣大专院校会展专业学生来担任展览会的招待人员也是一种很好的选择途径。

安保人员负责看管展品、道具和维护展台秩序。如果企业参展的展品较为珍贵，比如豪华汽车、珠宝、钟表等，参展企业最好还是要雇佣安保人员负责看管展品。安保人员的看守职责从展品运抵展台直到展览结束展台拆除为止，这段时间展品的安全都由安保人员负责，要防止展品被盗、破坏，并引导参展人流。安保人员可雇佣展会主办方提供的安保公司人员，或雇佣展览会所在地的保安公司。

表演示范人员负责衬托展品、吸引观众，可以邀请专业模特、演员等。表演示范人员本身并不是产品营销的组成部分，但如果应用恰当可以起到强化展示效果的作用。例如车展的模特，与新款汽车一样，已成为各个车展吸引观众眼球的一大亮点。除此之外，表演示范在一定程度上，还能展示公司形象，国外一些大型企业，会在展台现场进行各类娱乐表演活动，吸引大量的观众，提升公司形象。

翻译是企业海外参展必不可少的人员，尤其是在展台业务人员不熟悉当地语言的情况下，翻译不仅负责展览现场的交流翻译，还有日常生活的交流。翻译的雇佣可由参展企业在中国的翻译公司聘请，带到展览举办地，也可以向主办方申请在展览举办地雇佣翻译。

辅助人员虽不是企业员工，但在展览前也要对他们进行一些简单的培训，让他们对企业概况、参展目标有所了解，这样才能更好地配合完成展期工作。

（3）人员培训

对参展人员进行有效的管理是展出成功的保障，对参展人员进行培训是管理的重要内容。参展筹备人员，无论是公司内部员工，还是企业外部雇佣人员，最突出的特点就是临时性。参展团队人员是临时组建的，来自各个部门，在信息和知识方面不统一，因此要进行培训。培训是为完成企业参展这个特殊任务的需要，通过课程培训、小组讨论、考察实践等方式，对目标员工进行有计划的培养和训练，使其适应新的要求不断更新知识，拥有旺盛的工作能力，更能胜任企业参展工作。

①培训原则

企业在对参展人员进行培训之前要把握好几个原则：

• 因材施教原则。针对每个人员的实际技能、岗位和个人发展意愿等开展员工培训工作，培训方式和方法要符合个人的性格特点和学习能力。

• 讲求实效的原则。效果和质量是员工培训成功的关键，为此必须制订全面周密的培训计划和采用先进科学的培训方法和手段。

• 激励的原则。将人员培训与人员任职、晋升、奖惩、工资福利等结合起来，让受训者受到某种程度的鼓励，制定有效的激励机制才能鼓励员工接受新的知识，承担新的责任。

②培训体系建立

企业培训的机构有两类：外部培训机构和企业内部培训机构。外部机构包括专业培训公司，大学培训以及跨公司间的合作培训。企业内部培训机构则是由专门的培训实体，或由人力资源部履行其职责。企业从其资金、人员及培训内容等因素考虑，决定是选择外部培训机构还是企业内部培训机构。一般来讲，规模较大的、有参展经验的企业可以选择企业内部培训机构，规模较小又没有企业参展经验的企业可以借助于外部培训机构。

企业参展培训内容包括：

- 产品类别和服务项目；
- 产品价格和服务条件；
- 竞争环境和竞争对手；
- 重要客户和目标观众情况；
- 怎样记录与观众的谈话内容；
- 展台布局和参展守则。

参展培训强调：

- 如何引起观众的兴趣；
- 何时、怎样接近、对待观众；
- 如何询问观众的姓名和地址，如何作观众记录；
- 参展人员注意穿着（制服、名牌）、仪表。

3. 企业参展预算

参展预算是企业为参加展览会在未来一定时期内各种资源的来源和使用的详细计划，以数字形式对参展企业未来一定时期内的参展活动所进行的概括性表述。参展企业基于参展目标，根据参加展览会所需要具体实施的项目的各项经费进行初步预算。预算制定过程中，参展企业要根据时间节点，对每个阶段的参展花费进行综合平衡。

（1）参展预算的制定可分为 5 个阶段：

①确定目标。参展预算要以参展目标为前提。企业参加展览的目标有交流和宣传目标、定价目标、销售目标和产品目标，参展目标侧重不同，参展预算的编制也不同。

②内部调查。充分搜集企业内部横向和纵向资料，掌握企业目前的财务状况、财政预算、能承担的参展费用范围；了解企业历年参展的财务情况，参展花费的总和以及各个具体项目。

③外部调查。企业参展所涉及的各个具体项目的花费是参展预算编制的重

要依据，包括展台租赁费用、展品运输费用、参展人员花费、外包人工费用等。在编制参展预算前，应将汇总的各项目预算的数据及经济指标加以整理、分析，经过与相关部门讨论后确定各项支出。

④预算编制。综合公司内部调查可用预算和外部市场行情，编制一系列的参展费用预算报表及数据，各项目间相互关联、相互补充，并形成一个最终的总数据。

⑤报批。将编制好的预算报告报呈送相关部门审批，获得参展经费。

参展预算在企业决定参展时就确定下来，是费用花销的总额。具体落实到展览的各项工作都要有相应的费用分配。参展计划制订时，除了人员组织以外，各项具体费用标准的制定也是很重要的工作。费用标准的制定，一方面要根据参展目标有所侧重，抓大放小，把钱用到刀刃上；另一方面要根据市场行情以及各种具体情况的变化及时调整。

（2）参展费用的管理要纳入参展企业整体财务系统进行，首先要符合所在地政府、税务部门的规定。参展费用按用途可分为以下 6 类：

①基本费用（展台租赁、电费等）；

②展台搭建、装修费；

③展台服务和宣传费用；

④展品运输费、垃圾处理费；

⑤人员费、差旅费；

⑥其他费用。

参展费用具体内容如表 4.1 所示。

表 4.1　企业参展费用一览表

基本费用

·　　展台租赁费	＿＿＿＿＿元
·　　电费	＿＿＿＿＿元
·　　其他基本费用（参展商入门证、停车证）	＿＿＿＿＿元
费用小计：＿＿＿＿＿元	

展台搭建、装饰、布置费用

·　　展台搭建费（搭建、拆除费）	＿＿＿＿＿元
·　　展台装饰费（家具、地毯、照明、幻灯机等）	＿＿＿＿＿元
·　　展台布置费（设计创意、展品说明、演示、图片等）	＿＿＿＿＿元
费用小计：＿＿＿＿＿元	

续表

展台服务和宣传费
- 　展台服务费（接待观众） ＿＿＿＿＿ 元
- 　租用设备、雇佣接待人员、翻译、临时工等 ＿＿＿＿＿ 元
- 　通信、宣传费（邀请、免费礼品、印刷品、名录等） ＿＿＿＿＿ 元
- 　电话、传真、上网等 ＿＿＿＿＿ 元
  　费用小计：＿＿＿＿＿元

运费和垃圾处理费
- 　运费和理货费用 （空箱存储、保险等费用） ＿＿＿＿＿ 元
- 　垃圾处理费 ＿＿＿＿＿ 元
  　费用小计：＿＿＿＿＿元

参展人员费用和差旅费
- 　筹备和参与展出的人员费用 ＿＿＿＿＿ 元
- 　上述人员住宿、差旅费 ＿＿＿＿＿ 元
- 　展台之外的招待费用 ＿＿＿＿＿ 元
  　费用小计：＿＿＿＿＿元

其他费用
- 　筹备展出和后续跟踪工作费用 ＿＿＿＿＿ 元
- 　培训费 ＿＿＿＿＿ 元
- 　其他部门筹备参展的费用（市场调查等） ＿＿＿＿＿ 元
- 　其他预算外费用 ＿＿＿＿＿ 元
  　费用小计：＿＿＿＿＿元

基本费用 ＿＿＿＿＿ 元
展台搭建、装饰、布置费用 ＿＿＿＿＿ 元
展台服务和宣传费 ＿＿＿＿＿ 元
运费和垃圾处理费 ＿＿＿＿＿ 元
参展人员费用和差旅费 ＿＿＿＿＿ 元
其他费用 ＿＿＿＿＿ 元

费用总计： ＿＿＿＿＿ 元

　　其中展台租赁费和展台搭建、装修费属于参展直接费用。具体项目包括展馆场地租赁费用、展台设计、施工搭建、展具制作和租用、用电设备租用、通信设备租用、地毯租用等。

　　展台服务和宣传属于公关费用开支，涵盖面很广，包括会刊、新闻、媒体宣传、摄像、礼品制作等。

　　展品运输和垃圾处理费属运输费用，涵盖展品在运输过程中的包装、运输、装卸、仓储和保险等，此外还包括展后展台清运产生的费用。一般展品运输费用依据展出地离参展企业所在地的距离、展品大小计算确定。如果距离较远的大型

机械展品运输，一般选择集装箱海运，时间节点的控制变得尤为重要，如果早到，意味着仓储费用的增加；但如果时间太紧，就有可能展期内无法及时运抵，影响展出。垃圾处理费用，事先与展台搭建公司签订合同时就应明确，谁建谁拆。

人员费、差旅费不仅包括参展人员在展出地的食宿交通开销，还包括人员的补贴和奖励。

其他费用是以备不时之需的准备费用，一般占总参展费用的 5%左右。

在对各项目费用进行具体核算过程中制定一张参展费用一览表，对其中几大类进行一个总体的估计和标准核算。

参展费用可以根据参展目标调整，有所侧重。但一般参展费用预算有一个大致的分配比例，根据德国 AUMA 对 2005 年至 2012 年的企业参展费用的回归分析，参展企业费用安排的平均预算如下：

- 30.8%用于展台搭建、展品运输、清洁、安保及其他；
- 20.7%用于展台租赁及其他服务；
- 16.3%用于员工薪酬；
- 12.6%用于住宿及餐饮；
- 10.2%用于旅行消费；
- 6.7%用于其他成本（包括广告，招待等）；
- 2.7%用于购物、休闲与娱乐。

德国企业参展支出如图 4.6 所示。

图 4.6 德国企业参展支出

参考这个调查结果，企业参展费用一般预算可按如下分配：

- 展台设计、搭建占 30%；
- 基本费用（包括展台租赁）占 20%；
- 参展人力成本占 15%；
- 旅游费用（包括交通、住宿、餐饮以及娱乐）占 25%；
- 其他费用（包括宣传、广告、招待）占 10%。

随着参展公司规模和展台面积的增大，展台平均租赁费用降低，但展台搭建、服务和通信费用所占比例将有所上升。展览会类型、参展公司规模及其所租赁展台面积的不同，参展费用会有很大差异。展示专业领域的高科技、参加具有国际领先地位的贸易型展览会费用最高；在专业领域的展览会上进行简单展示，参展费用相对较低；消费品展览会中，汽车展和消费类电子展览会参展费用最高。

4. 营销宣传

企业参展的营销宣传是参展工作的重要组成部分，宣传目的包括：扩大企业参展宣传范围，吸引更多的目标客户到现场参观，并到本企业展台洽谈，发掘潜在客户；延伸企业参展效果，企业参加展览会一般只有短短的 3～5 天，但通过展前营销宣传、展中营销活动、展后新闻公关活动，可以加深企业参展给公众的印象，延长企业参展的效果；邀请老客户，通过发邀请函、上门拜访等公关活动，邀请老客户、VIP 客户到展览现场洽谈、交流，营销活动还可作为一种告知邀请方式。

企业参展营销宣传包括广告宣传、新闻工作、宣传资料、活动营销和客户沟通，5 种方式结合使用，对企业参展成功会起到很大帮助。

（1）广告宣传

广告宣传是企业参展营销宣传的重要组成部分。广告顾名思义广而告之，采用广告的形式不仅可以扩大参展的影响范围，还能延续和补充企业参展的效果，将展出情况和内容传递到那些没有参加展览会的目标观众，同时也加深参展观众对本企业产品、形象的认知印象。

企业参展的广告宣传分两大类，一是外部广告，即参展现场以外的广告宣传，包括电视广告、电台广告、报纸广告和网站广告；二是内部广告，即展览会现场的广告，包括展览会户外广告牌、条幅等。

①外部广告

外部广告包括电视广告、电台广告、报纸广告和网站广告，在宣传的作用上各有优劣势，如表 4.2 所示。

表 4.2　外部广告优缺点比较及表现形式

	优点	缺点	表现形式
电视广告	能直观、生动地传递各类信息； 传播方式具有灵活性； 传播范围广	传播效果一次性； 不可流动性； 制作成本较高，中小企业无力承受； 广告对象缺乏明确性	节目演绎 节目插播 赞助式
电台广告	传播速度快； 传播范围广； 发挥听觉效用	只有声音，缺少视觉印象； 注意度低，容易被忽略	对话式 介绍式 报道式
报纸广告	覆盖面广，发行量大，传播的范围大； 传播速度快； 设计制作简单灵活，费用成本相对低	有效时间短； 地区选择性强； 阅读注意度低	文字表现式 符号表现式 图画表现式
期刊杂志广告	针对性强，目标群体固定； 注意度高，时效性长； 印刷精美，印象深刻	制作成本较高； 传播范围窄	封面 封底 插页
网络广告	范围广； 费用相对较低； 多媒体动感	覆盖率低； 供选择的广告位有限； 创意的局限性	横幅式 通栏式 弹出式 按钮式 插播式

　　外部广告传媒载体无论是传统的电视电台、报纸还是现代的网络都各有优缺点，选择的关键是要与企业的参展目标相契合，与企业的参展预算相适应，并考虑到企业所在行业的特点。

　　参展企业如果属于专业制造机械类，如纺织机械、建筑机械，就不宜选择电视、电台这类面向大众消费者的传播手段。这是因为此类广告的受众是普通公众，他们并不是那些中间制造企业产品的使用者和消费者，不会对产品感兴趣；而且这类广告的费用相对较高，时效性短，无法保留文字内容。比较合适的方法是选择专业期刊或商业杂志等针对性强的文字载体刊登广告，或是在行业协会和展览会的官方网站刊登本企业及产品的广告，不仅有针对性，让有需要的人看到广告，费用也相对低，且便于观众保留和追踪信息。

　　如果参展的产品是食品、纺织品或电子产品等大众消费品，电视、电台和报纸的宣传不仅能展现多样化的宣传，更可以在最大范围内形成信息轰炸，用视觉、听觉多方位立体宣传加深受众对产品的印象。

②内部广告

企业参展展览会现场的广告形式分为展出地的户外广告和展馆内的 POP 广告。

第一，户外广告。展出地户外广告最常见的是路牌广告、展馆外的气球广告和充气拱门广告。

参展的路牌广告可以选择场馆所在地户外，或途径展馆的主干交通道路两侧，使用木板、铁皮、水泥等耐用材料制成平面几何板，用油彩绘制，画面巨大醒目，能抓住人们的视线，并且保存时间长。但要注意路牌广告文字的准确度，路牌油漆剥落要及时修补，以免影响企业形象。

气球广告是最近几年展览会现场兴起的一种广告形式。在气球下悬挂巨幅布幔、塑料薄膜或韧性纸张，上面书写企业名称。气球悬挂在半空，引人注意，宣传范围大。但是这种宣传手法容易受天气影响，一旦刮风下雨，展出效果不能保证，且展出地点和时间的局限性也大。

充气拱门广告是用空压机充气，将塑料材质的拱门通过充气树立在主要展览入口处，拱门上印企业名称，引起观众注意。与气球广告相比，充气拱门在主要入口处，影响的观众面更广，但由于观众来去匆匆，信息传递的时效性短，容易被遗忘。

第二，POP 广告。POP 广告是英文 Point of Purchase Advertising 的缩写，意为"购买点广告"，参展 POP 广告主要具有新产品告知的功能。当新产品展出时，配合其他宣传手段，在展览现场使用 POP 广告进行促销活动，可以吸引消费者视线，唤起消费者潜在购买意识。尽管各厂商已经利用各种大众传播媒体，对本企业及产品进行了广泛宣传，但是当消费者步入展馆时，可能已经将其他的大众传播媒体的广告内容所遗忘，此刻利用 POP 广告在现场展示，可以唤起消费者的潜在意识，重新忆起商品，促成购买行动。POP 广告还有创造销售气氛的功能，利用 POP 广告强烈的色彩、美丽的图案、突出的造型、幽默的动作、准确而生动的广告语言，可以创造强烈的销售气氛，吸引消费者的视线，促成其购买冲动。POP 广告还具有提升企业形象的功能，POP 广告同其他广告一样，在销售环境中可以起到树立和提升企业形象，进而保持与消费者的良好关系的作用。

POP 广告的展览方式一般有悬挂式 POP 广告、展示卡式 POP 广告、商品结合式 POP 广告以及大型台架式 POP 广告。

悬挂式 POP 广告是对展馆上部空间及顶界面有效利用的一种 POP 广告类型，一般是本展台的上部空间。悬挂式 POP 广告是在各类 POP 广告中用量最大、使用效率最高的一种。展览现场参观客流量大，无论是地面还是壁面，都必须对产品的陈列和顾客的流通作有效地考虑和利用，唯独只有上部空间和顶面是不作产品陈列和行人流通所用的，所以悬挂式 POP 广告不仅在顶界面有完全利用的可能性，也在空间的向上发展上占有极大优势，视觉效果强烈。

展示卡式 POP 广告和商品结合式 POP 广告都是利用展示产品的摆放位置张贴广告，展品最能吸引观众的注意力，采用此类 POP 广告能协助观众确认展品品质，了解其性能。

大型台架式 POP 广告是指那些设置在展台内外、通道旁边的地面上，尺寸高度与人相近的展架，包括展品展架、展览的陈列架、装饰用的陈列台架以及宣传手册的陈列架等。

POP 广告是在一般广告形式的基础上发展起来的一种新型的商业广告形式。与一般的广告相比，更体现广告展示和陈列的方式、地点和时间三方面的特点，近年在企业参展中，POP 广告被广泛应用。

（2）新闻宣传

新闻宣传是现代最常见的一种信息传播方式，由于新闻报道的可信度高，宣传效果比广告好，新闻宣传是企业参展可选择的一种低成本、高收益的宣传方式。

展览会的新闻活动以新闻发布会（记者招待会）和新闻中心两种形式开展。

①新闻发布会

新闻发布会是由展览主办方或参展企业把新闻机构的记者邀请到一起，宣布一些重要消息，并就这一消息让记者提问，由主持人一一作答的一种特殊会议形式。新闻发布会是一种二级传播方式，第一步以人际沟通和公众传播的方式，将信息告知记者；第二步由记者们以大众传播的方式将信息告知社会公众。

将新闻传播运用于企业参展宣传，采用新闻报道的形式向社会提供产品或活动信息，为企业树立良好的社会形象制造舆论声势，是企业在宣传活动策划时的常用方法和最佳形式之一。新闻传播具有信息客观性强、社会影响大、传播成本低及传播的主导性差等特点，新闻发布会在企业参展的宣传方面具有重要作用。

新闻发布会有助于参展企业与新闻媒介的相互沟通。策划举办新闻发布会，既是信息传播的一种有效方式，也是企业与新闻界人士密切联系的一次良好机会。新闻发布会可以同时把新闻发送至多个新闻体和新闻机构。这种方法能使信息得到最广泛而充分的宣传报道，避免了广告宣传不足的局限。新闻发布会有助于控制信息传播时机，形成宣传的集中攻势。新闻发布会是企业为公布或解释某一重要信息而策划举办的，如新产品的上市、新技术的研发成功等，借助新闻力量，使公众得以知晓，造成信息传播的集中攻势，扩大积极影响。

此外，信息发布会有助于信息的深层次挖掘，创造新闻价值。举办新闻发布会，记者提出感兴趣的各类问题，提供他们与某些有新闻价值的人物面谈的机会，通过问题的相互启发及面对面的交谈，使原有信息得以更深层次地挖掘。这种挖掘通过新闻报道若能引起社会公众的普遍兴趣或关注，就能创造出更多的新闻价值。

策划和组织新闻发布会必须完成以下工作任务：

•　　明确目的与主题。举办新闻发布会，必须目的明确、主题突出。企业策划新闻活动的根本目的就是为了宣传，但究竟是宣传新产品、新技术还是企业形象，策划人在明确目的与主题之后，应统一口径。

•　　准备工作充分。认真准备发布会所需的文字、照片资料，力求内容详实，包括主持人的演讲词、答记者问的备忘提纲、新闻统发稿，以及将发布的新闻有关背景资料、论据资料、照片、录音、录像、幻灯片等。

•　　联络工作。由负责新闻界联络的人员开展准备工作，落实出席会议人员，请示确定主要发言人，预先与各新闻单位联络沟通。企业安排发言人，提高发布的新闻信息的真实性、权威性和影响力。

•　　时间和地点的选择。选择对各新闻单位的记者都比较方便的时间，注意不与重要的庆典、节假日相冲突，以保证新闻单位的记者都能出席。地点以方便、舒适为宜，一般可租用展览馆内的会议室。

•　　请柬发放。在请柬上要注明举行新闻发布会的日期、地点、单位名称、联系电话、新闻发布会的主题、主要发言人的姓名和职务。请柬及早发出，便于新闻单位进一步询问了解详情。请柬发出后，通过各种方式确认对方是否出席。

•　　文件袋准备。为出席记者预备好文件袋，内装各种资料和会议议程，设置签名册。

•　　接待工作。发布会当天要配备充足人员负责接待，每位出席者包括发言人都应在胸前佩戴印有姓名和职务的胸卡，准备足够的名片。如需参观展示现场，或在现场进行产品、技术的展示，须事先计划好程序和路线，由专人引领、专人演示、专人讲解。

•　　设备设施检查。发布会开始前检查扩音设备、幻灯、录像及摄像设备运转正常，保证不出故障；准备充足的座位、工作台及会场需要的其他设施。

新闻发布会的策划与组织除上述必须完成的工作以外，还有一些需要注意的事项，如果处理不当，不仅不能达到预期的宣传效果，还可能带来负面影响。

首先，要注意考虑新闻本身价值的问题。新闻发布会的主办方所发布的新闻信息有没有价值，有没有进一步挖掘、利用的可能，这直接关系到会议举办的成功与否。同样一条信息，记者可以从不同角度进行报道，如何帮助记者充分挖掘、利用信息，是策划人的职责，要尽可能地创造这样的环境，挖掘新闻价值。

其次，给记者的材料要准备妥当，包括新闻稿和照片。不同的新闻媒介会用不同的篇幅和不同的照片对新闻进行报道，究竟用多长的篇幅、什么样的照片报道，没有统一的标准。为记者准备好充足的资料和照片，以及篇幅较短的新闻稿，让新闻机构自行取舍，才能方便记者发布新闻。

对记者们可能提出的问题进行预计，作好充分准备，回答要与主题相统一。对于不方便回答与产品或技术相关的机密内容，要向记者解释说明，让记者满意。

②新闻中心

除参展企业可以自己联系新闻媒体，召开新闻发布会，展览会主办方在展览会现场也专门设有新闻媒体办公场所——新闻中心。由展览会主办方组织联系多家新闻机构在此办公，发布与展览会相关的新闻内容。展览会主办方除在新闻中心配备供记者们使用的电话、传真、计算机等硬件设施，还配备专门的新闻工作人员，协助记者安排采访，提供完备的展览会资料和参展企业资料。展览会新闻中心的职责包括：

· 组织展览会的新闻发布会；
· 支持各家媒体的新闻报道工作，及时通报有关信息；
· 利用展览会官方网站，适时发布信息与相关资料；
· 协助参展商举办各类新闻发布活动。

除协助参展商举办新闻发布会以外，新闻中心本身也是参展企业进行新闻报道的一个有效途径。

新闻中心组织的一系列新闻活动，其中许多与参展企业直接相关，包括新闻稿中的专题新闻稿、新参展企业新闻稿、活动新闻稿、新闻资料袋、产品报告会等。参展企业要加强与新闻中心的联系，把自己的产品信息、活动信息撰写成新闻稿，及时送到新闻中心，供新闻中心发布使用。

参展企业可以从展览会组织者印发的《参展企业手册》中了解展览会的新闻活动、安排和服务，及时作好准备，选择适合自己的新闻活动。

参展企业新闻宣传工作时间表如表4.3所示。

表4.3　参展企业新闻宣传工作时间表

时间	新闻工作内容
8个月前	任命新闻负责人，或开始联系委托代理
6个月前	制订新闻工作计划，准备、编印新闻材料
4个月前	开始新闻宣传、发稿
2个月前	召开一次记者招待会，发布展出消息，将新产品、新技术情况提供给媒体
6周前	安排展览会期间的记者招待会，确定时间、地点、内容等
2周前	检查展期新闻准备工作，参与展览会新闻活动
1周前	向展览会新闻部门提供与参展企业相关的、有新闻价值的活动和展出等
展览会中	向新闻界提供展览会热点、观众反映、展览会效益等新闻资料
展览会后	收集媒体对本企业参展的报道情况，向联系的所有记者寄出展台新闻工作报告

（3）宣传资料

宣传资料作为宣传工作的组成部分，也是企业参展的重要内容。在展览会现场印发的宣传资料，向观众告知展览会的各类信息，帮助观众找到理想的合作伙伴。由于展览会举办的时间有限，企业在展览会上发布的信息时效较短，而宣传资料上的内容都是以文字或图片记录下来的企业信息，可供观众回去慢慢翻阅，一旦感兴趣可以与参展企业进一步联系。宣传资料的编印质量直接关系到企业的展出效果。

展览会上印发的宣传资料分两大类：一类是展览会主办方编印的宣传资料，包括展览会会刊、参展商名录、展览会简报等；另一类是参展企业自己准备的宣传资料，包括展台小册子、公司介绍、产品目录等。

①展览会主办方宣传资料

展览会主办方编印展览会宣传资料，一方面，为了宣传展览会本身，建立参展商信息库，无论是参展商名录还是展览会会刊都会把参加此次展览会的参展企业的名称、公司地址、联系方式一一罗列，这也是参展商支付展览会主办方费用所包含服务的一部分，同时也方便观众查询有关参展商信息；另一方面，会刊的封面、内页、封底都可以进行广告销售，这是展览会主办方获取利润的一个途径，参展商可以在参展登记时询问广告单价，决定是否在会刊上刊登本企业的广告。与普通期刊相比，会刊上刊登参展企业广告针对性更强，效果更好。展览会现场，展览会会刊一般都是有偿销售，价格在100~200元，凡购买会刊的观众都是对参展企业或产品感兴趣的专业观众，在这样的会刊上刊登广告能向专业观众传递信息，增强观众对参展企业的认知度。

展览会简报是展览会主办方在展出期间向公众发布展会活动安排、新品发布情况的信息传播渠道，参展企业应及时准备新闻稿，送至展会报纸编印处，在展览会组织者的帮助下发布本企业展台活动信息。

②参展企业宣传资料

除展览会主办方印制宣传资料外，参展企业自己一般也需要准备宣传资料，包括展台小册子、公司介绍、产品目录、产品介绍、价格单等。这些资料在参展前随邀请函直接发送给邀请单位，同时在展览会现场的展台发放，供观众取阅。

参展企业资料中的展台小册子可以是详细介绍企业形象、企业产品和参展情况的一本册子，也可以是一张简单的铜版印刷折纸。它的作用是对展台展示内容的补充。现代展台设计不提倡大幅文字说明，以展品、设计和色彩吸引观众，观众了解产品和企业更多的是来自与展台人员的交谈。但人的记忆力是短暂的，尤其是展览会现场有成百上千家参展企业，观众到最后不可能记得每家企业的详细情况。此时展台小册子所阐述的内容能帮助观众回忆起参展企业的情况，搜寻需要的信息。根据经验，展台小册子有比没有好，简单比复杂好。展台小册子的排版顺序为：

- 封面：展会名称、日期、地点、展台或展馆位置、号码；
- 内容：展览会概况、参展企业活动安排、企业概况；
- 封底：标明展台位置的场地平面图、标明展馆位置的交通图。

展台小册子编印计划包括：

- 确定资料种类、内容、数量；
- 规定风格、色调、标志等；
- 制定工作日程；
- 国际展览需用英文，字体统一明了，小册子尺寸一般为 9mm×21mm。

（4）活动营销

展览会期间活动的策划与举办不仅可以营造、烘托展览会现场气氛，而且这些活动与展览会融为一体，成为展览会的组成部分。展览会现场的活动，一类是由展览会主办方策划组织，包括展览会开幕式、研讨会、论坛等；另一类由参展企业根据需要，配合展台工作计划策划组织，包括产品发布会、现场娱乐表演活动等。

展览会组织者策划举办的活动，参展企业应积极响应，派遣公司高层参加开幕式，与主办方、业界和新闻媒介主动沟通联络；参与研讨会和论坛的发言、讨论，或举办讲座，这样不仅有利于提高企业知名度，提升公司地位，也起到了一定的宣传作用。

对由参展企业组织策划的产品发布会和娱乐表演活动，策划组织事项应进行简单介绍。

①产品发布会

产品发布会发布的是本企业参展的产品，但策划与组织应由参展企业与展览会主办方共同完成，产品发布会的选题和计划要尽早由参展企业递交展览会主办方，统一协调安排时间。活动策划设计流程如下：

· 主题选择。产品发布会一般都传达最新的产品信息和技术，目标对象包括专业观众、经销商、新闻媒体和技术人员等。在策划产品发布会时，要先了解当前业内技术和产品的最新动态，以便参展企业的产品选择符合最新潮流。此外，还要与展览会主办方沟通，产品发布的内容要契合本次展览的主题，引起更广泛的关注，扩大影响力。

· 框架设计。产品发布会的框架设计包括媒体邀请计划、观众组织计划、现场执行计划等一系列内容。这些内容有的可以由参展企业自行解决，有的要通过展览会主办方协调，统一安排，因此在计划实施的过程中要适时与主办方联系沟通。

· 发布会举行。在选择了合适的主题，确定了组织方案后，进入具体操作阶段。产品发布会举办过程与新闻发布会类似，但更多的是集中在对产品的介绍和展示上。因此可以参照新闻发布会的流程，进行策划。

· 会后工作。产品发布会的会后工作包括现场观众调查统计、跟踪媒体报道情况、答谢参加发布会的 VIP 观众和工作总结等。

②表演活动

展览会现场的表演活动不仅可以调动现场气氛、丰富展出内容，也有助于参展商强化展出效果。调查显示，美国展览会 75%的参展企业都会选择用演出的方式来宣传产品和服务。表演活动正日趋成为参展企业现场展示的一种手段。要想成功地举办一场展览会现场的表演活动，要注意以下 3 点：

· 表演性质选择。展览会现场的表演活动，一类是围绕产品展开的表演活动，例如网络游戏展，参展商邀请知名演艺人士，扮演游戏中的人物，达到宣传产品的效果。另一类纯粹是为了吸引观众进行的娱乐性表演，如图 4.7 所示，在某年的柏林国际旅游展（ITB）上，法国雅高（Accor）集团（世界上最著名的酒店集团之一）为吸引观众，把马戏团邀请到展台现场，在开阔的展台上进行空中飞人表演，在短时间内引起了轰动效应，吸引了大量的人流。

图 4.7　展台现场表演

　　表演活动是为实现参展目标服务的，因此参展企业在组织策划表演活动之前，先要明确到底选择哪一类表演活动，或者说哪一类表演活动对完成参展目标更有效。在明确了这个前提后，才能开始活动的策划与安排。

　　· 时间和场地选择。表演活动时间和场地的选择是表演活动能否达到预期效果的关键。如果是为整个展览会服务、希望通过表演活动吸引观众的表演，可以选择在展览会开幕式当天，人流聚集的公共场地进行，达到宣传效应最大化；如果是围绕产品展开的演示活动，或是邀请明星加盟的表演活动，一般选择在租赁的展台举行，更有利于把观众吸引到展台。同时要向展览会主办方了解其他展台的活动安排，以免造成冲突，分流观众。

　　· 现场协调。表演活动在展馆内声势浩大，影响范围广，短时间内人流的迅速聚集和音乐播放，不仅会对展览会总体安排造成影响，对附近展台的其他参展商也会有影响。如果在同一时间，两个相邻展台举办表演活动，不仅会分散表演效果，也不利于主办方的管理。因此参展商的表演活动，不仅要和展览会主办方协调好时间、地点、安保及人流疏散等具体工作，还要和其他展商相互协调。

　　（5）客户沟通

　　展览前的客户沟通工作主要有展前邮寄、电子邮件邀请、电话联系以及 VIP 客户上门拜访。

①展前邮寄

展前邮寄是将邀请函和参展商准备的各种资料，包括参展小册子、小礼品等一起寄给可能来参加展览会的企业、组织或个人，邀请他们到展览现场，光临本企业的展台。展前邮寄是企业参展使用最广泛的一种宣传方式，也是成本相对较低、回报较高的一种方式。展览会现场是企业与专业观众交流的平台，专业观众除依靠展览会主办方邀请，还有很大一部分要由参展企业自行组织、邀请，才能达到理想的效果。

展前邮寄的企业名单来自参展企业建立的数据库，根据数据库上的名单，向企业、客户发邀请，通过这样的方式往往会收到良好的效果。邮寄的材料必须是经过精心准备和设计的，只有这样才能吸引接受方的注意，达到宣传效果。

•　设计个性化。邮件设计得越有针对性，反馈越大。在印制邀请函和信封上，最好写上收信人的姓名，而不仅仅是职务称谓，给人以亲切感。

•　附带回执。在邮寄的包裹中附上参展企业精心准备的小礼品，固然可以表达企业的邀请诚意，但如果用一张回执表的形式，告诉接受者填写完回执表，并带到展台现场可以领取精美礼品，这样更能吸引观众，实践证明这是吸引观众到现场更好的办法。此外通过回执表上填写的内容，企业可以更新客户信息。

•　附带入场券。在邮寄的包裹里夹寄一张正式的展览会入场券，或根据客户的分类附上一张 VIP 观众的参展证，不仅可以免去观众登记进场的麻烦，也可以让客户感觉受到企业的重视，这会给客户留下良好的印象。

•　提供选择方案。有些受邀客户确实因为某些原因不能到现场参观，但对企业的展出和产品十分感兴趣，一方面可以通过邮寄包裹中的小册子和企业参展资料向这些客户提供企业的信息；另一方面可以留下参展企业联系人姓名和联系方式，方便这些客户向企业索要产品信息，延伸企业参展效果。

②上门拜访

上门拜访是一种相对成本较高的展前客户沟通方式，但却是最能体现企业诚意，达到最佳效果的方式。在使用这个方法时，要权衡投入与产出的关系，一般采用这类沟通方式的对象都是那些企业最重要的客户，即 VIP 客户。

参展企业派遣销售人员或部门负责人，携带包括邀请函、资料袋、礼品在内的参展资料，到 VIP 客户公司上门拜访，最好能与主要负责人直接沟通，即便见不到主要负责人，也要联系到对企业购买决策起关键作用的决策人员。

此外，考虑到成本，一般选择企业所在地的 VIP 客户，或者企业展出地的 VIP 客户上门拜访。如果是展出地的 VIP 客户，可以结合参展活动一起进行。但拜访前，要先把相关展出资料邮寄给客户，待拜访人员开展前几天抵达展出地后，再对这些客户进行拜访。

③其他方式

除展前邮寄和上门拜访外，企业展前客户沟通的方式还有电子邮件邀请和电话邀请。这是两种成本最低的沟通方法，尤其是电子邮件邀请几乎没有任何成本，速度也快。但这两种方式各有利弊，电子邮件虽然方便、节省，但受邀公司往往会忽视电子邮件邀请，或直接将此类邮件当成是垃圾邮件屏蔽；电话邀请可以直接与邀请人对话，但是信息无法记录保留下来，容易被受邀人遗忘。

为确保展前客户沟通的及时有效，企业参展团队最好安排展前邮寄、上门拜访、电子邮件邀请和电话邀请几种方式结合使用，以达到最佳效果。

5. 展台和展品

（1）展台选择

展览会最重要的特性之一是展示性，展台是诠释这一特性的主要方式，因此展台的成功与否，直接关系到企业参展是否成功。

展台计划包括展台面积的租赁、展台搭建的类型、展台设计等一系列活动，展台选择在企业参展申请时就要初步确定，因为企业向主办方递交参展报名协议书的内容中包括展台类型的选择和所要租赁展台的面积，以及具体的费用。

展台可以分为标准展台（或称标准摊位，简称标摊）和特装展台，两类展台的费用和面积计算方式差别较大。

标准展台，是采用国际通用尺寸标准而设计的集合性展台。总面积一般分9 平方米、12 平方米和 15 平方米三种，除面积以外还包括一些基本的展出器材，包括八棱柱支座、锁件、楣板、双面 PVC 展板、展桌、展椅、射灯、插座等，这些展具与展台面积一起打包销售。以国内常用的 9 平方米标准展台为例，标准展台结构如图 4.8 所示。

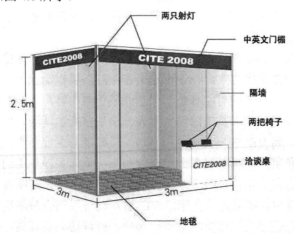

图 4.8 标准展台结构示意图

特装展台一般36平方米起订（即4个标准展位起订），不同的展览会组织者起租面积不尽相同。特装展台出租的是一块不包括任何设施的光地，展台内的各类结构可以由企业自行搭建，各种设施由企业自行购置或租赁，搭建面积不得超过所租展位面积。此外展台搭建还必须符合所在展馆的建筑和安全要求。展览会主办方只向租赁特装展位的参展商提供光地和电源，不提供任何展具。特装展位的搭建工作通常由参展企业自行寻找展台搭建商完成。

在参展协议书中，标准展台和特装展台明码标价，例如在上海新国际博览中心举办的2012年中国国际五金展的展台价格如表4.4所示。

表4.4　2012年中国国际五金展的展台价格

展　区	摊位类型	规　格	价　格
国内	标准展位	3m × 3m	RMB9000/个
		3m × 4m	RMB12000/个
	光地特装	36m^2 起	RMB900/m^2
国际	标准展位	3m × 3m	USD250/m^2
	光地特装	24m^2 起	USD170m^2

备注：1. 光地特装位置优于标摊，需要自行搭建。

2. 开放式布展的光地优先，大展位优先，2个以上标准展位优先安排角位，相同性质展位先交费者优先。

资料来源：http://www.cihs.com.cn/exhibitor/charge_c.htm。

表4.4中除对展台类型分类外，还针对参展商所在地分成国内参展商和国际参展商，这是因为目前中国展览业还实行价格双轨制，即国内参展商与国际参展商展台租赁价格区别对待。

当参展企业支付展台租赁费用时，可以与主办方协商，要求给予一些优惠，或是展览会主办方在参展协议中明确标出，例如租赁特装展台面积超过72平方米优惠5%，提前全额付款优惠10%等。

（2）展品选择

展品选择的合适与否直接关系到展出效果。展览会现场观众对企业最直观的认识，除了展台就是展品。因此必须挑选合适的展品。展品的挑选有以下3点要求：

①符合展出目标原则

企业参展挑选展品要与企业的展出目标相一致，否则再好的产品，不符合企业本次展出目标，也不宜挑选。例如，企业的展出目标是销售目标，即在展览会现场尽可能推销本企业的主打产品，获得订单合同，此时就不宜将企业研发的新产品作为展品，摆放在显眼的位置。一方面会混淆观众的视听；另一方面，企业主打产品一般是市场比较成熟的产品，与新品放在一起，难免会被比较，新产品过于突出的话，反而会使成熟产品相形见绌，起到负面效果。

挑选的展品，除要符合展出目标，也要注重展品本身的质量。展品是被放在展台上进行展示的，数量虽少，但在观众眼里代表本企业生产的所有产品，如质量不过关，在展示过程中发生故障，不仅会给观众留下产品质量不佳的印象，还会直接影响展出效果和订单获取。

②符合企业供应能力

企业挑选展品除考虑符合展出目标、具有市场吸引力外，还要考虑对于产品本身，企业是否有足够的生产能力和供应能力。特别是海外参展，一些企业为显示企业的实力，挑选一些刚刚研发成功，还未大批量上市的产品，或是生产技术还未成熟的产品，作为展品摆放在展台内。这些产品虽然在短时间内能吸引观众的目光，但当客户准备下订单时，企业却发现对于所需的订单数量，生产能力不足，无法签约。这样比不展出此类展品的效果更加糟糕。

当然对于某些定制类产品或企业已事先计划上市的产品，也可先展出宣传，扩大市场影响，然后产品再大批上市。在这样的情况下，展品选择新产品是可行的。

③符合展览举办地和展馆要求

展品的选择要充分考虑展出地的市场需求和展馆的设备条件。首先是展览举办地的市场要求，根据展出地的经济水平、消费水平、消费习惯分析判断，选择展品。特别是海外参展，要考虑到展出国对本企业所在行业的一些标准和规定，对这些因素事先分析，考虑周全，就能避免不必要的麻烦。

展馆条件是展品选择需要考量的另一重要因素，尤其是那些体积较大的展品，展馆地面的承重、展品是否可以拆卸运输进入场馆、场馆入口的限制高度等都是展品选择需考虑的方面，否则到了展馆现场，临时出状况会给参展企业带来很大的麻烦。例如，某年德国汉莎航空公司参加的国际航空展览会，参展企业选择一架最新型号的飞机作为展品，但飞机的高度几乎可接触到展馆的天花板，根本进不了展馆大门，也不符合展馆的高度限制要求。最后使用拆卸的方式，先把飞机肢解，再在展馆中组装、展出。虽然把问题解决了，但是临时的计划调整给整个参展过程带来了很大的不便。

挑选展品除符合以上3个要求，参展人员在筹备的过程中还要考虑以下问题：

· 展品的设计、色彩、包装是否引人注目；
· 展品的视觉效果能否运用色彩和照明进一步强化；

- 是否能让观众随意接近展品，小件物品如何保护；
- 展品能否进行实际展示，需要多少空间；
- 需要设计哪些信息提供方法（图表、演示等）；
- 如何展示公司的服务项目；
- 如何表明产品对客户的用途。

展品挑选完，还要对展品进行测试和试用，保证展品在展出期间能顺利运行。如果展品是需要在展馆内再组装的，则需要由技术人员进行展品资料准备，包括展品说明书、技术数据说明、图文说明，以便在展出地拆箱组装展品。

第三节 企业参展工作细则

对于初次参展的企业或项目负责人，展出工作是一项十分繁杂而琐碎的工作，由于对展出工作没有经验，在具体的工作过程中很容易遗漏和疏忽。此时宜细不宜简，最简单的方法就是把需要做的事项按照分类事先用一张表格一一列出，以便在参展过程中做到心中有数、有序进行，如表 4.5 所示。

表 4.5 企业参展工作细则列表

1.	**展览会基本情况**
•	展览会名称
•	展览日期
•	展览地点
•	展览主办方、协办方、承办方
•	展览性质（贸易或消费）
•	展品范围、内容
•	参展企业数量
•	展出面积
2.	**参展申请**
•	作参展决策
•	向主办方递交参展申请
•	签订参展协议书
•	交付首期费用
3.	**展出计划制订**
•	参展目标制定
•	参展人员组织
•	费用预算
•	制定工作流程
•	外部供应商确定

4. 展台设计

- 确定展台整体要求（标志、色彩、风格等）
- 选择设计公司
- 具体设计方案提出：平面设计（广告、海报、资料及资料袋、信封等）和道具设计（门饰、咨询台等）
- 内部审查和根据展览会要求的外部审查
- 修改设计
- 定稿

5. 展台施工

- 选择施工公司（报价、竞标、洽谈、签约）
- 资料准备（施工规定、设计图纸、展馆图纸、申请表等）
- 基本设施确认（地面、照明、电、水、空调、消防、扩音设备、仓库、办公室、会议室等）
- 注意事项：通道宽度、限高、地面承重、禁烟、紧急出口等
- 展台搭建：施工基本尺寸、用料、地面覆盖物（地毯、地板）、框架搭建、企业标示牌、照明等
- 设施租用：展柜、展架、模特、花草布置等
- 接待区域设施：家具（沙发、办公桌、茶几等）和办公用具（电脑、电话、传真机、复印机等）
- 施工监督

6. 展品工作

- 展品选择（种类、数量等）
- 展品测试
- 展品资料准备（展品说明书、技术数据说明、图文说明）
- 展品打包、装箱
- 大型展品（机械设备）运抵组装、调试安排
- 展品运输：运输方式选择（空运、海运、陆路运输）
  运输时间确定（发运日期、运抵日期、回运发运日期、回运运抵日期）
  海关手续办理（海外参展）
- 运输公司或代理选择（报价、竞标、洽谈、签约）
- 集中展品、理货
- 行程确定
- 装箱
- 运输保险、商检证办理等

续表

7.　媒体宣传
• 展览概要（公司简介、产品介绍、展台号、展馆向导图、展馆地址等）
• 信封、信纸、资料袋、宣传对象表（批发商、零售商、VIP 客户等）
• 宣传渠道（广告代理、公关代理、贸易机构、行业协会等）
• 宣传方式：新闻发布（记者招待会、新闻发布会、新闻稿发表）
会刊（基本信息刊登、封面封底广告、页内广告）
海报张贴、户外广告牌
刊物（内部刊物，行业杂志；外部刊物，新闻报纸等）
企业发函（向 VIP 客户发参展邀请函和资料袋、小礼品等）
电视、电台媒体
8.　展期活动
• 开幕式准备
• 邀请（邀请函确定、印刷、寄发）
• 发言人确定
• 发言稿定稿
• 现场工作人员安排
• 场地安排（签到台、贵宾室等）
• 用具（签到笔、签到簿、名片盒等）
• 其他活动安排（明星邀请、模特展示、抽奖等）
9.　展台活动
• 选择、培训展台人员，分配展台工作
• 准备资料（货单、价格单、合同、成交条件等）
• 编印记录表、统计表等
• 布置展台、检查展台文字
• 测试展品
• 介绍、演示展品
• 发放资料
• 接待观众、记者、邀请宾客
• 洽谈交流
• 调研活动（市场调研、展出效果调研等）
• 记录、统计观众信息
• 展台管理（展期常规工作安排、值班等）
• 评估工作
• 后续工作
10.　后勤行政
• 外包人员确定、联系（模特、翻译、招待等）
• 证件办理（签证、展览会进场证等）
• 交通（行程路线、票务购买等，展出地市内交通安排）
• 住宅（酒店预订）
• 参展人员订餐安排（展馆内订餐、晚间外部订餐）
• 参展人员着装安排（配发统一制服）
• 财务管理（资金使用记录、控制、结算等）

只有认真按照细则的内容，分步骤、分层次地展开，才能确保参展工作的顺利进行。

【思考题】

1. 企业参展分哪几个步骤？各步骤主要包括哪些工作？

2. 企业参展按时间节点安排，有哪些重要时间节点？

3. 企业参展人员组织包括对哪些类型工作人员的组织安排？

4. 企业参展费用预算中包括哪几大类？各占比例一般为多少？

第五章

企业参展展示设计

【教学目的与要求】

成功的展示设计能将企业参展内涵在展览会现场很好地展现出来，体现企业的理念、树立企业的形象。通过本章的学习，要明确展示空间的内容，展台的分类，展示设计的分类及各自的要求，展示设计实施和展示设计的评价。

如果说展览会是在特定的时间、特定的地点展示产品，促进参展商和观众交流的中介活动，那么企业在展览会现场的展示就是在既定的时间和空间范围内，运用艺术设计、通过对空间与平面的创造，使其产生独特的空间氛围，吸引观众加入其中，达到展示产品、宣传主题的目的。此类活动的空间称之为展示空间，此类活动的设计称之为展示设计。

展示设计是企业参展最重要的工作，不仅因为展台租赁、设计和搭建费用占整个企业参展费用的50%，展示空间还是展览会主办方、参展企业、观众、展台和展品4种元素直接相互作用的交汇点，展示设计的好坏直接关系到参展企业是否能吸引观众，成功展示产品、展现企业形象。

观众对参展企业的第一印象来源于展台的外观设计、展品的摆放，然后是展台人员的介绍和资料的发放。如果展示设计不足以吸引观众、激发观众的参观兴趣，那么其他再多的准备工作也是徒劳。企业在进行展示设计工作时，先要明确这样一些问题：

- 怎样的展示空间布局是合理的？
- 怎样的展台类型是适合本企业的？
- 怎样的展示设计可以吸引观众？
- 如何挑选展示设计公司？
- 如何对展示设计进行评估？

只有明确了这些问题，企业才能挑选适合的展台设计公司，选择适合本企业参展目标的展台设计，从而搭建出能充分展现企业形象，展示企业产品的成功展台。

随着科技进步，尤其是计算机技术、电视、电脑网络等新兴事物的出现，展示手法正向多媒体交互技术、虚拟空间技术等领域拓展，在传统展示技术的基础上，新添了许多新兴的展示手段和方法。企业在进行参展展示设计工作时，要及时了解市场行情，掌握最新动态，才能选择新颖而富有特色的展示手法吸引观众。

第一节　展示空间

一、展示空间构成

举办展览会的展馆大厅，并不是所有的空间都能租赁给参展企业进行展示活动，展馆大厅按使用功能被划分为实际展示空间、洽谈空间、过渡空间、接待空间和存储空间等。按照不同的空间分布，实现不同的功能。参展企业要了解展馆内的空间分布，选择合适的展位。在展览会组织者招展时，会向参展企业提供一张展馆平面图，上面标注出不同的展位，包括展台的类型和面积。2012年汉诺威工业博览会第三展馆的展台分布平面图如图 5.1 所示。

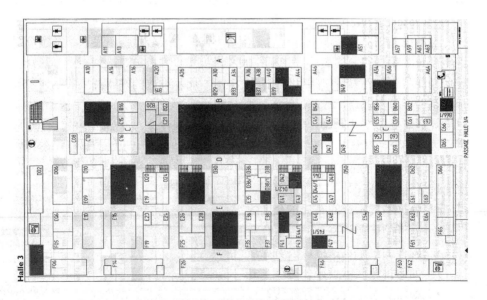

图 5.1　展台分布平面图

1. 实际展示空间

实际展示空间是展馆内真正展示平面展品或立体展品的空间部分，一般包括展览主办方进行产品展示的空间和参展企业租赁展台展示产品的空间。这种展示空间可以是陈列展示平面展品的展墙、展板，也可以是摆放立体展品的展台、展柜。

2. 洽谈空间

洽谈空间是展馆内展览会主办方或参展企业接待观众所使用的空间。如果是贸易型展览会，这部分空间所占比例会较大，供参展双方交流讨论，进行商务洽谈。

3. 过渡空间

两个展区或展厅之间起缓冲作用的过厅、走廊、踏步等都是过渡空间。即使有的展览会规模较小，各展位布置紧凑，也会基于安全和舒适的考量，预留一部分过渡空间。过渡空间是供观众休息，为参观下一个内容作准备的区域，当然此区域也可以成为参展企业进行广告宣传的地点之一。

4. 接待空间

规模较大的国际性展览会一般都会在进门大厅处设置一个接待区域，面积在 40 平方米左右，用以接待政府官员、企业高层或知名媒体。

5. 存储空间

展馆现场内除了观众可以看到的空间，还有一部分区域用隔板围拢，这部分就是展馆的存储空间，堆放参展企业或展览会主办方的一些材料、道具等。

二、展台功能区域划分

企业所租赁的展台，无论是标准摊位还是自行搭建的特装，按使用功能可以分为展示区、讨论区和辅助区，如图 5.2 所示。

1. 展示区

展示区域主要用于摆放各类展品、信息提示板、放映录像、进行演示和招待观众。展示空间的大小是选取展品时要重点考虑的因素之一。

2. 讨论区

为便于在展期中与客户进行交流讨论，需要专门开辟讨论区，摆放桌椅、沙发，准备会客室。如果参展期间，邀请了咨询顾问，还应当在展台腾出一些空间安排顾问的座位。

除此之外，信息发布区、酒吧台、餐饮区以及报告厅等都是属于讨论区内供个人交流的区域。

3. 辅助区

辅助区域包括备餐室、储藏室、资料存放室、衣帽间、技术室、工作人员室等。根据展台提供的服务内容不同，有可能还有额外的设备安排。辅助区虽不是主要区域，但安排不妥也会影响展期内的工作。

以上三个区域所占展台面积的比例并不是一成不变的，根据企业参展目标不同，三大区域所占比例也有所侧重。

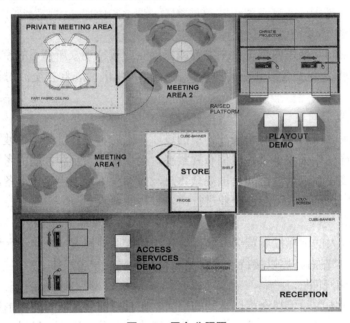

图 5.2　展台分区图

如果参展目标以展示产品为主，参展商要给观众介绍、展示产品的技术、质量以及特点，展示区域面积要稍大，展示区与交流区的比例在 60：40 较为合适。

如果参展目标以发布信息为主要目的，参展商的重点是各种传播媒介（举办讲座、用多媒体和幻灯片进行展示、放映录像等），仅是产品的展示无法充分展现公司所提供的全部服务内容，此时展示区的面积在展台中的比例要进一步扩大，满足参展目标的要求。

如果是以咨询、人员交流为主的参展形式，展出空间的利用要紧紧围绕与观众交流进行，因此安排座位和讨论空间是展台设计需要重点考虑的问题，要将更多的空间用于讨论区，展示区的规模可以适当缩小。

如果企业参加的是混合型展览会，不同功能的区域要配比得当，按功能、空间和宣传目的划分各个区域。一般而言这类展览会上，展示区和讨论区面积相当。

第二节　展台类型

一、按展台位置分类

展台依据一个展台与相邻展台的位置关系、通向过道的路径不同可区分成道边型展台、转角型展台、半岛型展台和岛型展台。

1. 道边型展台（Row Stand）

道边型展台也称"一面开口"展台，夹在一排展台中间，单面敞开，三面隔断，展台敞开面的大小决定了展台的深浅和宽窄，此展台一般可供人员流动的区域最少，观众只能从其面前的过道进入。道边型展台大多位于过道两侧，标准摊位多属于此类展台，租赁价格也是四类展台中最便宜的。

2. 转角型展台（Corner Stand）

转角型展台也称"两面开口"展台，位于一排展台的顶端，两面临过道，相对于道边型展台观众流量较大，展示效果比道边型展台好。

3. 半岛型展台（Head or End Stand）

半岛型展台也称"三面开口"展台，是指观众可以从三个侧面进入的展台，展台视野较前两种更开阔，展示效果更好，租赁价格较前两种更高，此类展台多为特装展台。

4. 岛型展台（Block Stand）

岛型展台也称"四面开口"展台，顾名思义，像海中的小岛，四面敞开，人流可以从四面进出，是四类展台中展示效果最好、人流量最大的展台，同时在 4 类展台中租金最高。此类展台全部都是特装展台，参展企业如果租赁此类展台，不仅要支付比其他三类展台更高的租赁费用，还要自行设计、自行搭建。

各类展台分布如图 5.3 所示。

除上述四种室内展台以外，还有室外展台（Exterior Exhibition Stand）。室外展台是指在室外展出的展台，用于展示特大展品或大型机械设备（建筑机械），由于受室内展馆的高度或地板承重限制，一般参展企业在展示此类产品时会选择室外展台。室外展台价格与室内展台不同，参展商租赁室外展台时除要设计搭建以外，还要注意保证在讨论区设有顶篷，可以为参展人员和观众挡风遮雨。

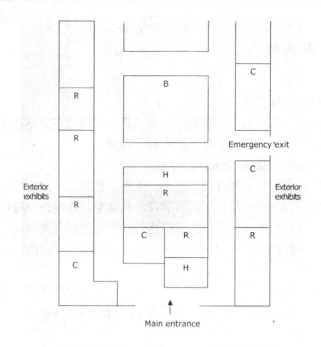

R 为道边型展台   C 为转角型展台

H 为半岛型展台   B 为岛型展台

图 5.3 展台类型示意图

二、按展台装饰分类

展台按是否需要自行装饰分为标准摊位、改良型标准摊位和特装摊位。

1. 标准摊位

所谓标准摊位就是"标准化造型"的摊位，摊位面积包括 3m×3m、3m×4m 和 3m×5m 三种，用 K8 系统展架统一搭建，楣板宽度也统一。每个摊位内有展览会主办方统一供应的标准设施，包括一张桌子、两把椅子、插座等。

此类摊位虽然有租金较低、施工快等优点，但因为是统一布置，缺乏独特性，艺术吸引力差，展示效果不够理想。

2. 改良型标准摊位

改良型标准摊位是在标准摊位的基础上增加少量开支，仅在展台局部例如摊位顶部、楣板位置、转角处稍加变化和装饰。改良型标准摊位的艺术性好，展示效果会大大提升。这是一种比较经济实用的展台类型和展示方式。但参展企业在进行此类改装时，要注意查看展台租赁合同，因为有些展览会是禁止改装标准摊位的。

3. 特装摊位

特装摊位是主办方仅租赁一块空地给参展企业，没有任何其他设施设备，由参展企业自行设计、自行搭建，进行展示的一种展台。此类展台通过参展企业聘请专业设计公司、搭建公司进行布置，艺术创造性得到充分发挥，最能吸引观众的注意力，展示效果最好。但租赁成本和搭建成本都是三类展台中最高的。

第三节　展示设计

展示设计包括展具设计、展示色彩设计、展示照明设计和展示版面设计。

一、展具设计

1. 展具设计原则

展具是展示设计中的支撑和骨架，展具材料选取的正确与否直接关系到展台的牢固性和安全性，展具材料的先进与否体现了参展企业的环保意识和时尚灵敏度。展具的设计要符合这样一些原则：

（1）符合人体工程学要求。展具设计在尺寸上必须是方便观众观赏的，比如在高度尺寸上要适合，不能过高或过低，不能让观众仰头或弯腰观看；台阶踏步的高度与踏面宽度要合理，既安全又不容易使观众疲劳；展具表面色彩要纯正，有助于突出展品。

（2）易于拆装组合。目前国内企业参展为节省成本多使用木质结构的展具。此类展具虽然相对造价较低，但其缺点在于不能重复使用，不易拆装组合，且使用大量的黏合剂，容易造成场馆污染。因而要大力推广使用组合式展具，在缩短搭建时间、提升效率的同时，也注重低碳环保。

（3）安全可靠。展架、展具作为展台的支撑结构，最关键的性能是安全、牢固，要选用坚固耐用的材料，确保使用过程中不出事故。

2. 展具分类

展示道具按功能可分为展台、展板、展架、展柜、标牌、照明器具以及近年来随着科技发展出现的多媒体技术。

（1）展台

用于摆放展品，根据实物展品的大小不同，展台可分大、中、小三类：

①小型展台，高度在 100～400mm，多种平面形状，最大平面尺寸为 900mm×1800mm。

②中型展台，高度在 600～900mm，平面形状有方形、圆形、长方形、椭圆形等，平面尺寸在 2500mm×5500mm 到 5m×7m 之间。

③大型展台可以是由中小型展台拼连、摞叠构成，也可以是大型阶梯式展台。

（2）展板

用来张贴平面展品，如照片、图表、图纸、文字说明等，根据需要也可以钉挂立体展品，如模型、实物产品等。展板的尺寸规格分 3 类：

①小型展板，二维尺寸有 600mm×900mm、900mm×1200mm、600mm×600mm 等，厚 15～25mm。

②大型展板，二维尺寸有 900mm×1800mm、600mm×1800mm、1200mm×2400mm 等，厚 40～50mm。

③拆装式展架配套的展板，二维尺寸有 960mm×2260mm、960mm×2400mm 等，厚 16mm。

（3）展架

用于摆放展品。传统展架以木质结构为主，不可拆卸，一次性使用。随着时代的进步和对环保的重视，大量可重复使用的组装式展架日益普及。目前常用的拆装式展架有：

①八棱柱展架，由铝合金八棱柱和铝匾件横杆（两端内装锁件）搭配，为可组装展架，八棱柱一般长度为 2480mm，如图 5.4 所示。

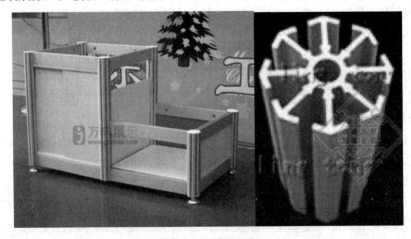

图 5.4　八棱柱展架

八棱柱展架加展板可作为展墙或隔断，上加楣板可展示参展单位名称，标准摊位多采用此类展架。随着研发技术的进步，八棱柱被进一步开发设计成更适于多样化组合的十字立柱，如图 5.5 所示。

图 5.5　十字立柱

图片来源：灵通展览系统股份有限公司。

图 5.5 是十字立柱的截面图，可以看到与传统的八棱柱相比，其组合方向和长度更具多样性。

②三维节扣接式展架，三维节是一个塑料立方体框架，薄壁铝合金管两端的塑料扣手可扣接在三维节的任何一个框柱上，由此组成展架，利用几个三维节可以夹挂展板。

（4）展柜

用于摆放小型和贵重的展品。展柜分高柜和矮柜两大类，高柜可靠墙放置或在展厅内独立放置，上部为柜腔，下为底座，常规尺寸为 700mm×1800mm×1900～2200mm（B×L×H），底座高 800mm 左右。矮柜有单坡面、双坡面和平顶面 3 种。

（5）标牌

展台内使用标牌分单位标牌、展品标牌和方向指示标牌。单位标牌有一类为独立式，有独立的框架和底座，尺寸较大；还有一类是吊挂在走道上空，尺寸较小。此类标牌或是贴在展厅门楣上，或从摊位立柱上接出来，具体尺寸根据实际需要设置。

展品标牌是展品如机床、汽车等使用说明的标牌，此类标牌也有统一标准尺寸：大型展品，标牌二维尺寸有 250mm×400～900mm 和 1200～1500mm×2800mm；小型展品如食品、服饰等，使用的小型标牌或标签，尺寸为 50mm×70～90mm 和 120～250mm×380mm。

方向指示牌多用于户外展示，尺寸视情况而定，但材料要牢固耐用，可抗风雨。

（6）照明器具

展台中使用的展示照明灯具一般有：直管荧光灯，用在展柜内或展厅顶棚；紧凑型节能荧光灯，主要用在展厅天花板、挑檐下部以及展柜中；混光型射灯，主要用于照亮展板、展墙和凸显展品；可调式地灯，用于照射背景和位置靠后的展品；装饰性照明，如霓虹灯、光导纤维、霓虹胶管等。目前展台广泛使用的金属卤化灯如图 5.6 所示。

图 5.6　金属卤化灯

图片来源：灵通展览系统股份有限公司。

金属卤化灯由于光效高（可达 80～140 lm／w）、显色性能好（Ra>85）、寿命长（数千至 2 万小时），同时具有功率高、体积小、并具白帜灯与荧光灯的双重优点而为世人瞩目。

金属卤化灯是 21 世纪人类应用最广泛、最具有前途的照明光源之一，也是目前为展览会展示所常用的光源之一。

（7）多媒体技术

现代企业参展活动中，越来越多地运用高科技手段进行展示活动，展台展示最常用的多媒体技术有动感体验系统（4D 系统）、实物与数字影像结合系统、虚拟显示、普适交互技术等。

①动感体验系统又称 4D 系统，是一种将数字图像技术、多媒体声光电技术、计算机软硬件技术、机电一体化技术进行整合的特殊多媒体展示方式，可以给参观者更美妙的数字体验空间。一般由图像放映系统、动感及特效装置、计算机控制系统、数字影像 4 个要素构成，各要素协同工作，共同刺激观众的视觉、听觉、触觉等各个感官，再现宣传片主题所涉及的环境及环境中的各种细节因素，营造更为逼真、身临其境的展示效果。在动感体验系统的形式上，有适合 VIP 参观的主动式体验系统，也有适合大众参与的被动式体验系统。

②实物与数字影像结合系统，其工作原理是用影像创造空间，为有限的展

示区域提供无限的想象空间，将实物展示与数字影像进行巧妙的结合。实物、实景的展示形式使整个展示更真切，让观众感到触手可及，数字影像的表现形式又能激发参观者的无限遐想，实景是影像的场景道具、舞台要素，影像又使实景变得更为生动，表现形式进一步得到升华。

③虚拟显示又称幻影成像系统，是利用光学原理或借助特殊的成像介质，将数字影像以虚拟的形态展现在参观者的面前。作为一种特有的数字多媒体展示方式，虚拟显示技术被大量地运用在现代展览展示中，目前经常使用的虚拟显示系统有利用光学原理进行的虚拟显示、幻影成像的光学装置、借助特殊的成像介质创造悬浮影像、利用视觉错觉原理浮现"假象"等演示系统。

④普适交互技术是最近出现的一种新的展示技术，普适交互技术是基于新型计算机设备与通信设施基础上的全新人机交互模式。"智能空间"是一种典型的普适计算机环境，是受众实现普适交互的体验空间。在这样的智能展示空间中，系统会自动对参观者的位置、动作、声音乃至神态信息进行细微的感知，智能化地发出相应的指令或反馈相应的信息，从而使参观者随时随地、简洁透明地获得高质量的体验服务。人机交互方式由传统的机械操作提升到智能交流的层面，将成为数字多媒体展示发展的新趋势。

二、展示色彩设计

色彩是最直接也是最大众化的视觉传达元素，在展示设计中，色彩的运用起到至关重要的作用。

1. 色彩的基本特性

所有的色彩可以分为暖色系、冷色系和无色彩系三大系列，随着色彩所属色系的不同及色彩本身的颜色区别，会给人不同的感觉，传递不同的信息。了解色彩基本特性，对参展企业辨别展示设计、挑选展台色彩、传递有效的感情等非常有帮助。

（1）冷暖感。暖色系的色彩，如红、橙、黄、橘红、橘黄等，给人以温暖乃至炙热的感觉，令人联想到炎炎夏日；冷色系色彩，如蓝、绿、紫等，给人以凉爽乃至寒冷的感觉。

（2）远近感。暖色系色彩具有前进、逼近的特性，使人感到空间距离感被缩短；冷色系色彩具有后退、远离的特性，使人感觉距离被拉远，令人精神舒缓、没有紧张感。

（3）轻重感。色彩纯度高的延伸，令人感觉分量沉重；反之色彩纯度低，令人感觉比较轻。

（4）开朗与压抑。明快的暖色系与冷色系的搭配组合能给人心情舒畅的感觉；而冷色系与无色彩系，例如黑、白、灰的搭配，会给人抑郁、压抑的感觉。

（5）色彩的标识作用。色彩除了会传递感情，还可以用来区分功能区，突出某些特定空间，或利用色彩作空间过渡或导引，或利用色彩突出展品。

目前在展览会展示设计中，普遍较为认同的色彩表达有：

- 白色——空白；
- 灰色——有距离的，不确定的；
- 黄色——明亮的，开朗的；
- 橙色——自信的；
- 红色——充满活力的；
- 蓝色——干净的，有说服力的；
- 浅蓝色——新鲜的；
- 绿色——平静的，放松的。

2. 总体色调确定

参展展示设计所涉及的色调设计要有主调（基调）和色彩倾向性，以主色为基调，再搭配一两种辅助色彩，达到较好的视觉效果。如果没有主色，而是等量地使用多种颜色组合，就会在视觉上产生杂乱感，使观众眼花缭乱。不仅不能表达企业想要传达的主题，还会造成观众的视觉疲劳和损失。

展台总体色调的确定可以从以下 4 个方面来考虑：

（1）根据参展主题确定主色调。根据参展企业的参展目标以及想要展示的内容来确定展示的主色调，例如是旅游产品推广的展台，多采用暖色调，给人以度假放松的感觉。而专业化的大型机械产品，更倾向于选择蓝色或灰色，用简洁、干净突出专业。

（2）根据参观对象的个体属性特征，如性别、年龄、职业、风俗习惯等来确定空间展示的色彩基调。按照社会属性划分，不同的人群对不同颜色有偏好，少年儿童偏爱明快活泼、近似原色的刺激性强的色彩，如大红、明黄、普蓝等可以吸引儿童；青年人偏爱时尚、明快且强烈的颜色，橘红、橘黄、湖蓝和豆绿等比较夸张的颜色是此类受众的选择；老年人倾向于含蓄、内敛和沉稳的色彩，咖啡色、古铜色和褐色更能受到老年人的喜爱。此外中西方因文化差异对色彩也会有不同理解，同样一种色彩如蓝色，东方人认为是时尚、年轻、充满活力的色彩，而西方人则认为是宁静、和谐的体验。因此展台基调的确定，要根据受众人群和展出地的文化特色仔细考量。

（3）根据色彩的功能与作用确定主色调。色彩能让人产生多种不同的感受，在人们日常生活中具有一些特殊的作用，在对展示空间、展台布置、展具、展板和展示标志进行色彩设计时，要根据色彩的功能、作用以及色彩与色彩之间的内在联系，确定恰当的主色调，并且搭配选用合适的辅助色彩，充分发挥色彩的特性和作用。

（4）遵循人的视觉生理平衡原则确定主色调。人的视网膜中有三种不同的感色蛋白，分别对三基色一起反应，人在观察颜色时，这种感色蛋白会根据色彩不同而消耗，造成感色蛋白不平衡。所谓视觉生理平衡就是要做到维持感色蛋白的供求平衡，因此在确定了展示的主色调之后，辅助用色最好选用与主色调互补的颜色，通过这样的方式让观众达到视觉生理平衡。如主色调采用红色，辅助色一般要选择白色。

3. 展示色彩设计要求

展示空间环境、展台以及展示道具的颜色设计，要遵循以下要求：

（1）根据展示的主题思想内容要求设定色彩的主色调和辅助用色，运用色彩表达或烘托气氛。

（2）在保证主色调突出的前提下，选择1～3种辅助用色，小面积使用，维持观众的视觉生理平衡。

（3）展具的颜色要单纯和中性，以此突出展品，不能过于抢眼，以免削弱展品的影响。

（4）慎重使用彩色光，虽然使用彩色光源在一定程度上能突出展品，但彩色光会影响人们对事物的分辨力，改变物体的本身色彩，会使人作出错误的判断，妨碍观赏。

（5）使用标志色彩要符合规范。国际通用的标志色，例如建筑工程类、化学物理上的各种规定颜色，以及交通标识上的各类规定颜色不得擅自更改，标志色彩使用要标准化、规范化。

三、展示照明设计

除色彩设计以外，照明设计也是展台展示设计的关键。以往经验显示，许多展示设计在平面布局、立体形态、色彩搭配和展具选用等方面都很好，但由于忽视照明设计，或在照明设计上存在诸多问题，导致展示设计失败。

1. 光源品种

（1）热辐射光源

热辐射光源是目前最常用的光源品种，如白炽灯，使用电流通过灯丝将灯丝加热到白炽状态，发出可见光。这类光源发光效率比较低，光色偏黄，热量很高，且费电，寿命也较短。参展企业在选择展示设计光源时，要尽量避免使用此类光源。热辐射光源随着材料的选用和技术的改进，除白炽灯以外，目前使用更多的是卤钨灯，这是一种内部充卤族元素的光源，克服了白炽灯易黑化的现象，减少了光通量的损失，寿命也较长。还有就是 PAR 灯（Parabolic Aluminized Reflector），意思是抛物线镀铝反射灯，因为克服了传统白炽灯的缺陷，现已被广泛使用于橱窗和展厅的照明。

（2）气体放电照明光源

这类光源的发光机理是利用某些元素的原子被电子激发而产生可见光，荧光灯、氙灯和霓虹灯都属于此类光源。

荧光灯是低压汞放电灯，灯管两端有电极，管内充有低压汞蒸气和少量氩气，管内壁涂有荧光粉层。通电后，电极产生电子，在电场作用下，电子高速冲击汞原子，产生紫外线，紫外线刺激荧光粉层发出可见光。荧光灯的优点是发光效率高、使用寿命长、价格相对便宜、亮度低，产生的眩光较少，被普遍用在展厅、橱窗等公共场所。

氙灯是惰性气体放电弧光灯，功率较大，光色接近日光，尤其是长弧氙灯被称为"人造小太阳"，短弧氙灯因其显色性好，被称为"标准白色高亮度光源"。氙灯平均寿命是 1000 小时，适合用作大面积场所的照明，是室外展览的最佳照明用灯。

霓虹灯是辉光放电灯，由电极、引入线和灯管组成，将灯管抽成真空后再充入少量惰性气体，如氩、氦、氖，在管内壁涂上某种颜色的荧光粉或透明颜色，产生不同颜色的光。霓虹灯较多使用在装饰照明和指示照明。如果在电路中接入某些控制装置，可使图文循环变化或者自动闪烁，吸引人的视线，制造动态气氛。

（3）光导纤维照明光源

光导纤维照明光源是一种以特殊的高纯度树脂（聚甲基丙烯酸甲酯，英文缩写 PUMA）作为芯体材料的新型照明光源。光纤的外包层是高强度、高透明和阻燃能力强的特殊氟树脂，能够有效地保证光纤在正常工作环境下不出现断裂、变形等质量问题。光导纤维照明的发光机理是，通过发光装置，发出的光源经光导纤维传导，在整个传输过程中，依次全反射到终端。光导纤维传输的光线具有损耗少、易于维护，发光部位不发热、不带电的特性。此外还能根据需要，改变光源输出方式、光线亮度和光线色彩，是被普遍用于展台展示的装饰光源，并可以起到展台装饰作用。光导纤维照明光源常被用于光纤展柜、三维镜画和立体字光晕背景中。

光纤展柜，在密闭的展柜里，使用光纤照明，光线柔和而又集中，无阴影和眩光，可以实现最佳照度。

三维镜画，依据光纤对光的敏感性组成文字和图形，在色彩变化中产生一种远近的景观效果，主要有扫描镜画、卡通镜画和光纤地镜等。

立体字光晕背景，用光晕作立体字背景光，起到多彩变化的效果，与传统霓虹灯相比，具有色泽柔和均匀、免维护的优点，被普遍使用在广告牌上。

（4）激光

激光是通过特殊装置发出、波长区间很窄、单色以及光束性极强（高密度平行光）的特殊光源。激光可以创造奇异的视觉效果。各种不同的激光器能发出不同颜色的光，能在暗空间里映射出华美的图形或文字，进行动静态展示。目前激光已经开始应用到展览会的光艺表演中，逐步开始流行。

2. 展示空间照明类别

根据照明在展示空间中的不同作用，分成基本照明、重点照明、辅助照明、层次立体照明、装饰照明和应急照明。

（1）基本照明也称为整体照明，是展示空间的基本照明系统，作用是让观众看清空间内的设施、通道，有效识别物像。基本照明多安装在顶棚，常见的是均匀排列的筒灯、下投光型灯、成排的格栅灯等，满足最基本的视觉需求。

（2）重点照明是在展示空间或展台，突出重点展品或主要物象的照明光源，多选用射灯或高光效的灯具来照射，作用是使重点展品显眼醒目。

（3）辅助照明，是为了更好地突出重点展品，使重点展品更富有立体感，配合重点照明的光源，形成重点展品的反光区和阴影，从而凸显展品。重点照明和辅助照明的亮度比一般控制在 3:1 或 5:3。

（4）层次立体照明。一个展台或一个展区内，要区分主次，展品摆放的位置要有前后。照明上也要分层次，使用不同类型、不同功率和不同颜色的光源，分别照射位于展台前方的展品和后方的展品，营造层次感。例如用小型射灯或地灯照亮后排的展品，使之更突出，也可以通过在展台下方安装亮度不大的荧光灯或霓虹灯，突出展台的立体感。

（5）装饰照明。在展示空间中除必备的实用性照明以外，有时采用一些装饰性照明，不仅可以增加展示的魅力，也可以强化展品的印象。如用霓虹灯的彩色光营造某种情调或氛围，用光导纤维制成展台天花板上的点点星光，都会增加展示效果，给观众留下深刻的印象。

（6）应急照明是在展馆内部发生紧急情况下，其他照明系统都熄灭的时候，用来疏散人群、照亮通道的照明系统。与其他照明系统安装相比，应急照明必须独立安装，所用电源独立，以保证在非常时刻可以及时点亮，一般安装在过道、紧急出口、入口等地。此类照明系统应由展馆或展览会主办方提供，但参展企业需要了解，以防万一。

3. 展示照明设计

（1）光源选择

目前用于展示照明的光源有许多种，各有特点，参展企业在进行展示照明设计时，要根据自己的需要选择合适的光源。一般可以从以下四个角度来考虑：

①选择显色性能好的光源。所谓显色性能好，就是能还原物品原有的颜色，不会产生混淆，尤其是色彩性强的展品，如汽车、服装等。可以选用日光色或冷光色的光源，真实再现展品固有的颜色，此类光源有日光色荧光灯和冷光束卤钨灯。

②选择色温合适的光源。根据展区照度的高低和展馆所在地的气温选择不同色温的光源。例如高照度区要选择色温高的光源，如日光色荧光灯或金属卤化灯等；低照度区选择色温低的光源，如冷白色荧光灯或暖白色荧光灯。光源的色温应该与环境照度、气温以及人的视觉和心理感受相适应。

③尽可能使用冷光源。这是因为展台布置的材料、油漆、粘合剂多属于易燃材料，使用温度高、产生热量大的光源容易引起火灾，造成安全隐患。如果实在要使用温度高的射灯，在设计安放位置时要注意与展品、展柜保持一定的距离。

④慎用彩色光。彩色光虽能突出展品，引起参观者兴趣，但是彩色光源也会使展品本身颜色失真，同时会过度突出一类展品，而使周边展品的展示效果弱化。在使用彩色光源时要充分考虑，协调强弱、主次关系。

（2）照明设计要求

照明设计首先要选择正确的照度值，所谓照度就是照射到物体表面上的光通量，照度的单位是勒克司（lx）。照明在展示设计中的作用就是根据展示目的，照亮需要的位置，因此照度值是一个非常重要的量化指标。

根据展品的不同特点和需要选用不同的照度值。如突出展示的是珠宝、手表或仪器类展品，要求高照度值，一般在2000～2500lx；如果是高档家具或电器展品，中等照度，在750～1500lx；而图书等普通展品，低照度即可，在350～500lx。

除展品的照度值有所区别，展区的亮度也要有所区分。展示区内，如展台、展墙、展板等区域的亮度和照度要相对高，而休息区、走道及过渡空间的亮度和照度相应较低些。这两类区域的照明亮度控制在5:3到3:1之间，明暗差别也不宜过大。

在使用照明光源时，要特别注意眩光。眩光就是人的视野中由于不适宜亮度分布，或在空间、时间上存在极端的亮度对比，引起视觉不舒适和物体可见度降低的视觉条件。照明设计特别要注意眩光的产生，这不仅会对观众的视觉造成影响，更严重的是还会影响展品的展示效果。

展示照明中的眩光有两类，一类是光线直接反射进入观众眼睛，称为直接眩光；另一类是通过二次反射进入眼睛，称为间接眩光。这两类眩光都可以通过照明设计手段而避免。在光源外部加灯罩或遮光隔栅，避免光源裸露；在展柜内安装灯具，让展柜内的亮度大于柜外空间，避免展柜玻璃表面产生映像，形成眩光；展具表面进行"乌化"处理，通过使用亚光漆和在金属表面烤蓝、喷砂，避免出现高光点、高光条；选择光线漫射的玻璃材质，即在展柜照明的荧光灯外面罩上磨砂玻璃，使光线均匀漫射。总之通过多种手段，避免眩光的产生，加强展示效果。

照明设计除光学上的考虑，更要注意用电安全。展示照明设备的使用，要考虑到符合供电容量，不得超过展馆规定的最高电容量。照明设备的安装要考虑安全隐患，以防事故发生，并要留有足够的空间以便采取紧急措施。参展企业还要选择优质的照明系统，包括电缆、导线、光源、插座等，确保用电安全。

此外，随着环保理念深入人心，展览会越来越提倡节能减排，在展馆条件允许的情况下，展示照明设计，应尽量倡导使用自然光。

四、展示版面设计

展览会的展示设计中，版面设计对表达展示主题、决定展示效果起到很大的作用。因此在版面设计过程中，无论是参展企业还是设计人员，都要给予足够重视，了解怎样的版面设计才能吸引观众，达到展示效果。

1. 版面设计内容

版面设计就是在版面上，将有限的视觉元素进行排列组合，将理性思维个性化地表现出来，版面设计是一种具有个人风格和艺术特色的视觉传送方式，并且在传达信息的同时，产生感官上的美感。版面设计包括的视觉元素有版式、文字、照片和色彩等。

（1）版式。版式是版面格式或构图形式的简称。展台展示设计的版式分两类，一类是总版式，是展览版面的基本形式，要求形式、配色、文字体式必须风格统一；另一类是分版式，在总版式统一的前提下，各个分版式都有所变化。通过分版式的多样化设计，可以避免设计的单调乏味，取得丰富的艺术效果，吸引观众。如图5.7所示，展台是一个改良的标摊，面积不大，版式设计简洁、明快，仅用红、白蓝三色，总版式色彩统一；分版式则通过使用不同的照片、文字排版，在视觉上富于变化，但风格上处处与总版式相统一。

（2）文字。文字在展台展示中主要起说明作用，尤其是在展板上，必须通过文字和数字介绍企业和产品。整个版面设计过程中，文字与数字的体式、大小和颜色必须有统一的设计。如规定在同一展台内，所有大标题使用统一字体、同级字号、相同颜色；说明性文字也要选用统一字体、统一字色。原则上同一展台内的文字和数字的体式不超过4种，字的颜色控制在3种以内。

图 5.7　展台版式分布图

（3）照片。照片是展台展示最重要的元素之一，相比于文字，照片给参观者的感觉更直观、更有感染力，视觉冲击力也更强，更易说明问题。展示所用的照片如以幻灯片的形式在现场放映，则更加醒目。照片版面设计中，照片尺寸的选择是关键。如果是大尺寸的照片，一块展板用一幅大照片，效果好，但放大和喷绘的费用相对较高；如果是两三幅有一定联系的照片，排版在一起，不仅效果理想，也可以节省费用。但这些照片的规格要一致，否则会显得杂乱，如图 5.8 所示。

图 5.8　照片展示设计

图 5.8 中显示的照片简洁清晰，可作为展示产品的有效补充。展示照片一般由参展企业自行挑选，提供给设计公司。照片具体的设计、加工和再次筛选由设计公司负责。在照片的设计和挑选过程中，参展企业要与设计人员充分沟通，向其传递照片选择的用途，尤其是涉及说明性质的照片，一定要反复沟通，避免照片和文字不符，发生错误，影响信息的正确传递。

（4）色彩。版面的色彩由底色、文字、数字色彩、照片色彩和装饰性色彩共同组成。版面色彩设计必须与展台总体色彩相协调。版面色彩设计分两类，一类底色为白色，是最常见的底色选择，此类版色上说明文字用黑色，标题多用红色、蓝色，选择面较广；另一类底色为彩色，可以达到很好的视觉艺术效果，此类设计多结合本企业的形象色彩，如德国 DHL 快递公司，展台底色选用黄色，既突出了企业形象，也能吸引观众。但在使用彩色底色版面时要注意，版面上标题字与版面底色必须有鲜明对比，如以黄色为底色，则标题用红色；照片轮廓突出，用白边镶嵌；照片说明文字也要与版面底色形成鲜明对比，以方便观众阅读；如果有图表的话，最好用白色背衬。

2. 版面设计要点

展示版面设计的关键是总版式和分版式的设计相协调，版式的设计既要有创意、特色、能够吸引观众，同时也要清楚和不杂乱。版式的类别可以有十几种，分成三大类：

（1）规则类版式，是指版面按规律排版，整齐划一，常用的有等分式、边条式、网格式、并列式、分段式、垂直式等。

（2）不规则类版式，并不是说版面设计是不规则随意乱排，而是根据一定的规律，进行较为活泼的排版，常用的有阶梯式、散点式、重叠式、错位式、波浪式等。

（3）混合类版式，就是在同一版式上，将以上两种方式拼联组合，取得更富有变化的效果，例如上下组合、上中下组合、左右组合和左中右组合等。

展示版面设计的要点在于，版式清晰、照片大而少、文字精炼、色彩单纯明快、留有空白，达到统一而有变化的理想效果。

五、展示设计限制规定

企业参展展示设计时，要充分了解参展地、参展国以及展览会主办方对展台及展示方式的规定和限制，所设计的展台必须符合这些规定，否则就有可能被严禁进入，甚至有查封展台的隐患。一般关于展示设计限制的规定有以下 5 类：

1. 展具使用规定

许多国家对展架和展具的材料都有明确限制，有的规定展具必须是经防火处理的材料，有的规定限制使用塑料、木材等不环保材料，还有的对所使用的化学品严格控制。

很多国家对展台内使用的电器也有严格规定，电器的技术参数，比如电压、电流等都必须符合参展国当地的规定和要求。

2. 展台高度规定

大部分展览会对展架和展台搭建的高度都有规定，尤其是对那些两层展台、楼梯、展台顶部外延结构都有严格限制。展台设计时，要特别注意结构上的要求，展台搭建不是建筑搭建，也不是装潢，是一种简易临时建筑物的搭建，要充分考虑结构的牢固程度和安全系数，不能只求高大、吸引人，而忽略安全因素。

3. 展台开面规定

有些展台为了追求艺术性和吸引观众，把展台建造成全封闭的空间。这种设计结构在很多展览会上都是禁止的，一方面，展台封闭不利于整个展馆内的美观；另一方面，当参观人流过度密集时，会造成展台拥挤导致坍塌，有安全隐患。

对于展台内的部分区域，如仓储空间、谈判室或办公室，可以采取半封闭的方式，或一定比例的面积向外敞开。

4. 走道使用规定

参展企业规划和设计展示空间、展品布置空间的范围仅限于所租赁的展台区域，公共部分如展览会的走道不得占用、摆放展具展品等。此外在设计展台时，也要充分考虑到人流，空出一定面积的过道。

5. 消防规定

参展企业和设计单位要严格执行展馆方或展览会主办方对搭建设计的消防要求，如果是大面积的展台，必须按展馆面积和预计的观众人数，按比例设计紧急通道并有明显标识。

必须在展台内配备消防器材，展台要有专人负责消防安全，培训全体展台人员的消防知识。

第四节　展示设计实施

一、展示设计实施方案选择

企业参展展台设计和搭建可以选择参展商自行设计、自行搭建，实施展示方案，可以选择展览会组织者指定的承包商搭建展台，可以是选择设计搭建一体的展台搭建公司，也可以是由专业的设计公司完成展台设计，另行选择搭建公司，按图纸搭建。以上四种展示设计实施方案，各有利弊。

1. 参展商自建展台

一些大型企业集团，内部设有展览部或营销部，企业参加国内外数个展览会，企业拥有一支展台设计、搭建队伍。采用企业自己的员工进行展台设计、搭建工作，可以节省一定的人工支出。但如果是异地参展或是海外参展，整个搭建队伍要到展览会举办地施工，由于缺乏经验，或对当地情况不了解，再加上搭建人员的往来交通费和食宿费用，这样的展台搭建费用会比较高。

2. 展览组织者承建展台

展览会组织者除向参展企业出租展台，在招展时还会提供展台搭建的服务。展览会组织者提供的展台搭建服务涉及展台搭建、展具租赁、展台家具租赁，采用报价固定的模块菜单式选择，价目清晰，简单明了。但由于是模块菜单的形式，展台只有几种固定的类型可以选择，自由发挥空间小，有时这样的标准展台很难完全体现参展企业的展示理念。这种展台搭建形式的优点是方便、质量有保障，因为是主办方提供的展台设计搭建公司，往往是经过投标选择，有一定信誉保障，即便将来遇到问题，参展企业也可通过主办方协调，这种形式的展台搭建比较适合初次异地参展的企业。

3. 商业展台搭建公司

现在，国内较普遍的做法是将项目外包给商业展台搭建公司，此类公司不仅可以根据参展企业需要设计展台，同时也提供搭建服务。

展台搭建公司由专业人士组成，展台设计不受限制，掌握市场流行趋势，根据参展企业要求度身打造展台。一些规模较大、发展成熟的展台搭建公司，在国内展览业发达的城市如上海、北京、广州等都设有分支机构，企业若在这些地方参展，可以直接要求当地的分公司搭建展台，节省了很大一笔开支。

选择此类方式的不足之处在于先期设计费用较高，一对一的定制服务，参展企业与设计人员讨论时间较长，还要进行不断地修改，整个设计周期长。如使用这种形式操作，参展企业要注意时间节点的控制，尽早选择确定展览设计搭建公司，尽快进入展台设计流程。

4. 专业设计公司和专业搭建公司

与前三种方法相比，还有一种方式是先选择设计公司，然后再请搭建公司按展台设计图纸进行搭建。国内很少采用这种方式，但在国外的一些大型企业，如果在全球范围内多次参展，往往会选择这种方法。这种方式在欧洲和美国的大型企业参展中较为普遍。

展台设计公司的专业化程度高，设计人员专门从事展台设计，且手中掌握大量行业资料，所设计的展台在展现参展企业理念的同时，又能让观众得到艺术的享受。一些国外大公司因为每年要到世界各地参加多个展览会，往往会选择展台设计公司，购买设计图纸，在一年或几年内使用同一款展台类型，再根据展览会举办地，选择当地的展台搭建公司，根据参展企业提供的展台图纸使用本地材料进行搭建。这相对于从企业所在地运输展台材料，节省不少成本，且搭建的展台质量较高。

相比前三种展台设计搭建方式，这类方式费用最高。这种展台设计搭建方式适用于跨国参展企业，如美国企业到德国、英国、法国参展。过去由于中国企业的经济能力有限，中国企业赴海外参展，很多雇佣中国工程队赴展览会举办地搭建展台，即使这样也比雇佣当地的搭建公司费用低。近年来，随着中国经济的快速发展，人民币汇率走强，中国企业海外参展为达到更好的展出效果，开始学习欧美企业，采用这类设计加搭建的模式。此外，国内展览业迅速发展，许多国外大型专业展台设计公司、搭建公司纷纷在上海、北京等大型展会城市设立办事处或分公司，开展中国业务。

总而言之，企业展示设计实施方案选择的关键是要根据企业自身的情况、参展目标和经济承受能力，综合考虑。

二、展示设计项目操作流程

企业参展设计搭建不是选择了商业展台设计搭建公司后，就可以放手不管了。展台展示工作从设计方案、项目报价、展具制作到现场施工，参展企业要全程参与，不时与设计公司沟通协商，积极配合设计公司，以保证展台工作顺利完成。2013年底中国会展经济研究会出台了《展陈工程企业资质等级评审手册》（见附录二），对规范展陈企业市场起了一定的监管作用，有利于参展企业选择合格的展陈企业。

展示设计项目的操作流程包括参展企业与设计公司接洽阶段，展台设计搭建公司初步设计报价阶段，双方达成协议的签约阶段，展台、展具的制作阶段，展馆现场的施工阶段以及展台的展期维护和展后拆除阶段。如图5.9所示。

1. 接洽阶段

接洽阶段是参展企业与商业展台设计搭建公司初步接触的阶段，在此阶段参展企业往往会选择几家商业展台设计公司进行接触，通过比较，进而选择最适合企业展出目标的一家。

展台设计搭建公司派遣业务人员上门，拜访参展企业相关项目负责人，通过与参展企业的交谈、沟通，详细了解客户的意图，包括企业的参展目标、展示主题、产品展示形式、偏爱的色调、展示区和讨论区的面积比例等问题。一些有经验的参展企业会将这些信息明确提供给展台设计搭建公司，对设计图纸有具体而清晰的要求；而那些初次参展的企业往往只有一些概念性的设想，对展台设计、展品摆放等没有具体的想法，只有在展台设计搭建公司业务人员详细介绍后，才会有些初步的概念。

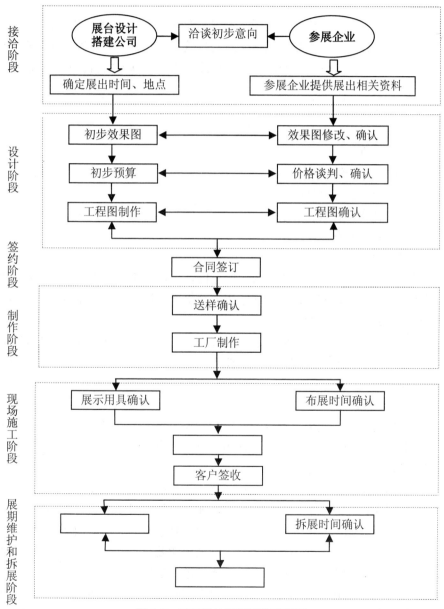

图 5.9　展示设计项目操作流程图

　　同时选择几家展台设计搭建公司的好处在于，展台设计搭建市场良莠不齐，展台设计搭建公司的水平也参差不齐，通过专业水平、价格和公司信誉多方面的比较，有利于参展企业尤其是初次参展企业获得更全面的信息，挑选适合自己的、正规的、专业的展台设计搭建公司。

　　在基本信息接洽工作完成之后，参展企业选定1～2家展台设计搭建公司，要求其进行项目的初步工作，包括交出初步效果图、给出初步报价和制作工程图。在此之前，参展企业要向展台设计搭建公司提供基本资料供其参考。资料包括：

　　①展馆平面图；

　　②展位面积；

　　③参展手册；

　　④参展企业介绍；

　　⑤参展企业公司全称；

　　⑥展品名称、规格和数量；

　　⑦展品用电要求；

　　⑧展位制作预算。

　　其中展位制作预算可以给出大致的范围，也可以不给，因为展台设计搭建公司本身会根据展台的设计、制作给出一个报价，这也是参展企业最后选定展台设计搭建公司应考虑的因素。

　　在提供资料后，参展企业向展台设计搭建公司明确设计稿件首稿的交付时间和要求，对于大型展台的设计可以要求对方提供一份工作时间明细表，确保参展工作的时间控制。

　　2. 设计阶段

　　商业展台设计搭建公司的业务人员回到公司后把项目接洽中拿到的客户设计要求和可能的需求风格，填写设计明细表，转交设计部负责人，由设计部统一安排工作。

　　设计师出图的过程中，参展企业联系人要与展台设计搭建公司的业务人员随时保持联系，转述参展企业的新想法。如有可能，可要求展台设计搭建公司将设计师直接介绍给参展企业联系人，让双方有直接的联系，沟通更便利。

　　对于设计方提出的展馆实地考察，参展企业要负责联系展览会组织者，允许合作的展台设计搭建公司设计人员进入场地，实地勘察。

　　一个专业的展览会展示设计师，不仅要掌握展示的基本要求和内容，同时还要掌握最新的展示设计趋势，了解最新的展示材料，避免使用陈旧过时的材料，或是给出无法实地施工的设计图。这些工作要在设计的早期阶段完成，通过参展企业联系人在与设计师的沟通过程中，如发现问题，要联系展台设计搭建公司及时调整。

展台设计搭建公司提供的设计图，除给出多角度的展台设计效果图外，还应当附上设计说明，包括展位风格、材质说明、展位功能、色彩说明、照明说明、设计重点等。在交图时，最好安排设计师与参展团队的项目经理一同参加，由设计师向参展经理和展台搭建负责人说明图纸，共同讨论。

展台设计初稿确定之后，展台设计搭建公司从供应商手中获得制作材料的成本报价，根据展台设计制作一份明晰的报价单。参展企业尤其是那些初次参展的企业，在看报价单时一定要注意，展台设计搭建中哪些项目是包含在报价单里的，哪些没有被列入。更要注意展台设计搭建公司提供的报价单，对材料的颜色、质地、形状及尺寸都要有尽可能完整的描述。一份完整的报价单就是一份详细的工单，不仅有利于把握施工成本核算和施工的准确性，更有利于避免在双方合作过程中产生纠纷。

如果是选择多家展台设计搭建公司进行比较，参展企业在获得几张不同的展台设计图纸后，进行筛选，提出修改要求，最终确定合作的展台设计搭建公司。同时要求被选中的展台设计搭建公司，在规定的时间内，交付修改后的定稿设计图和工程报价。

3. 签约阶段

签约阶段的主要工作是参展企业与展台设计搭建公司明确工程报价和工作明细。展台设计搭建公司向参展企业递交的工程报价单一般要包括下列项目：

①设计费。根据展览摊位面积的大小承担的设计项目内容，包括展台形式、展具设计、模型设计和版面设计等，列出各项设计费用及总和（一些国内展览设计搭建公司，为争取生意，有时会免除设计费。参展企业在看报价单时要留意相关的条款）。

②制作费。展台设计搭建公司承担制作的展具、版面、模型和招牌等，按材料费、加工费、人工费和管理费等分列出单价、数量和金额。

③税费。依照国家规定，按总报价的7%计取。

④运费。按常规价格收取材料运费、成品运到展馆的费用和装卸费（不包括异地运送的物流费）。

⑤布展费。有的公司单独列项收取布展费，有的公司将其包含在设计费和制作费中。

表5.1是以2013年科隆五金展为例，详细列举了参展企业租用80平方米展位的展示工程报价表。

表5.1 科隆五金展展台展示工程报价表

	项目名称	单价（国内展）	单价（国外展）	单位	费用/（元）	内容	备注
展地费	室内展地租金	900		元/m²	72000	光地	80 m²
	电费	2		元/度	600	380v/220v	60度/天
	保安费	2000		元	2000		
	清洁费	1000		元	1000		
器材租赁费	地毯	50		元/m²	2000	含薄膜/胶带/封边带/金属带	40 m²
	展架	200		元/件	20000	展台/展柜/展板	100件
	道具	100		元/件	500	桌/椅/沙发/花草	5件
	施工工具	200		元/件	400	搬运工具（叉车/吊车）	2件
	电器器材	10000		元/件	10000	音响/电脑/灯具	1件
	上网费	100		元/天	500	上网	
	演示器材	10000		元/件	20000	幻灯机/广告牌	2件
	花草	50		元/m²	250		5 m²
	旗帜	20		元/面	200		10面
	通信器材	50		元/件	200	电话/对讲机	4台
展台制作费	设计费	60000		元	60000	模型/图纸/演示	总预算10%～30%
	材料费	20000		元	20000	木材/金属/电气	
	加工费	10000		元	10000	木工/机加工/电工	
	管理费	2000		元	2000		
	人工费	2000		元	2000	展台搭建	
	辅助材料费	2500		元	2500		
运费	运费	150		元	3000	元/（m³·kg）	20kg
	装卸费	300		元	300	吊装/叉运/就位	
	仓储费	20		元	200	元/m³	10 m³
	人工费	200		元/（人·天）	2000	展期	2人5天
税费	营业税						
	增值税						占总报价的3.87%
	其他						
	合计				9326		
合计			240976元				

展台租赁、设计及搭建的总报价是 240976 元，扣除展台租赁费用 72000 元（一般由参展企业直接支付给展览会组织者），展览设计搭建公司的报价是 168976 元。

参展企业认可展台设计搭建公司提出的报价之后，签订合同。展示工程合同内容包括：

①展示工程的具体项目。除展台搭建之外，展示工程的项目内容还包括展具、展板、模型、照明方式的制作和安装。各项目的设计要求，包括风格、色调、规格尺寸、所需数量、限定的用材和构造、制作要求等，在合同中的描述要尽量具体、明确。

②供、运、时间限制和安全要求。这部分内容包括用材由何方提供、制作完成日期、运输方式、布展时限及要求、验收时间和展台拆除的要求等，以及参展企业对施工安全方面的要求。

③工程费用与支付。各项费用的计取依据与比例，各项制作的单价、累计和总价，在合同中要逐一列明。付款方式使用银行汇款支付还是支票支付，以及分期付款的次数和每次付款的比例、数额也要一一列清。

④双方的权利和义务。如发生违约或安全事故如何解决，如何进行赔偿。例如付违约金、双方承担法律责任或提交仲裁机构等方式，都应表述清楚。

以上内容，参展企业与展台设计搭建公司签订合同时一定要明确，尤其是初次参展的企业，对一些常规性条款不是很了解，例如一般展览结束后展台的拆除是由搭建公司负责，这已形成惯例，如不写进合同，参展企业就要支付一笔额外的费用拆除展台。明确合同细则，有利于明确权责和避免纠纷。

4. 制作阶段

图纸确定、合同签订后，展台设计搭建公司根据具体的项目需要，安排 AV 设备、木工结构制作、美工制作、地毯供应等工作。注意在制作过程中如果有变动，应要求展台设计搭建公司及时通知参展企业联系人。

一些参展企业认为确认效果图后，只需等待进场即可，事实上，在制作过程中参展企业要不断对展台设计搭建公司进行监督，不定时地到制作现场进行检查，确保展具质量。

展台设计的一些项目需要在开展前向展馆或主办方进行申报，事先要确定这部分工作由谁来完成，是参展企业还是展台设计搭建公司，例如水、电、气的确认，供电图的审批，某些特殊材料使用的特别审批等。

5. 现场施工阶段

现场施工的好坏根本上决定了展台设计是否能达到预期的效果。现在一些展览公司只注重设计工作，效果图画得美轮美奂，搭建工作却草草进行，不能使展台效果得以体现。一些展览会组织者为确保展馆内的安全问题，会对展台搭建从材料使用、结构设计和承重提出明确要求，展台设计搭建公司的进场搭建，必须符合展览会组织者的规定和要求。

特装展台进场施工必须向展览会主办方办理相关手续：

（1）所有特装展台设计搭建图纸，必须交展览会组织者审核。

所需审核的图纸包括：

①展台整体效果图（正、两侧面）；

②展台各层平面；

③结构图；

④结构计算书及荷载计算简图；

⑤电路图；

⑥施工细部结构图；

⑦剖面图及侧立面四面；

⑧展台所用材料明细清单相关规格数据；

⑨所有图纸均要求标明梁、柱轴线尺寸及所有结构用料的规格尺寸。

（2）所有进场搭建的施工单位，必须向展览会组织者提供加盖单位公章的企业营业执照复印件以及特殊工种执照复印件备案。

（3）所有进场搭建的施工单位，需交纳展台风险押金（此押金以现金或支票形式支付），展览会期间展台未出现任何安全事故，展览会结束后视现场展台清运情况退还。

展览会对特装展台施工的普遍管理规定，同时也可以作为参展企业进行展台搭建质量控制的依据，主要包括：

①所有特装展台结构必须设计合理，保证搭建牢固、安全。搭建材料应使用难燃或阻燃的材料。

②所有展台的设计结构强度应满足荷载所需要的强度，搭建时确保展台结构的整体强度、刚度、稳定性及局部稳定性。

③施工单位搭建的展台面积应和申报面积相符，各施工单位搭建展台面积不得超出承租面积，投影边线不得超出承租边界线。

④对结构中有玻璃装饰的展台，必须采用安全玻璃，确保施工、安装牢固，并有醒目标识，以防玻璃破碎，造成人员伤亡。

⑤对于使用钢结构立柱的展台，其立柱应使用直径为 100mm 以上的无焊接材料，底部应焊接牢固底盘，上部焊接法兰盘以增加立柱的受力面积，确保展台结构的牢固。

⑥双层或多层展台的搭建必须设置年检合格灭火器。

⑦室内展台严禁采用全封式顶棚。展台顶棚不得阻挡展馆顶部消防设施。顶棚保证要有 50%以上平面开放面积，确保展台的消防安全性。

⑧施工单位不得破坏展馆内的一切设施或改变其使用性质和位置。不得在展馆内、外地面、墙面等位置钉钉、打孔、刷胶、涂色或张贴宣传品。

⑨施工单位在搭建展台时不得遮挡展馆内的消防设施、电气设备、紧急出口和观众通道等。

⑩展台施工不得使用易燃、易爆物品，不得在展馆内进行喷漆、刷漆等工作。

⑪各施工单位人员在高空作业时，要使用安全合格的升降工具和操作平台，施工人员需系好安全带。为保护人身安全，周围应设置安全区，由专人看护。安全区须设明显的警告标志。

⑫展台搭建材料的选用必须符合国家有关部门关于临时性建筑的材料用法标准并结合展览的特点合理选材，选材要符合国家环保及消防要求。

展台设计搭建公司现场施工期间，参展企业要派专人到现场负责监督，如发生意外事故及时与展览会组织者协调。当展台设计搭建公司搭建工作完成后，要求其进行展位打扫，再进行验收工作。

6. 展期维护和拆展阶段

开展期间，展台投入使用，展台设计搭建公司需进行维护，根据参展企业计划调整，临时添置物品。参展企业要求展台设计搭建公司派遣业务负责人员和工人在现场提供应急服务。这也是展台设计搭建公司可以提供的增值服务，这些要求事先需在合同中明确。

展览结束，展台设计搭建公司除按照合同履行展位拆除工作，还应配合参展企业把展品撤离现场。如果使用的展具是可重复使用的，应打包装箱，根据合同写明，到底是运回展台设计搭建公司还是返还参展企业。所有项目确定完成后，双方进行结算，交付最后一笔费用。

在这 6 个阶段的合作过程中，参展企业派出专人负责联络展台设计搭建公司各阶段的工作，明确参展企业方要履行的职责，与展台设计搭建公司各部门协同合作，共同完成项目。

第五节　展示评价

参展企业无论是自行设计搭建展台还是外聘商业展览设计搭建公司，在项目完成后都要对设计结果、搭建效果进行评价，只有符合参展企业要求的设计或效果才是合格的，才能被验收。依据展示项目的工作流程，展示评价可分为两部分，一是对展示设计进行评价，二是对展示效果图进行评价。

一、展示设计评价

参展企业对展示设计的评价工作从三方面展开：

1. 完整性标准

整合而统一是企业参展展示设计的首要标准，包括展示的形态统一、色彩统一、工艺统一和格调统一，成功的展台展示给人的感觉是风格鲜明而具有整体性。如果给出的设计是凌乱而缺乏整体感的，即便色彩再丰富、工艺再先进，也只会对展示效果起负面作用。

2. 创造性标准

展台的展示设计也属于艺术设计范畴，因此展示设计必须蕴含表现创意的新颖和艺术形象的独创性，打造一种独特的形象。而这个独特的形象能给人以冲击、震撼和刺激，令人过目不忘，留下深刻的印象。对于展示设计，创造性的范畴很广，不仅在于空间设计的创造性，还包括新型材料的选用、奇特的建筑结构、色彩的新颖处理以及展示方式的创新等。

3. 行业性标准

展台的展示设计有别于其他的展示设计，展台的展示设计会因展览会所处的行业不同有所区别，比如机械展的展台设计要突出机械展品的展示，这种展示不仅是突出机器的静态展示，还要考虑机器演示工作效果的动态展示，整个展台的空间设计、照明设计都要围绕演示活动展开；又如旅游和目的地营销的服务类展览会的展台设计，因为缺乏实物展品，更强调一种氛围的感受，展示效果能让参观者有身临其境的感觉。不同行业的展台展示设计侧重有很大不同，展台设计搭建公司决不能生搬硬套，必须因人而异。

二、展示效果图评价

设计方案采用两种方式展示最终效果，一种是搭建实体模型，在计算机还未普及的年代，多采取此类方式，缺点是实体模型无论从质感到细节都无法达到尽善尽美，且制作成本较高，不宜流动性展示，目前已很少使用；另一种是效果图，所谓效果图就是在建筑、装饰施工之前，通过施工图纸，把施工后的实际效果用真实和直观的视图表现，让评价者能一目了然地看到施工后的实际效果。展示效果图有别于传统的绘画及工程图，它既要满足工程制图中的专业性和准确性，又要能灵活地运用传统绘画技巧，充分表现展示物的质感与光感，达到一定的艺术价值和观赏价值。传统的展示效果图是专业美工设计人员采用素描、水彩及水粉等技法绘制，不仅过程复杂且不易修改。随着电脑技术在美术设计中的普遍应用，尤其是 3D 技术的普及，用三维制作的展示形式，与传统的效果图相比，最大的特点就是可以展现所建物体的材质和光照，逼真而准确地表现建造好的展台的展示效果。

根据 3D 效果图的特质，可以从三个方面来评判一张效果图是否符合要求。

1. 效果图的整体表现

令人满意的效果图是能将整个展示设计的意图明确表现出来，使人一眼看到效果图就能了解作品，如图 5.10 所示。

图 5.10　惠普展台效果图

由惠普展台效果图可以看出，金属材质的展台呈现给人以高科技的感觉，整体为蓝色的主色调干净、整洁。重要位置突出主要展示物品——液晶屏，局部地区的照明弱化，效果图整体给人一种沉实稳重的感觉。

2. 效果图的材质表现

效果图中材质的表现必须体现设计原本的意图，即原来设计图使用什么样的材料，在效果图中要将这类材料的特性和特点还原出来，如设计要求展板使用不锈钢材料，在效果图中表现出的就应当是不锈钢，而不是木材或是其他什么材料。

材质的表现还必须体现与设计相关的意图，还是以惠普展台效果图为例，整体表现的是一种现代的、高科技的企业形象和产品特征，也应当选取能体现这种质感的材料，通过电脑处理在效果图中体现出来。

3. 效果图的照明表现

基于照明在展台展示中的重要作用，3D 电脑效果图与传统效果图相比，照明表现上具备突出优点。评判效果图的照明表现可以从下面三个方面开展：

（1）整体照明的表现。效果图展现的照明效果能否在展台或工作活动空间形成均匀的照度，灯具是否均匀分布在被照区域的上方。

（2）局部照明的表现。根据展示重点，所表现的照明是否能对突出区域进行单独照明，照度是否够强。

（3）装饰照明的表现。根据展台设计需要，装饰照明在效果图中的表现是否达到装饰的要求和效果。

效果图是展示设计和工程实施之间的桥梁，一张好的效果图不仅可以向参展企业提前展现展台设计、搭建的成果，同时也能体现展台设计搭建公司的实力。如果在效果图阶段发现设计不理想，没有达到要求，参展企业要及时与展台设计搭建公司沟通，修改设计，确保达到最满意的效果。

【思考题】

1. 展台类型按展台位置分哪几类？各有什么特点？

2. 展示设计包括哪几方面的设计？

3. 在展示色彩设计中，业内对一些色彩的普遍认同分类为何？

4. 展示设计项目操作流程分哪几个阶段？请阐述各阶段的具体工作内容。

第六章

企业参展控制管理

【教学目的与要求】

对企业参展过程的各项工作实施有效的控制管理，是实现成功参展的重要手段。通过本章节的学习要掌握企业参展物流管理、企业参展现场管理、企业参展安全管理以及企业参展会议管理的具体内容。

第一节　企业参展物流管理

一、企业参展物流的特点

企业参展物流是会展物流的一部分。会展物流是为满足参展企业和主办方的需求，在参展商所在地与展览会举办地之间，对展览、会议、文化交流、体育赛事等活动中所需的物品及其相关设备的高效率、低成本流动和储存进行的一整套规划、实施和控制过程，属于项目物流的范畴。会展物流包括与会展场馆搭建有关的建材、设备设施的物流服务和展览物品的物流服务。后者包括对参展材料设备和参展展品的运输、仓储保管、配送、包装、拆卸、搬运、回收及相关信息的处理，本节所讨论的属于这一范畴的内容。

在整个企业参展物流过程中,运输的主体是企业在展览会现场展出的产品、使用的设备设施；载体是用以实现参展物品流动的设备和设施，包括直接运载的车辆、船舶、飞机、装卸搬运设备以及仓库等设施；流向是从参展企业所在地到展览会举办地再到购买者的流动，或是由展览会举办地再次返回参展企业所在地。这种流动包括空间的转移，也包括时间的延续。在整个过程中，涵盖了运输、仓储、装卸搬运、配送、包装、加工、流通以及相关信息活动等多个环节。

企业参展物流有别于普通物流，主要体现在以下三点：

1. 物流环节的复杂性

企业参展的物流组织与管理工作是一项极其复杂的系统工程。物流环节的复杂性表现在两个方面：

第一，在明确了参展主题、展台设计、展品使用等方面后，物流服务商要尽快与参展商取得联系，核定其参展产品的申报单，进行此类物品的运输，并安排仓储，具体过程繁杂而琐碎，每一环的衔接都要按计划开展，过程中不时会有问题发生，需要及时作出应对和调整。

第二，参展物流涉及的运输方式多种多样，往往在一次运输过程中，使用车辆、船舶、飞机、火车多种交通工具。此外，在仓储、装卸搬运和布展的过程中还要运用到叉车、升降机等多种装卸设备。在展品物流包装方面有特殊的缓冲、固定、防潮、防水等要求。进出口报关依据展品不同性质，要提出不同方案。

2. 时间要求的高效性

参展物流对时间要求尤为显著。展览会日程早早就定下，所有展出使用的设备和展品都必须及时、准确地送达到指定地点，既不能太早，也不能太晚。过早的话参展商需要支付高昂的仓储费，如果展品运抵时间晚于展览会开始时间，会极大地影响展出效果。

参展物流时间要求的高效性不仅体现在对参展设备设施和展品到达时间的控制上，还表现在对信息传递的高效性。在参展物流的组织与管理过程中，物流信息管理是一项非常重要的内容，不仅参展企业与物流承包商对各类物流信息进行实时监控，根据反馈信息及时进行调整。参展企业与展览会主办方也要保持实时联系，以便交接工作的顺利进行，运输物品能及时仓储、进馆。

3. 运输过程的安全性

参展物流不仅要确保所运送物品及时到达，更要保证物品安全、没有损坏地抵达。与普通货品物流相比，参展物流运输的展品种类繁多，装卸要求不尽相同。如所运送的展品是大型机械、机床，在装箱运输之前先要决定是把机器拆分运输还是整机运输，如果是拆成几个部分运输，不仅要保证在运输过程中各个零部件不能有遗失，而且还要保证运抵目的地现场重新组装后，机器能运转正常。如决定整机运送，在运输途中，要确保机器不会在运送过程中被碰撞、损坏而影响现场的操作演示效果。如果展出的是小型零件，如五金展上的铆钉、锁头，此类展品一般参展企业会选择多种不同型号在现场展出，展品数量多而体积小，不仅要注意在远距离的运输过程中避免丢失展品，更要在现场布展时，留心看管展品。如展品的本身价值较高（像钟表珠宝展上的钟表、首饰，动辄几十万、上百万；另外像工艺品展览上的瓷器、玉器，珍贵且易碎），对于此类展品，参展公司与物流公司不仅要共同制订完善的运输计划，还要进行投保，确保展品的安全和一旦发生意外的补救补偿。

参展物流运输过程的安全性不仅体现在去程运输，抵达展馆现场要安全，还包括回程运输，展品要安全地被运回企业指定地点。

二、参展物流企业选择

展览会主办方一般都会向参展企业提供物流服务商。物流服务商根据组委会提供的信息与参展商联系，洽谈具体的物流服务需求。参展企业也可以根据自己的需要，自行选择物流服务商承接展品及参展设备设施的运送服务。不论通过哪种方式，选择适合本参展企业的物流服务商是参展成功的重要环节，如果所选择的物流企业不能按照参展企业的要求，制定出妥善的物流运输方案，导致展品或参展设备设施不能及时运抵展馆，或在运输途中发生意外，遗失展品，这都会影响参展目标的达成，选择正确的会展物流企业至关重要。目前市场上的会展物流企业大多是专业物流公司，也就是通常所说的第三方物流。承接参展物流业务的公司企业有以下三种类型：

1. 国企转制型物流企业

此类物流企业是由某一传统领域全国性的国有企业转型而成的会展物流企业，如中远物流、中外运、中国邮政、中储等。此类国企转制型物流企业，因为原先在各自的行业、领域中处垄断领先地位，资源优势明显，且规模较大，资金实力雄厚，门店网络覆盖全国各地，物流可调配的资源也比一般商业货运公司更丰富。

不足之处是，此类物流企业虽是全国性的公司，但地方子公司属于独立核算独立经营，除非是非常重要的大客户，一般客户很难享受到全面的配合和统一的协调。此外，这类物流企业所提供的基本物流业务和部分增值服务门类虽然较普通商业货运公司齐全，但价格也较高。

目前除中远物流、中外运这类已有多年涉外经营经验的企业外，一些国有转制型物流企业，还残留着行业老大的痕迹，对客户的需求不够重视，灵活性也较差，且工作效率也不是很高。

2. 大型外资跨区域型物流企业

政策法规目前虽对此类性质的企业有所限制，大型外资跨区域物流企业在绝对数量上不多，但此类企业已经在物流行业中形成相当的影响力。

大型外资跨区域型企业在新设备的投资，特别是信息技术、资金实力、人才储备、经营理念和管理方法上，都有较大优势。此外它们还能向客户提供全面的、跨地区的服务，这点对于企业异地参展，尤其是到国外参展显得尤为重要。

目前这类企业主要集中在东部沿海大城市，服务对象是三资企业。随着政

策的开放和会展物流的发展，个别企业已渗透到内地，如宝隆洋行的物流网络
已覆盖全国 50 多个城市。

目前在华经营会展物流业务的大型外资跨区域型企业有宝隆洋行、英之杰、
海陆、新科安达、马士基、华商、大通等。与其他类型的会展物流企业相比，
大型外资跨区域型的会展物流企业，收费是所有会展物流企业中最高的。

2004 年以前，我国对外资物流企业进入内地有着非常严格的控制，境外企
业要想从事货运和物流服务领域，准入门槛高，需要申请诸多许可证，企业方
能从事定舱、清关、仓储、包装等代理服务。只有少数几家取得"A 级许可证"
的国际企业能在中国设立全资子公司开展业务，其余企业只能采取寻找中方合
作伙伴，以合资的方式组建企业，在华开展业务。

随着中国签署关贸总协定，承诺到 2008 年，逐步解除国内物流领域的多种
贸易限制，已经有越来越多的国外专业大型会展物流企业进入中国市场，中国
会展物流市场将形成新的竞争格局，这也意味着参展企业在物流方面将有更多
的专业公司可供选择。

3. 新兴民营跨区域型物流企业

民营跨区域型物流企业是随着物流业的蓬勃发展而兴起的后进入市场者，
要想在市场中立足并求得发展，必须有优于竞争对手的特色。新兴物流企业发
展起点高，定位是专业化的物流服务供应商。

为实现短期内打入市场，且规避物流业存在的设施投资大、回收期长的风
险，很多新进物流企业都采取非资产型的第三方物流代理模式。其服务能力和
水平与大型的外资物流公司接近，但服务地域更广，不局限于大城市和沿海地
区，服务触角延伸到内陆的中小型城市。

民营跨区域型物流企业无论在业务规模、设备投资，还是定价方面，已开
始具备与大型外资物流服务商竞争的能力，此类企业在市场运作上更具适应性
和灵活性。

民营跨区域型物流企业的局限是，在服务和管理方法以及现代信息处理技
术的应用方面还略显不足。同时，受资金所限，许多在异地的物流作业并不能
完全依靠自身的资源承担，需要一些异地的合作伙伴，部分的业务外包不仅影
响了对项目过程的控制，还提高了成本，从而影响物流业务的总价格。

无论是国企转制型物流企业、大型外资跨区域型物流企业还是新兴民营跨
区域型物流企业，参展企业在选择物流公司时，要充分考虑自身需求和参展目
标，而不能单纯地从价格出发，海外参展、国内异地参展、参展预算、安全系
数等都是选择参展物流公司的重要依据。

三、参展物流运作管理

参展物流过程中，参展企业除了要选择适合的物流服务商以外，对整个展品的物流运输过程也要实时跟踪。参展团队应指派专人与物流服务商联络沟通，实时掌握展品运程。如展品运输的数量庞大且非常贵重，企业甚至可以考虑指定一名参展物流经理，带领团队与物流服务商共同负责整个展品物流过程。

企业参展物流过程由物流作业系统和物流信息系统两个子系统组成。物流作业系统包括包装、运输、仓储、装卸、搬运和回运等作业内容；物流信息系统则涵盖了所有与企业参展物流相关的信息管理工作，包括对展览会组织者、参展商企业以及物流服务商的信息管理。物流服务企业和物流服务商，通过物流信息系统可以选择最佳运输路线，参展商通过物流信息系统可以实时了解展品运输过程，展览会组织者通过物流信息系统可以监控和评价物流服务商，各方通过物流信息系统可以协调工作、交换信息。参展物流信息系统主要包含展览会组织者发布展览信息子系统、参展企业及时反馈子系统、物流服务商进出口子系统、运输子系统、仓储配送子系统和跟踪反馈子系统。参展物流作业过程如图 6.1 所示。

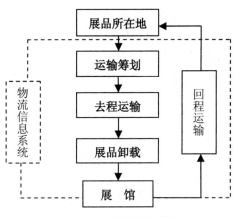

图 6.1　参展物流作业图

1. 运输筹划

企业参展物流的第一步是运输筹划，运输筹划的具体内容包括展品选择、运输方式选择、运输路线选择和运输日程安排。

（1）展品选择

展品选择是指参展企业根据参展目标和展台设计需要，选择产品作为展台内摆放或展示之用，物流服务商需要了解的是展品的内容。参展企业所参加的展览会性质不同，展品也五花八门，可以是服装、农产品、药品、手工业品、大型机械、设备、汽车、器材等。除展品外，物流服务商为参展企业运输的物品还包括展台、展架，以及企业参展所需的宣传品、赠品、电子设备等。

除运输内容以外，参展企业在参展物流运输时间上也会有一定的要求。如果企业参展运送的是需要在展览现场组装的半成品，参展企业会要求此类展品比完整的展品提前一定的时间抵达展览会现场，所提前的时间需要参展企业、物流公司与展览会主办方共同协商而定。如果运送的展品是大型机械设备，参展企业为节省仓储费用就有可能要求在展览会开幕的同时到达。无论是何种情况，展品物流企业都必须按照参展企业的要求及时把展品送抵指定地点。

按照不同展品的不同材质或用途也会对物流运输有不同要求。比如一些展品要求确保新鲜，如食品类，就必须以空运的方式进行运输。另外一些展品或要求避光，或要求防潮；有的易碎，有的易燃易爆；有的对温湿度要求高，有的属于超大件；此外还有一些展品品种多、数量少或外形不规则，包装有难度；有的甚至没有外包装。诸如此类种种，为保证展品和设备能及时安全地运抵展馆现场，在合作早期，企业参展相关负责人员就要与物流服务商沟通，让物流服务商清楚而详尽地了解所托运展品的性质和运输要求。

如果是海外参展，物流服务商还应及早了解各国海关、检验检疫部门对不同展品的进出口要求和限制，以及对包括展品外包装方面的规定，提高通关的效率，避免展品因为不符合要求被扣留。一旦发现参展商的展品或展品外包装不符合海关、检验检疫部门规定，要及早向参展企业提出，尽早改正以免延误运期。

（2）运输方式选择

展品物流运输方式有船运、航运、陆运（包括汽车运输和火车运输）、邮递、快递等。采用不同的运输方式各有利弊，如表 6.1 所示。

表 6.1　各类运输方式优缺点分析

运输方式	优点	缺点	适用范围
船运	费用低	运输时间长，时间难以控制	大型国际展览的主要运输方式
航运	时间短	费用较高	适用时间紧、质量轻的特殊物品
汽车运输	时间易控制易于安排	远洋运输和海外参展无法使用	国内参展和大陆内部参展各类物品的运输
火车运输	比较稳妥	国内使用车皮申请难	国内大宗参展物品运输
邮递	安全性好	运输量小，运期较长	只适用于小宗物品运输
快递	安全性好时间短	费用高，运输量小	只适用于小宗物品运输

展品的运输方式还可以分为散运和专运两种方式。

散运属于一般货运，就是将参展商委托的展品，与物流服务公司其他受委托运输的货品，根据运输线路，拼装发运。散运的优点是收费比较低廉，但所需时间较长，且货物混杂容易发生错运。

专运就是物流公司到参展商指定的地点收货，并将货物直接发运到展览目的地，是一种门到门的运输服务。在专运发货之前，先要集货。因为是门对门的服务，不宜发生错运，但运输费用较散运高。

（3）运输日程筹划

参展物流是一个复杂的过程，有多个环节，且环节与环节之间的的交接时间要求精准。因此物流日程时间的筹划，是物流作业能顺利进行的关键。

参展物流过程中的时间节点包括：展品准备、展品集货、展品分类、装箱、运输安排。如果是海外参展或异地参展，使用海运等长途运输方式，还包括装船日期、中转日期、抵达目的地港口日期、装车日期等。在此过程中除了展品的运输本身，展品管理或出口而产生的一系列手续的办理时间也非常重要，特别是海外参展，如不能及时拿到需要的单证或准入证，展品就可能被扣留在港口或海关，影响及时运抵。

展品运抵目的地并不是越早越好，企业参展的展品仅仅是在展览期间展出，运抵目的地过早需要仓储，产生额外的仓储费用。当然更不能太晚，如果开展之后才运到，会耽误企业参展。此外企业参展的展品大多要回运企业所在地，回运的时间节点和手续安排与去程运输基本一致，也要妥善处理。

2. 去程运输

去程运输是指展品从参展企业手中出发，经物流服务公司运抵展馆的整个过程，大致可分为六个阶段：

（1）集货和分类

集货是把参展企业需要运输的展品集中到发货地的过程。与一般货物不同的是展商交货时间不一致，有些展品由参展企业送至指定集货地点，有的需要物流服务商上门收取，这给集货带来了很大的麻烦。为了节省时间、方便操作，有时需要找仓库进行集货，并且在仓库进行分类、检查、改进包装和贴标签等工作。

展品运输前的分类和贴标签的工作非常重要。因为展品数量多，经过包装后，如没有细致的分类和贴标签的工作，会给后面的工作造成很大麻烦。标签上应标明包装箱内的货物是什么，是哪个客户的，需要送到哪个展馆的哪个展位，包装箱里面共装有几件物品，是否能倒置、挤压，是否易碎、易燃、易爆，是否有其他特殊要求，所有的货物清单中一共几件，该包装箱编号是第几件等内容。如果没有清楚地将这些信息用标签的形式写在包装箱上，装卸货物的工人和布展的人员就无法知道货物搬运的特殊要求，在搬运过程中不能按要求搬运，造成不必要的损失，甚至可能出现货损货失的现象。

（2）装车

装车是指展品经集货、分类、装箱之后装上卡车，依据不同的运输方式，运往港口、机场或车站。装车过程中要注意三点，一是装车日期要与下一程的长途发运日期衔接好，以免错过航班；二是装车时要作好相应的记录，包括核对物品数量、监督装车、手续办理等；三是一旦发车，要立即通知装货的港口、车站或机场的运输代理作好接货准备。

（3）运输过程管理

企业参展多是异地进行，甚至是赴国外参展，展品装车之后为长途运输环节。前面提到海运是最常见的长途运输手段，也是手续办理最复杂的一种。

海运办理第一步是向运输公司订舱，订舱是物流服务商或是其代理人根据参展商的具体需要，选定适当的船舶向承运人（即班轮公司或其营业机构）以口头或订舱函电进行预约，订舱位装货、申请运输，承运人对这种申请给予承诺的行为。订舱单上通常会有货名、重量及尺码、起运港、目的港、收发货人、船名等内容。承运人对这种申请（预约）给予承诺后，就会在舱位登记薄上登记，即表明承托双方已建立了有关货物运输的关系，并着手开始货物装船承运的一系列准备工作。

海运也可分为拼箱订舱和租船订舱，拼箱订舱操作流程如下：

第一步，托运人传真托运单给被托运人，内容上必须注明具体目的港、货品件数、毛重、尺码、运费条款（预付、到付、第三地付款）、货物品名、出货日期、报关、报验等。

第二步，被托运人按照托运人托运单上的要求配船，并发送配船通知给托运人。配船通知上注明船名、提单号、送货地址、联系电话、联系人、最迟送货时间、入港时间，并要求托运人务必按所提供信息送货，在最迟送货时间以前入货。

第三步，托运人进行货物通关事宜，确保货物能够顺利出运。

第四步，在装船前一天被托运人传真提单确认件给托运人，请托运人尽量在装船以前确认回传，否则会影响正常签发提单。开船以后，被托运人在收到托运人提单确认件一个工作日内签发提单，并结清相关费用。

第五步，货物出运后，被委托人应提供目的港代理资料、行程预配信息给托运人，托运人可根据相关资料联系目的港清关提货事宜。

租船订舱操作流程如下：

第一步，物流服务商委托外运公司办理托运手续，填写托运单（Shipping Note），亦称"订舱委托书"，递送外运公司作为订舱依据。

第二步，外运公司收到托运单后，审核托运单，确定装运船舶后，将托运单的配舱回单退回，并将全套装货单（Shipping Order）交给物流服务公司填写，然后由外运公司代表进出口公司作为托运人向外轮代理公司办同物托运手续。

第三步，货物经海关查验放行后，由船长或大副签收收货单（又称大副收据，Matereceipt）。收货单是船公司签发给托运人的表明货物已装妥的临时收据。托运人凭收货单向外轮代理公司交付运费并换取正式提单。

无论是拼船订舱还是租船订舱，装船时参展企业最好派遣专人监督，或是向物流服务商跟踪了解情况。特别是要对那些有特殊要求的箱件进行实时跟踪，在船发运后，要跟踪船舶航行情况，一旦发现延误及时催运。如果运输路途遥远，途中需要转船，每次转船都要向承运方确认展品是否按时准确转船，确保展品安全按时抵达展览地港口。

如果是空运则需提前订舱，确保仓位。如果是火车运输，则需提早订车皮。

展品在运抵展出目的地港口后，要有专人负责接运，因为展品经过长途运输往往不可能直接运抵展馆，有的展品根据参展企业要求早到，需办理仓储；有的展品根据参展企业要求，在开展前直接运抵展馆，需联系安置地点。在此过程中需要参展企业与物流服务商协商，安排人员在展览目的地负责接运，接到展品之后，根据需要与运输公司、运输代理、港务局、展览组织者等相关单位取得联系，办理相关手续，卸货进场。

（4）展品卸载

展品在运抵展览目的地之后，要进行卸载，这个过程是展品抵达目的地检验的步骤，可以由物流服务商办理，但参展商一定要派人参与整个过程，包括掏箱和开箱两个步骤。

掏箱就是将展品箱从运输箱中掏出或卸下，搬运到指定的展台位置。即便是由物流服务商提供此项服务，参展企业也要派遣展台人员与之协商，事先确定掏箱时间和设备，并确定掏箱后展品箱的卸放地点和位置。展台人员要监督掏箱，保证掏箱过程准确有序，并注意展品交接，填妥相关单据，并签名留份。

开箱是指打开展品箱，这项工作一般由参展企业的展台工作人员完成，如果展品数量较多，开箱顺序要按展台布置进度和展馆现场情况事先安排好。开箱时，展台人员要根据展品运输清单，清点核对展品是否有遗失，其次查看展品是否有损坏，若有损坏，填写受损证明，要求赔偿。

考虑到展品需要回运，开箱以后的空箱要妥善保管，以备展品回运打包之用，不仅有利于环保，还可以节约成本。

（5）仓储作业

在参展物流系统中，仓储是一个不可或缺的重要环节，物品要中转，就必须有仓储。仓库作为整个物流环节中货物的中转站，在时间上起到缓冲作用。在办理进口手续过程中，展品仍然需要存放在仓库里，或由海关临时监管，或临时存放在海关的免税仓库里，待办完进口手续之后，展品才能顺利返回。如果展品运抵展览地的时间过早，展品也必须暂时储存一段时间，以等待展览会开始。参展商和物流服务商要制定详细适时的仓储时间，配合参展计划。

（6）现场布展

展览会主办方租借展馆要耗费大量的成本，因此展览会主办方总是希望能最有效地利用场馆，展场的时间安排一般都很紧凑。参展企业被允许提前进场的时间非常短，从开始进场到布展完成一般只有1～2天的时间，这就对物流服务商提出了更高的要求。

短时间内要将所有货物按照展场的规定，安置到对应的展位上，物流服务商在现场需要和展馆负责人协调。此时参展企业也应到达展馆现场，协助物流服务商完成展品进馆布展。

为减少装卸和搬运过程中的损失，装卸和搬运环节中需特别关注大型、易碎和高价值的展品，要提高装卸和搬运的机械化程度，对一些大型的展品，还需要使用一些特殊的装卸和搬运机械，如起重机、叉车和装料器等。对于不同的展品要使用不同的包装容具，装卸和搬运也要区别对待，同时要应用组合化的装卸搬运方法来提高装卸和搬运作业的效率。

3. 回程运输

回程运输与去程运输的手续、路线和安排基本一致，除运输路线的安排以外，参展物流很重要的一点就是手续的办理，包括单证办理、保险办理。如果是出国参展还要办理海关手续，这将在下篇"中国企业出国参展"中详细介绍。本章先介绍参展物流办理过程中最重要的证件——单证。单证是指在国际结算中应用的单据、文件与证书的统称，凭借它来处理国际买卖货物的交付、运输、保险、商检、报关、结汇等。单证作为一种贸易文件，它的流转环节构成了贸易程序。与展品物流有关的单证包括展品单证和运输单证。

（1）展品单证

展品单证包括展品清单、形式发票和装箱单。

①展品清单

一般一个包装箱做一份展品清单，需一式10份，填写的内容有：

· 参展展品中英文名：Descriptions of Goods。

- 数量：参展展品的数量和单位。
- 以美元标价参展展品的单价和总价：FOB-price（USD）。
- 净重：参展样品的实际净重（以公斤为单位）。
- 展品处理：展品处理方式（放弃或回运）。
- 参展商及电话：填写参展单位中英文全称、地址、联系人、联系电话、传真，便于对填写不明之处进行核对。
- 企业参展的展馆号：HALL NO.。
- 企业参展的摊位号：STAND NO.。
- 该包装箱的体积（以立方米为单位）：MEAS（m^3）。
- 该包装箱的实际毛重（以公斤为单位）：G.W.（kg）。
- 该包装箱的箱号：CTN NO.。
- 参展展品的总件数：TTL（ctns）。
- 参展样品的总体积：TTL（m^3）。
- 参展样品的总毛重：TTL（kg）。

②形式发票

形式发票需一式 10 份，可将参展展品做成一张总发票，但内容必须要与展品清单内容相符。填写的内容有：

- 展览会名称：填写所参展的展览会全称。
- 参展商：填写参展单位的中英文全称。
- 发票编号：填写参展单位自编的发票编号。
- 日期：填写发票缮制日期。
- 箱号：填写参展样品的外包装箱号。
- 品名：填写该箱号内所装参展展品的具体品名。
- 数量：填写参展展品的实际数量。
- 离港价格：填写参展展品的 FOB 单价和总价，其金额必须与展品清单一致。
- 总计：填写所有参展展品的总数量及总价值。
- 唛头：填写统一下发的唛头。

③装箱单

装箱单需一式 10 份，可做成一张总装箱单，但其内容必须要与展品清单内容相符。装箱单填写内容有：

- 展览会名称：填写所参展的展览会全称。
- 参展商：填写参展单位的中英文全称。
- 发票编号：填写参展单位自编的发票编号，必须与发票上的编号相符。

- 日期：填写发票缮制日期。
- 箱号：填写参展展品的外包装箱号。
- 品名：填写该箱号内所装参展样品品名，必须与展品清单相符。
- 数量：填写参展展品的实际数量。
- 净重：填写该箱货物的实际净重。
- 毛重：填写该箱货物的实际毛重。
- 长×宽×高：填写该包装箱的实际长、宽、高尺寸，以厘米为单位。
- 总计：填写所有参展样品的总箱数、总净重、总毛重和总体积。
- 唛头：填写统一下发的唛头。

（2）运输单证

运输单证是指承运人或履约方根据运输合同签发的用以证明承运人或履约方接收承运货物，或证明或包含运输合同的单证。根据运输单证的定义可以看出凡与运输有关的证明或合同都可称之为运输单证，运输单证有许多种，在此列举参展展品物流中最常用的集装箱海运所使用的相关运输单证。

①设备交接单。设备交接单是集装箱进出港区、场站时，用箱人、运箱人与管箱人及其代理人之间交接集装箱的凭证。设备交接单共6联，进场和出场各3联，分别为管箱人（船公司、船代）联、码头/堆场联和用箱人/运箱人联。设备交接单中各栏目必须如实填写，正确无误。码头工作人员审核的内容包括船名（Vessel）、航次（Voyage No.）、箱号（Container No.）、箱型（Size/Type）、提箱及收箱地点、箱的外表状况、运输集卡牌号等。设备交接单中内容不能擅自更改，集装箱进出码头、堆场时，用箱人、运箱人与码头、堆场要凭交接单办理交接，检查箱号及箱体外观状况，并作出损坏记录，交接双方共同签字作为交接的凭证。

②装箱单。装箱单是详细记录每个集装箱内所载货物名称、数量及箱内货物积载情况的单证，是向承运人提供箱内所载货物的明细清单。装箱单上详细记载了每一个集装箱的船名、航次、起运港、卸货港、目的港、货物名称、数量、重量、提单号、发货人、收货人、件数、体积及装箱地点。装箱单由负责货物装箱的仓库或工厂仓库缮制。装箱单向承运人提供了箱内所装货物的明细清单，同时也为船舶的配载提供了依据，装箱单上记载的集装箱重量是计算船舶吃水和稳定性的基本数据。装箱单上所记载的货运资料必须和场站收据上所记载的内容一致。装箱单的记载是否正确，与集装箱货物运输的安全密切相关。

③交货记录。交货记录是码头、堆场或集装箱货运站在向收货人交付货物时，用以证明双方已完成货物交接并记录交接状态的单证。交货记录是集装箱进口业务的主要单证之一。交货记录一共有5联，第一联称"提货单"，此联由

港方留存；第二联称"费用账单"，此联由收货人留存；第三联也是"费用账单"，此联由港方留存；第四、五联均称"交货记录"，收货人提货时需在此两联上盖章，第四联由港区留存，第五联由港区转船代留存。对承运人来说，交货记录的签发即表明向码头下达同意交货的指令；对收货人来说，得到交货记录即表明已具备向码头提货的条件。交货记录的签发是承运人责任终止，收货人责任开始的标志。

④场站收据。场站收据又称码头收据，是集装箱码头的重要运输单据。码头在收到场站收据并签字后，在法律责任上，表明码头对所收到的货物开始负有责任。码头与承运人、托运人之间如发生责任纠纷，场站收据是解决纠纷的原始凭证之一。

场站收据标准格式一般是一式 10 联，分别为：

- 货方留底（白联）；
- 集装箱货物托运单（白联）；
- 运费通知（1）（白联）；
- 运费通知（2）（白联）；
- 装货单——场站收据副本（白联）；
- 场站收据副本——大幅联（粉红色联）；
- 场站收据（淡黄色联）；
- 货代留底（白联）；
- 配舱回单（1）（白联）；
- 配舱回单（2）（白联）。

其中第五、六、七联送码头。送码头前，托运人必须到海关进行出口申报，经海关审核同意后，在第五联上加盖"放行章"。码头根据海关的放行给予放行配船。

4. 信息技术在参展物流系统中的应用

企业参展物流的整个作业系统，除了货品的流动以外，自始至终都伴随着信息流动。没有信息流的配合，参展物流作业无法正常进行。参展物流信息系统是参展物流系统的子系统，是由人员、设备和程序组成，为物流管理者执行物流各项作业任务提供相关信息。

（1）参展物流信息系统的作用

参展物流信息系统是物流服务商的中枢神经系统。参展物流信息经过收集、整理之后，成为物流服务商指挥物流作业系统的依据。物流服务商根据反映出的信息安排运输、仓储、配送等作业环节。信息系统对参展物流的全过程起指挥和协调作用。只有信息采集和处理的准确性得到保证时，物流信息系统才能正常运转，从而保证物流的顺利进行。如果信息采集不准确，指挥活动就会出现偏差和失误。

参展物流信息系统对会展活动的各参与方提供了方便。信息流是整个物流系统的支撑和保障，没有信息流，物流的运输、仓储、包装等环节都会脱节，会展组织者和参展商也无法得到信息的实时跟踪和反馈，整个会展活动就可能出现一团混乱的局面，展览会不能顺利举行。

（2）信息技术在参展物流中的应用

参展物流信息系统是通过多种信息技术共同完成的，最常用的信息技术除了计算机和网络技术外，还包括条形码技术、GPS 技术和 EDI 技术。

①条形码技术。条形码技术能很好地解决数量采集和数据录入的问题，提高数据采集的准确性和采集效率。在制作展品条形码的时候，首先应根据展品的名称、型号、产地等进行定义，然后分配唯一的编码号，打印出条形码标签，贴在展品或其外包装上。信息采集人员只要通过扫码，就能准确地获取展品的信息，了解展品所处的位置和状态。如果物流服务商将展品条形码的信息上传到信息反馈系统中，参展商即使在千里之外，也可以查询到自己展品的位置和状态信息。

②GPS 技术。GPS 是全球定位系统（Global Positioning System）的简称，它利用卫星技术实时提供全球地理坐标。GPS 技术目前已经广泛的应用在轮船、汽车、火车的定位、跟踪、调度和管理上。由于展品运输需要严密的监控，GPS 技术在参展物流领域的应用，不仅可以提高参展物流的安全性，还可以节约监控成本。

③EDI 技术。EDI 是电子数据交换技术（Electronic Data Interchange）的简称。EDI 技术的优点在于各方可以基于标准化的信息格式和处理方法，通过 EDI 分享信息。参展物流过程中信息量大，传输的速度要求高，传统的通信工具，如电话和传真等已不再适应现代物流的需要了，通过 EDI 技术的应用，不仅能提高物流的效率，而且能快速应对物流过程中的突发事件。

四、参展物流费用核算

参展物流市场目前还处于发展的初级阶段，很多物流服务商并不是专业的参展物流企业，更多的是普通物流企业经营展品物流业务，对展品物流的报价存在很大差异。出现这种差异的原因，可能是物流企业对参展物流所涵盖的内容不清，报价没有涵盖所有的项目内容；也可能是物流企业按普通物流的模式进行定价，不符合参展物流的特殊要求。参展企业要了解参展物流所涵盖的内容和报价方式，进行费用核算，以便在与物流服务商的接触中能有效地进行费用核算和成本控制。

参展物流作业一旦开始执行，各种成本费用就会相应发生。参展物流成本的计算是对参展物流作业过程中所产生的人力、物力、财力消耗进行归纳，通过适当的财务计算方法对参展物流费用项目进行计算，最终以货币的形式进行量化。

参展物流作业过程主要分五个部分，包括参展企业生产地到装货港之间的短途运输，海运、空运或铁路的干线长途运输，卸货港到展馆之间的短途运输，展馆的现场服务和回程运输。

大多数展品和其他参展物资，如展台、宣传品等，都是属于轻泡货物，只有部分属于重货，如石材展的展品石材、部分大型机械设备等，因此在计算成本时一般都按照轻泡货物的运费，按体积进行计算，运费的单位大多是"元/m³"。但是空运货物均按照重量计算运费，空运费的计费单位是"元/吨"。

1. 装货港短途运输

从参展商生产地到装货港之间的运输过程产生的费用，主要是由短途运输的公路运费、装卸费、仓储费和包装费用组成。公路运费一般按运输里程的运费单价乘以所需运送的货物的数量即可。用 f_1 表示运输里程的单价，用 c_1 表示运送货物的立方数，则短途公路运输的费用为 $f_1 \times c_1$。此外参展物流的展品使用时具有不可替代性，安全要求很高，所以在运费里面必须加上保险费，即便参展企业已经为展品买了保险，但是在核算成本的时候，还是应该把物流保险的费用考虑进去。

装卸费等于装卸单价和货物的立方数的乘积，用 l_1 表示装卸费的单价，则装卸费用可以表示为 $2 \times l_1 \times c_1$。仓储费的计算方式比较复杂，一是因为各参展企业集货的时间不一致，有的货物需暂时在仓库中保管而有的不用；二是存储的时间也不一样，因此在考虑仓储费的时候应该综合考虑各个因素，折中核算仓储成本。此外需注意的是，如果有仓储这个环节，必然多产生一次装卸费用，在计算成本时不仅要计算仓储保管费，还要加上一次额外的装卸费用。用 w_1 表示仓储费的单价，t_1 表示存储的天数，用 a_1 表示各影响因素的系数，则仓储费用可以表示为 $a_1 \times (w_1 \times c_1 \times t_1 + 2 \times l_1 \times c_1)$。

包装费包括对展品进行分类、包装、贴标签等服务项目的成本，用 p_1 表示包装费的单价，则包装费可以用 $p_1 \times c_1$ 表示。

装货港的全部费用用 F_1 表示，则：

$$F_1 = f_1 \times c_1 + 2 \times l_1 \times c_1 + a_1 \times (w_1 \times c_1 \times t_1 + 2 \times l_1 \times c_1) + p_1 \times c_1$$

2. 干线运输

干线运输费用是整个运输费用中最主要的组成部分，由装箱、运输两个部分构成，如果是海外参展还要加上报关。装箱的费用是装卸的单价和货物的立方数的乘积，用 l2 表示装卸费，c2 表示运输的货物，则装箱的费用是 l2×c2。假设展品的报关报验按票进行结算，用 c′ 表示每票报关费用的单价，用 b2 表示票数，则报关费为 c′× b2。

展品的干线运输方式很多，一次展览中往往既要用到海运，又要用到空运，有时还可能用到铁路和公路运输，因此物流服务商在考虑成本的时候应当综合考虑多种运输方式的成本构成。一般说来，海运是最经济的运输方式，在实际操作的时候，应该合理选择运输方式，控制成本。采用海运集装的方式运输，成本按 TEU 计算，集装箱的规格尺寸相对固定，可按照每 TEU 货物约 25～30m³ 折算。铁路运输和公路运输可按体积计费，用 f2 表示海运（集装箱）、铁路运输或公路运输的单价，c2 表示货物体积，则这部分费用可以表示成 f2×c2。空运费一般是按重量计算，用 f2′ 表示空运费的费率，w2 表示运输货物重量，则空运费为 f2′× w2。

用 F2 表示干线运输的全部费用，则：

$$F2=l2×c2+ c′× b2+ f2×c2+ f2′× w2$$

3. 卸货港短途运输

卸货港费用包括目的港清关费用和码头产生的费用、拖车费用以及仓储服务费用。参展企业在这个项目中需要注意的是，目的港的服务如果是由物流服务商的分支机构或代理提供，此时代理费也要算在这部分成本里。

多数情况下为保证目的港清关工作顺利进行，物流服务商会外包清关业务，不仅可以使清关工作尽早完成，还可以使物流服务商能争取更多时间安排后续工作。但在这过程中，参展企业和物流服务商双方都应派遣专人跟踪目的港清关进度，保证遇到问题时能及时反馈，迅速解决。如果企业是国外参展，清关业务外包，目的港的报关报验及其他码头费用可以采用包干的方式，全部外包给国外的代理，这部分的费用用 F3 表示。

4. 展馆的现场服务

展馆现场服务费用大体上包括展馆现场的机力、人力的费用，照明灯具、运输通道、作业平台、拆包装和重新包装等工具的租金。

根据服务的性质，现场产生的费用分两部分，一是租用工具的费用，二是雇用人力的费用。租用工具的费用支出按时间计算，以天数或小时结算。虽然人力费用也是按小时计算，但是由于地域差别和国家差别，这部分费用相差较大，这两部分的总和用 F4 表示。

5. 回程运输

回程运输的费用支出包括现场撤展、重新包装、垃圾处理、现场清理、回程订舱等。

撤展和布展服务费用相差不大，包装和垃圾清理可以按照立方数计算，这部分费用计为 f′。回程的订舱费用也折算成立方数，用 f5 表示回程运费的单价，c5 表示回程运输的货物数量，回程运费可以表示为 f5×c5。撤展和回程运输的运费表示为：

$$F5= f′ + f5×c5$$

以上五个部分是企业参展物流最基本的程序，所产生的费用也是参展物流最基础的费用，参展物流总费用支出用 F 表示，则：

$$F=F1+F2+F3+F4+F5$$

参展企业在对参展物流基本费用支出有了大体了解的前提下，与物流服务商再进行沟通协商，不仅可以提高双方的效率，也可以避免信息不对称而带来的损失，避免支付额外的费用。

第二节　企业参展现场管理

参展企业历经了展示设计、参展物流管理等工作阶段，随着时间节点临近，进入参展控制现场阶段，即从展前 3 天开始一直到展览会结束的整个时间段。

此阶段不仅包括展前准备工作的倒计时阶段，即所有准备工作的确认阶段，还包括整个展期。参展现场控制阶段在整个参展过程显得尤为重要，因为所有的前期准备都是为了企业能顺利参展，达到展出目的而展开。现场阶段是对前期所有工作的实时检验。

企业参展现场管理分两阶段，第一阶段是展览会开始前的 2～3 天，即参展人员抵达展览会所在地搭建展台的进场阶段。这个阶段的工作内容包括向展览会主办方进行参展登记、检查展览场馆场地、确保展台搭建顺利进行、检查展品是否运抵、确保展品摆放及时，以及其他各项服务项目是否到位等。

第二阶段是展期，即从展览会开幕到结束的整个过程。此阶段是参展过程的重中之重，也是参展目标达成的关键，工作内容包括参展人员与客户的沟通、数据记录、各类活动的开展等。

一、参展进场管理

展览会主办方一般要求参展人员在展览会开幕前 2～3 天抵达展览会举办地，此时是展览会进场布展阶段。在此阶段参展企业应首先与展览会组织者取得联系，签到并领取包括进门许可证在内的各类证件，接下来参展企业再与事先联系的服务供应商陆续进场完成合同签订的内容，包括展台搭建、展台布置、展品抵达、确认和外包展台人员安排等工作。

1. 证件办理

为便于管理和身份证明，展览会组织者会印制一些证件，包括参展商证、参观证、工作证、保卫证、车辆通行证、布/撤展证等。只有领取了相关的证件作为有效凭证，工作人员才能出入场馆。

与企业参展直接相关的有参展商证和布/撤展证。参展商证是企业参展工作人员进门的凭证，办证的数量按展位面积分配，标准展位在签订合同时，展览会主办方会标明提供多少证件，如果参展人数超出，需要参展商与展览会组织者协商，或交付一定的费用增发证件，或是采用其他办法增发证件。参展证办理一般是在开展前 1～2 天，参展商到展览会组展处登记领取，参展商证是参展企业进入场馆的有效通行证，因此参展团队要在开展前尽快领取，保证可以顺利进馆。

布/撤展证由参展企业雇用的搭建施工单位领取，搭建施工单位必须持营业执照复印件、施工人员身份证及参展企业开具的介绍信等相关资料到现场服务台办理，办证数量按照搭建展区面积比例确定。布/撤展证虽然是搭建施工单位办理领取，但搭建工作是否能顺利进行直接关系到企业参展工作的开展，因此在这个过程中，参展企业要与搭建施工单位适时联系，确保施工人员能顺利领到布/撤展证，在计划时间内进场搭建。

除了参展商证和布/撤展证外，参展企业还可以根据参展合同约定，向展览会主办方申请领取参观证和车辆通行证。

2. 展台搭建

展台搭建是一项技术要求高的综合性工程，相对于普通搭建有以下三个特点：

首先，展台搭建的结构要求高，展台虽属于临时性建筑，但往往要负荷较大的人员流动重量，对承重有一定要求，特别那些两层、三层的展台，楼上设有会议室，人员走动往来，对建筑的结构要求较高，要在美观的同时能承载一定重量。

其次，展台搭建还原性好，展台搭建人员要按照设计图纸最逼真地还原设计，包括颜色的逼真度、材质的视觉效果、图文排版等。前面章节已强调展台展示设计的重要性和内容，但真正要达到展出效果还得靠搭建来完成，设计得再好，如果搭建水平不够高，还是不能达到预想的效果。

最后，展台要求搭建速度快。展台搭建公司进场搭建时间有限，一般仅 2～3 天，即使国外的超大型展览会搭建时间最多也不超过 7 天。在这样短短几天时间里，要在保证质量的前提下完成几十乃至几百平方米的展台搭建工作，对搭建公司是一个不小的挑战。为节省时间，许多搭建公司采用材料预制的方法，将展台化整为零，拆分开来制作，到展馆内再将这些零部件拼装起来，可以节省一定的时间。

展台搭建虽然是由搭建公司完成，但展台在搭建过程中的协调、监督以及验收三项工作还是应由参展企业完成。只有参展企业与搭建公司共同协商，才能保证施工顺利进行，保质保量按时完成展台搭建工作。

参展企业负责协调工作，协调搭建公司和展览会组织者、搭建公司和展馆之间的关系。因为搭建公司进场搭建，不仅要获得展览会组织者的允许，搭建方式和材料也要符合展馆的要求，一些大型预制件进场也要得到展馆管理方的批准，这些方方面面关系都需要参展企业出面协调。

监督是指参展企业在整个搭建过程中要监督施工单位的行为，包括对展台施工流程、施工质量的监督，展台施工人员安全的监督以及施工文明的监督。监督具体内容：

①展台施工内容监督。展台施工内容一般有展具制作，展台搭建，展具、电器及照明设备的安装，展台装饰，展台清理以及展后的展台拆除和废弃物处理。在展台施工的过程中，参展企业人员需检查这些展台施工基本内容是否完成。

②展台施工流程监督。展台施工必须按照一定的流程进行，才能确保质量，在施工过程中施工流程不仅是搭建公司要严格执行，参展企业也需要进行监督。展台一般施工流程如图 6.2 所示。

展台搭建完工后，参展企业要进行验收。若验收合格则参展企业在施工单位的相关文件上签字确认。在验收过程中，参展企业要特别注意一些基本要点进行仔细检查：

①承重、承压是否牢固；

②所有水平面是否完全调整到位；

③电气设备状态是否正常；

④电线是否全部隐蔽好；

⑤展台、展柜的锁具能否正常使用；

⑥地毯铺设是否平展、合缝、干净；

⑦展台是否清洁；

⑧展品布置是否合理，展台效果是否与效果图一致。

在确认这些工作都符合要求，且搭建单位完成了所有合同上规定的内容，参展企业才能在验收确认单上签字。

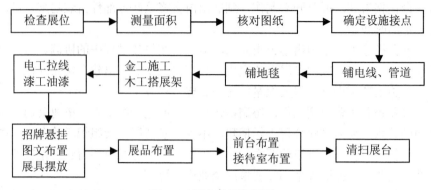

图 6.2 展台施工流程图

3. 展品抵达确认

大型特装展台的展品一般都是由参展企业选择物流服务商运抵展馆现场，属于长途运输，时间节点控制非常重要，抵达过早需要找仓库存储，抵达过晚就会错过展览会。因而参展人员一经抵达展览会举办地，要立即联系展品物流服务商确认展品是否已到。如已抵达需进一步与展览会组织者联系，协调展品进场馆的时间；如还未抵达需敦促物流服务商尽快运抵。

展品从码头或是仓库运到展馆现场，参展企业人员要全程协调，包括进馆证的办理、开箱验收展品是否有损伤。如果是需要拼装的大型展品，参展人员还要在旁监督展品的安装、调试及摆放位置的确定，直至展品摆放到规定的位置能正常运转为止。

4. 现场人员培训

展览会开幕前所有展台人员必须达到展览会举办地，这包括参展企业内部的参展团队和服务外包人员，比如翻译、促销人员或表演人员。展览会开幕前要确保展台所有人员明确参展目标、工作职责、工作内容。为确保参展工作顺利开展，需要参展项目经理即展台经理对所有参展人员进行简短的培训。培训内容包括：

（1）参展情况概述。参展情况概述包括所有参展人员介绍、参展筹备情况介绍、展出情况介绍等。参展情况概述的目的是使所有展台人员熟悉展出背景、环境和条件。

（2）展台工作安排。首先，参展项目经理或展台经理（大多是同一人担任）向展台人员分配现场各项展台工作，并提出要求和标准，确保展台上的每个人都明确展出目的。而后参展项目经理布置具体的展台工作，包括观众接待、贸易洽谈、资料散发、公关工作、新闻工作以及后续工作等，明确个人分工，提出各项工作的具体要求。此外，参展项目经理还要进行管理安排，包括工作时间、轮值安排、每日展台会议、记录管理等。最后，参展项目经理对包括展台人员的宿、膳、行、日程等在内的行政活动进行安排。展台准备工作必须是围绕着参展目标展开，具体内容包括市场调研、准备货源、准备产品资料、准备贸易条款等。

（3）展台沟通技巧训练。主要是指针对展台人员的接待工作和客户交流工作进行训练。展台工作与其他环境下的工作有所不同，即使是有经验的推销人员也应接受展台沟通技巧培训。

展期工作是十分繁忙、琐碎、劳累且容易事故频发的工作。在此期间所有的展台人员必须集中精力，才能顺利完成参展任务。通过展前的动员，能培养展台人员荣誉感和成就感，从而激发展台人员的责任心和工作热情，使之能坚持到展览会结束。

二、展览会现场管理

展览会现场管理是展览会开幕至闭幕整个时间段的工作过程，是企业参展工作最重要的阶段，也是企业实现参展目标最关键的阶段。贸易型展览会展期一般 3～5 天。消费型展览会展期相对长一些，但一般也只有 5～7 天。如何在短短的几天时间里，实现企业参展目标，让所有工作有条不紊进行，关键是对参展人员实施展览会现场工作的有效管理。

在展览会现场工作的人员也称展台人员。展台人员的工作内容包括客户工作、公关联络、活动组织和展台维护。

1. 客户工作

客户工作是展览会现场最重要的工作。企业参加展览会无论是基于销售目的、新品推广目的还是企业形象建立目的，其目标对象都是客户。只有很好地进行客户工作才能达成企业参展目标，完成参展任务。参展目标虽有所侧重，但客户工作的内容大体一致，分成客户接待、洽谈推销和信息搜集记录。　　．

（1）客户接待

参展企业的客户分成两类，一类是企业预先通知并邀请参加展览会的客户，进一步可细分为普通客户和 VIP 客户（重要客户）；另一类是展览会主办方邀请联系的客户，这类客户有的能成为企业的潜在客户，有的则是普通观众。展台人员针对不同客户的接待工作既要保持一致的良好态度，但也要区别对待。精神饱满、态度热情是展台人员接待客户的基本要求，既不能忽视 VIP 客户，也不能因为是普通观众而有所怠慢。同时展台人员还必须具备一定的产品专业知识。虽然展台人员的职业背景不同，有的是销售人员，有的是技术人员，还有的是新进员工，但对于观众客户提出的问题都要求能够尽量回答。如果遇到专业性很强的问题，应当请专业技术人员给观众客户回答，展台人员不能以"不知道"或"不了解"为由，拒绝回答观众客户的问题。因为一次简单的拒绝有可能就错过一次机会。积极主动，也是展台人员应具备的重要素质，不能等待客户上门，而要一看到客户进入展台，或靠近展台，就应当主动上前询问，了解客户的需求。

（2）洽谈推销

对于那些对企业表示出兴趣的客户，或是参展企业事先邀请的客户应当将其引入展台的洽谈区域，这是客户接待工作的重要内容。如图 6.3 所示，在法兰克福旅游交易会现场国际大会与会议协会（ICCA）的展台交流洽谈区域，展台工作人员与客户正在进行热切的交流沟通。

图 6.3 展会现场洽谈

洽谈推销的内容包括企业产品或服务的推销、企业情况介绍等。有效的推销能使现有客户对产品或服务产生兴趣，激发购买意愿；提高潜在的客户对企业的认知度，产生信任，增加对产品或服务的选择倾向。

展台的洽谈推销过程是企业参展人员掌握客户购买心理变化、诱导客户采取购买行为的过程。所以推销洽谈的步骤、方法或技巧都要以客户心理变化过程为基础逐步展开。客户购买的心理过程大体分为 5 个阶段，包括注意、兴趣、欲望、记忆和行动。展台人员在向客户洽谈推销，要遵循这一发展规律，逐步诱导。第一步要引起客户对产品的注意，可以通过展台的布置、展品现场演示或是产品试用等各种方法，使客户对产品产生兴趣，想进一步了解和熟悉本企业的产品；然后，加紧启发客户对产品的需求，激发客户的购买欲望，同时树立企业的信誉，让客户牢牢记住；最后，采取一些措施，如许诺提供增值服务，或现场签单能获得优惠，促使客户决定购买。当然在参展现场客户不一定会马上下订单，可能是签署销售意向合同，或口头达成购买协议，这就需要企业参展人员在展览会结束后进一步联络进行后续工作。

（3）信息搜集记录

展览会作为信息集散地的功能得到越来越多的关注。企业在展会期间的调查，不仅可以搜集到竞争者的信息，还可以收集更新客户的信息，更新完善的客户数据库，为企业的下一步发展提供决策依据。对客户的信息搜集方法主要有名片收集、洽谈记录以及展览会主办方数据库。名片收集是展览会上搜集客户信息最简单最直接的方式。展览会现场十分繁忙，如遇到展会高峰期，客流众多，展台人员应接不暇，收集客户名片是最快最方便的方法。但通过收集名片记录信息也有不足之处，首先名片上展示的信息内容不够多，此外一次参展企业会收集很多名片，可能到最后难以分清谁是谁。

收集客户信息的另一种方法就是展台人员与客户洽谈时作好访谈记录，访谈记录内容包括客户名称、公司背景、产品要求以及对参展企业有无购买意向等内容，访谈记录不用非常详尽，但要求展台人员在与客户洽谈的过程中完成，及时分类整理，并能在展览会结束后进一步分析这些资料，做好展后工作。

除展台人员在展台现场搜集信息外，展览会主办方也会建立相关的客户信息数据库，参展商可以向主办方索要这些信息数据以补充自己的客户数据库。

2. 公关联络

展会现场参展企业能参与开展的公关联络活动包括展览会开幕式、新闻发布会、新闻中心联络、各类会议的主办与参加以及评奖活动。参展企业在展览会现场积极地开展公关联络活动，不仅能有效地宣传企业和产品，更能向公众树立良好的企业形象。

（1）展览会开幕式。展览会开幕式的策划与组织虽然是展览会主办方的事情，但展览会开幕式都会邀请业内的重要人物或政府官员出席，在宣传效果上能引起媒体广泛的关注。此外展览会开幕式的另一项重要活动是邀请重要人物到展台参观，这就给参展商提供了一个很好的展示自己、宣传自己的机会。展台参观路线由主办方事先安排好，为争取更多的宣传机会，参展商可以与展览会组织者通过协商沟通，努力将自己的展位加入参观路线，并通过重要人物到本企业展台参观而使本企业引起媒体的关注。

（2）新闻发布会。参展企业在展览会现场组织新闻发布会，将新闻传播运用于企业参展宣传，利用新闻报道的形式向社会传递企业产品和展示活动的信息，为企业树立良好的社会形象制造舆论声势，这是企业参展公关活动一个比较好的选择。一次新闻发布会的策划、组织和实施是一个系统工程，尤其是现场实施阶段，参展企业要事先落实各项安排，确定出席新闻发布会人员，预先与各新闻单位联系，确保新闻发布会当天有足够的媒体参加。此外现场接待时，企业更要配备充足人员，分工负责展台介绍和现场产品、技术的展示，这些活动须事先计划好程序和路线，由专人引领、专人演示、专人讲解。向媒体制造新闻热点，扩大宣传效果。

（3）新闻中心联络。除参展企业自身联系新闻媒体进行宣传外，展览会组织者在展览会现场也专门设有新闻媒体办公室——新闻中心。展览会组织者会联系多家新闻机构在此办公，随时发布与展览会相关的新闻内容。新闻中心组织的一系列新闻宣传和活动，大都与参展企业密切相关，例如专题新闻稿、参展企业新闻稿、活动新闻稿，新闻资料袋、产品报告会等。参展企业要有效利用新闻中心这个平台，及时、准确地把自己的产品信息、活动信息等撰写成新闻稿，送到新闻中心，通过新闻中心对外发布。

（4）会议的主办与参加。展览会期间一般会有许多会议同期进行，包括研讨会、报告会、交流会等。会议的参加者多是本行业的企业和专业观众，因此参加会议、主办会议是参展企业向专业观众和同行进行宣传的直接而有效的手段。会议丰富了展出的内容，也可以成为展出内容的一种补充，更重要的是会议吸引的观众往往是一些在企业里有影响力的决策人物，这对于实现企业参展目标有重要作用。与新闻发布会一样，会议的主办也需要事先详细策划、现场协调管理，并积极与展览会主办方沟通，争取主办方的支持，确保会议顺利进行。

（5）评奖活动。评奖活动由展览会组织者举办，评奖内容包括参展企业的展品、设计等。评奖团成员往往会邀请业内专家或行业领导担任。评奖的流程一般是，展览会组织者在展览会开始前把评比规则告知所有参展企业，参展企业自愿报名参加，并提供参加评比的展品和技术的详细介绍说明。通过参加评奖，获得相应的奖项是参展企业宣传自己的一个很好方式，参展企业应当积极参加，充分准备。

3. 表演活动组织

参展企业在展览会现场组织表演活动不仅可以调动气氛、丰富展出内容，也有助于强化展出效果。

展览会现场的表演活动大致分两类，一类是围绕产品展开的演示活动，例如网络游戏展，参展商邀请演艺人士，扮演游戏中的人物，表演宣传游戏产品本身；另一类，是纯粹的娱乐性表演，目的是吸引观众，在短时间内汇聚大量观众流，形成浩大的声势，包括把马戏团邀请到展台现场，展台上进行空中飞人的表演，邀请艺人登台演出等。

两类活动因为形式、内容以及目的不同，现场管理的方式也不同。产品演示类活动的管理相对简单，如果展台操作人员是本企业员工，要保证机器或产品能顺利运行。娱乐性表演管理相对复杂，表演活动在展馆内影响范围广，在短时间内人流的迅速聚集，不仅会对展览会总体安排造成影响，周围展台也会受到影响。如果同一时间，两个相邻展台举办表演活动，不仅会分散表演效果，也不利于管理。因此参展商的表演活动，不仅要事先与展览会主办方协调好时间、地点、人流疏散等具体工作，在表演现场更要注意安保问题。

4. 展台维护

展台在搭建交付使用前是经过清洁和整理的，展品都摆放在适当的位置。然而经过展览会期间大量的人群涌入和观众参观，展台环境不可避免会遭到破坏。展台环境的好坏直接关系到客户对参展企业的印象，因此为确保展台保持清洁的环境，参展人员要对展台进行时时刻刻的维护工作。

展台维护工作首先是展台清洁工作，保证展台的地面、墙面干净整洁。可以雇佣专业的清扫人员，也可以安排本企业的展台人员轮班打扫。

除清扫工作外，展台维护工作很重要的一点是展品要始终摆放在指定的位置。客户对展品发生兴趣，会触摸展品或移动展品，这一般是允许的。展台人员除要热情地向客户介绍展品、回答问题外，不要忘记在客户放下展品后将其摆放到原来的位置，确保展台的整齐美观。

参展企业有时会在展台内摆放鲜花和绿色植物美化环境。所摆放的鲜花是向展览会主办方指定的服务商购买，需要注意的是鲜花虽能起到装饰效果，但展期如果较长，在此时间内鲜花容易枯萎或看上去不新鲜，此时展台人员要注意时常更换鲜花，因为枯萎或不新鲜的植物非但不能起到美化展台的作用，相反还会给参观展台的客户留下不好的印象。展台内的盆栽绿色植物可以向服务供应商租赁，盆栽植物耐受性相对好，因此更建议参展商租赁植物，不用天天更换，减少麻烦。

第三节　企业参展安全管理

所谓安全就是不产生伤害、不导致风险、不造成损失，安全的标准是无危险的状态。展览会现场的安全管理是通过有效的管理手段阻止或消除各类风险变成危险的可能性，确保整个展览现场活动处于一种无危险的状态。

企业参展安全管理的最终目的就是消除参展过程中的各类风险，防止各类事故的发生。如果遇到突发事故，要在第一时间作出紧急反应，将损失降低到最小。展览会现场的安全事故可以分为安全隐患、事故征兆、事故和严重事故

4 个等级。

安全隐患是指会引起潜在负面影响的、潜在的不安全因素；事故征兆是指在展览会活动举办过程中未造成事故后果，但可能危及活动安全的一切反常情况；事故是意料之外，不按事物常规发生的、可能造成危险的事件或外部事实情况；严重事故是指在展览会活动期间发生严重的伤亡事件。

展台人员拥挤造成伤害、展览会临时搭建物或展出的物件设备等受到损坏，都属于展会安全事故的范畴。

一、企业参展安全事故的基本特征

企业参展安全事故具有 4 方面的基本特征：

1. 突发性

企业参展安全事故往往是当事人无法预见的突发性事件。展览会活动事故的发生是众多诱发因素交互作用的结果，某些因素本身具有随机性和突发性，必然使得事故发生具有偶然性、突发性、不确定性和随机性。例如参展企业为吸引观众，在展台内组织一些活动，活动本身也许并没有安全隐患，但是由于意想不到的人流汇聚、拥堵情况出现，会引起突发性的安全事故。

2. 成因的综合性

展览会现场是一个人造的社会半封闭系统，由参展企业、展览会组织者、观众以及展馆形成的大系统，系统涉及活动内容、活动形式、现场保障和现场服务等多方面的计划、组织、协调和指挥，服务对象——人的复杂性，致使展览会安全组织协调的难度增大，同时还受到自然环境和社会环境等方面的影响。展览会活动安全事故的发生，通常是在活动运行过程中外部环境的突变、人为管理失误等因素交互作用的结果，其成因具有综合性。

3. 后果的双重性

展览会活动的安全事故发生的后果，一是事故本身对直接相关者，可以是参展企业也可以是观众个人，造成损害；二是由于很多展览会本身是新闻媒体的关注点，所以一旦展览会发生事故，它的社会影响较大。展览会活动安全事故虽然直接，伤害范围相对较小，但扩散开的社会影响较大。

4. 一定的可防性

展览会现场作为一个多方相互作用的系统处于不断的演变、发展、完善过程中，事故是不能绝对避免的。然而展览会活动安全事故的发生一般都事出有因，只要做到预先控制成因，就能及时有效地预防事故发生的结果，例如通过检测、识别、诊断和预控，及时纠正人为失误和机械故障，防止事故发生。展览会活动安全事故在一定程度上可以通过管理手段进行预防，通过展览会现场安全管理，能使事故的发生及损失降到现有技术和管理水平所能控制的最低限度。

二、企业参展安全事故的成因分析

企业参展安全事故的成因可以分为人为因素、场地和设备因素以及环境因素。

1. 人为因素分析

人是展览会现场安全管理的主体，展览会现场由各类人员组成，包括企业参展人员、观众、展览会组织者以及展馆管理人员，他们的安全意识、心理素质、情绪以及决策判断能力等都是能影响展览会现场安全的重要因素。

（1）参展展台人员因素

企业参展的展台人员是参展现场管理的主体，负责现场活动秩序维护的展台人员整体素质好，就能及时发现问题，并能给与快速、高质量的纠正，就能控制现场，降低安全事故。

参展展台人员麻痹大意、责任心不强、主观臆断、违规操作，就可能由于人为因素，造成展会安全事故。同样，由于展台人员安全管理相关的专业知识不足，缺乏必要的工作技能，或是由于心理素质缺陷，不具备从事展会管理工作所需的特殊能力。例如，情绪控制能力差的展台人员，当人流量大时，就会思绪混乱，语调失控；精力不易集中。这也可能由于人的因素造成展会安全事故。

还有参展展台人员违规操作，不按规范行事，凭经验、想当然，形成思维定势而忽略规范，从而引发管理冲突甚至是事故。企业参展展台人员对展览会现场安全的管理，要注重在执行过程中与组织管理人员的相互沟通协调。

参展展台人员的健康状况、疲劳状态、用药情况、酒精和错觉等，会在一定程度上影响展会活动安全。如参展展台人员在工作中长期守望视屏，容易产生信息和视觉疲劳易导致人为差错。

（2）观众因素

在展览会现场的参与过程中，活动参与的另一主体——观众普遍存在从众心理。在与其他观众的彼此相互作用下，会发生一种认同效应或同化现象，个体差异会明显缩小，从而产生行为趋同现象，因此展览会是现场拥挤、观众情绪失控就可能引发安全事故。

由于观众的沟通渠道不畅，沟通不及时或效果差，不能让观众了解到自己无法看见和感觉到的地点的实际现象，因此也就无法作出正确的判断和行为，为安全事故埋下了隐患。

（3）展览会组织者因素

展览会组织者的行为也会影响到现场安全管理。主要体现在以下 4 方面：

①职责不清，管理低效。目前我国一些大型展览会在举办过程中，存在组

织管理团队分工不明、职责不清的现象，如对搭建公司和活动举办者资质限定的责任目前都由场所提供者担负，这将使发生错误和漏洞的可能性的增加。

②检查不力、防范不当。在活动筹办和举办过程中，展览会主办方由于防范不当、交叉检查不力，可能导致安全事故的发生。

③培训不足，知识缺乏。随着自动化程度的提高，组织管理人员的功能已从操作型转变为管理型，知识和信息对活动安全的作用越来越重要。然而，由于对组织和管理人员的在职培训不到位，导致原有的知识和技能难以适应活动安全管理的需要。

④信息失真，沟通不畅。群体沟通的障碍主要表现在语义的障碍、知识经验的局限、需要和动机等心理因素的影响、知觉的选择性等方面。比如，很多语言一词多义，存在着误解的可能性。组织管理人员和现场操作人员之间缺乏沟通、了解和尊重，也可能导致安全事故的发生。

展览会现场安全事故的成因虽然是多方面的，但大都与人的因素有关。人的行为因素在活动进行过程中最为关键，且改善的余地很大，对参展展台人员、观众以及展览会组织者等方面的人为因素进行分析，目的是更好地了解人怎样才能最安全、最有效地与技术相结合，预测、控制和引导人的行为，并融入培训、管理、政策或操作程序中，有效减少人为失误或差错。

2. 场地和设备因素分析

展览会举办场地及搭建设施、设备是展览活动成功进行的基础保障，它们与会展活动参与人员一起构成会展活动安全的主体。据国家公布的大型活动安全事故资料分析，目前有半数以上的大型活动的场地设计和搭建物质量存在安全问题，例如消防门、消防栓等消防设施被遮挡，活动现场安全通道宽度不符合要求，安全出口标识不清，展览会举办前未进行电检，灯具电器线路安装不合规范等。

展览会场地的设计不符合安全管理的要求，也是造成展览会安全隐患的重要原因。比如，场馆内通道过于狭窄，整个活动现场布局不合理以及安全通道的缺失等设计漏洞，都会给展览会的举办带来安全隐患，更严重甚至威胁展览会参与人员的人身安全。

展览会现场不可避免地会有各类临时性建筑，包括参展商搭建的各类展台，或是展览会组织者搭建的舞台。这些搭建物本身及搭建质量上的安全可靠性，是不可忽视的安全因素。搭建物质量问题由两方面引起，一是搭建材料不符合要求；二是搭建工程质量存在问题。

搭建材料的使用不符合要求，会严重威胁展会活动的安全。火灾是展览会举办的最大安全问题，目前在进行现场搭建时都会要求使用防火涂料和防火材料，如果使用的搭建材料没有达到这个要求，将给展览会带来很大安全隐患。

　　无论是特装展台还是其他临时搭建物，展览会现场的搭建物在承重和结构方面都有非常严格的要求，搭建公司或工程队在搭建展台的过程中，由于操作问题致使搭建物质量不合格，留下的安全隐患会导致一些不安全事件的发生。曾经就发生过在展览会举办期间，展台倒塌的事故，不仅造成人身伤害，也给该展台的参展企业造成了极其负面的社会影响。

　　3. 环境因素分析

　　环境因素包括影响展览会安全运行的内部环境和外部环境。展览会的社会属性决定了社会环境成为影响展览会安全的最重要的环境因素。

　　（1）国家政策法规。相关政策法规的完善与否对展览会的安全举办会产生很大的影响。随着国内展览会举办的数量、规模和影响力逐步上升，国家和各级政府对展览会的关注和重视程度也日益增强，相关法规和政策的颁布提高了会展市场的准入门槛，规避了很多安全事故发生的隐患。例如，《北京市会展活动安全管理条例》的颁布，明确了活动主办方、场地提供者、公安消防和政府部门的职责，规范了活动相关部门行为，从而有效减少了安全事故发生的可能性。

　　（2）恐怖主义袭击。值得注意的是，展览会规模大、人员密集，日益成为恐怖分子袭击的目标。恐怖袭击事件具有很强的示范效应，容易被不法分子效仿，成为安全事故的致灾因素。

　　（3）市场竞争。随着展览会市场竞争日益激烈，一些主办和承办单位为了抢占市场展开价格竞争，为实现盈利降低成本，在场地搭建过程中雇用非正规的"游击"搭建公司，在举办过程中减少安全管理人员、治安维护人员等关键岗位人员，延长设备使用和维修周期，这些都严重威胁展览会活动举办的安全隐患。

　　三、企业参展安全事故应对

　　企业在参加展览会的过程中一旦发生安全事故或是危机事件，要立即采取切实可行、行之有效的应对措施，危机管理在参展安全管理中的有效应用能将企业的损失和负面影响降到最低。

　　1. 应对措施

　　为避免危机事件给展览会带来负面影响，危机管理的重要性日益显现。建立一个有效的危机预警机制对防止安全事故的发生是非常必要的。如展览会组织者在展会举办前完善各项展览安全制度、保安力量、电子监控等；参展商详细了解并遵守各项展览安全法规和参展规定、与展览运营中的各承包商签订严格的服务合同，为参展人员及展品、观众购买安全保险等，都是防止安全事故发生而采取的有效危机管理手段。

对于参展商而言，展览会现场的危机管理分 4 个阶段：预警阶段、处理阶段、形象再塑阶段和评估阶段。

（1）预警阶段

防患于未然是危机管理的最首要原则。参展企业在制订参展计划时就应当将现场危机管理纳入计划之中，通过制定危机紧急应对方案，明确参展团队人员职责范围，在专家的指导下定期举行模拟危机管理培训，通过制订一个具体的、有针对性的、可操作性的危机管理计划，在参展前安排好有必要的人员分工，使企业参展人员做到心中有数，知道一旦危机发生该采取哪些必要的行动。

（2）处理阶段

一旦展览会现场发生安全事故，展台经理或参展项目经理作为主要负责人，应当保持冷静理性，迅速按照危机管理计划将所有人员布置到位，控制现场，控制负面影响的进一步扩散。保持所有信息渠道的畅通，注意各个方面的配合协调，及时将处理的进程与结果公布于众。

在现场处理过程中，整个参展团队要时刻牢记把客户利益放在首位，先平息事态后查找原因，先安抚人群后惩办责任人。

现场处理完毕之后要及时作好与媒体的沟通，尊重媒体并赢得媒体的理解和支持是危机管理的首要工作，这有时比危机事件处理的本身更重要。媒体对事件的报道的倾向性非常重要，必须采取必要的公关措施避免在事件的是非曲直尚未明晰的情况下造成"既成事实"的公众思维定势。网络发达的今天更要重视网络媒体的作用。网络媒体具有复制成本低、传播速度快、传播效应大、受众面广等特点，因此参展企业在处理危机的同时，要在第一时间主动与媒体进行直接的、面对面的沟通。在危机处理中把握好第一时间原则和信息控制原则，及时辟谣和有效控制信息，恢复公众信心，从而掌握危机处理的主动权。

（3）形象再塑阶段

在处理好与媒体的关系之后，企业的下一步工作是进行有效的信誉传递。危机处理过程中要显示出参展企业负责任的形象，如果危机涉及人员伤亡，应真诚地表示同情，并采取行动。对公众的态度要坦诚，传达的信息必须准确、清晰，争取公众的理解。以一种富有人情味、积极解决问题的态度来对待危机受害方。

最大限度地通过调解或其他方式消除影响，以免在发生危机事件后，继续成为新闻的炒作点。处理危机时，要以人为本，体现对人的关怀，在决策时要当机立断。同时展台经理或参展项目经理应尽快与上级主管部门和关键领导进行有效沟通，汇报情况和处理方式，及时获得企业的支持和进一步工作指导。

（4）评估阶段

对现场安全事故的一系列处理工作完成后，参展企业为防止下次类似情况的发生，以及更好地完善危机处理计划，需对整个事件进行评估分析，内容包括起因分析、事故过程分析、处理方式分析，以及针对措施的完善。

2. 保险机制的引入

将保险机制引入企业参展的安全事故管理活动中，虽不能将安全事故的发生概率降低，却能保证事故一旦发生，参展企业所遭受的损失能得到一定的补偿。目前企业参展保险险种有这样4类：

（1）展品保险。展品不同于普通财产，不仅强调物品本身的价值，展品价值还有一定的时效性，即展览会期间的价值与展览会结束后的价值不同。目前展品保险多采用特种财产保险，保险金额一般采用定值保险的方式确定，保险期限就是展览期限。参展企业如果签订此类保险合同条款，需要注意的是与保险公司洽谈适当减少附合性条款，同时增加协商性条款，以适用自身展品的要求。

（2）展览会设备安装与拆卸工程保险。随着展览会规模扩大，企业对参展的重视，展台结构越来越复杂，搭建难度越来越高，安装过程中的风险也越来越大。展台搭建和展台设备的安装与一般的建筑和普通设备安装有较大区别，施工工期短，短期内需要拆卸。因此签订一份有效的展台搭建及拆卸保险也是参展企业规避风险的有效手段。

（3）观众保险。观众的保险虽不属于参展企业的范畴，但如果没有这样一份针对观众的保险，观众在本企业展台遭受意外伤害，引起纠纷，届时就很难界定责任及赔偿方案，所以需要引入这样一种针对观众人身安全保障的保险。

（4）展览会责任险。针对企业参展各种风险存在的可能性，以及参展企业规避风险的需求，一些外资保险公司已经开发出针对企业参展的险种——展览会责任险。展览会责任险除提供工作人员及参展人员的人身意外伤害保险和设备、器材损害的财产保险外，另一个重要特色是，当展览会因事故中止或延期时，对参展企业已支出的会场设置费、广告宣传费等，提供活动中止的补偿。由于这个险种是一个新兴开发的保险产品，目前也只有少部分外资保险公司尝试，具体细则各家公司也不统一。下面是某日资保险公司开发的一份展览会责任保险条款，供读者借鉴参考。

附录 展览会责任保险条款

责任范围

由于被保险人或其雇请人员在展览场所进行展出工作、装卸展品、运转机器以及疏忽行为所引起的下列各项责任，而应由被保险人赔付的金额，保险公司负责赔偿：

1. 对于所租用展览场所的建筑物、各种固定设备及地面、地基的损失；

2. 由于雇请中国工作人员的人身伤亡，所引起的抚恤金、医疗费和其他有关费用；

3. 由于第三者的人身伤亡，所引起的抚恤金、医疗费和其他有关费用。

除外责任

对于下列各项，本司概不负责：

1. 对于展品和设备的损失；

2. 被保险人或其雇请人员的故意或违法行为所引起的财物损失和人身伤亡。

责任限额

最高赔款金额，以保险单上列明的最高责任为限。对人身伤亡的赔款金额最高每一个人以＿＿为限。

被保险人的义务

被保险人必须采取可能的预防措施，并有责任要求雇请人员按照有关操作规程安全操作，以防止事故的发生。

赔款处理

1. 凡发生保险责任范围内的事故，被保险人应立即进行抢救，并及时通知本公司。

2. 索取展览场所建筑物的损失赔款时，被保险人应提供损失清单以及其他必要的单证。

3. 索赔抚恤金、医疗费和其他有关费用时，被保险人应提供由医院出具的伤亡人员的残废或死亡证明，以及其他必要的单证。

4. 在展览会结束时，如有未了赔案，被保险人应委托他人为其代表，并以书面通知本公司，以便于赔案的处理。

上述条款分析可知，参展企业的展品和设备还是不包括在该险种范围内。参加保险虽然能使参展企业在一定程度上规避风险，但参加保险也要求付相应费用，增加参展成本，因此企业在参展之初就应当计划好通过参加哪些险种有效规避参展过程中的各类风险，既要考虑规避风险，又要考虑参展保险的成本，力争达到参加保险的效益最大化。

第四节　企业参展会议管理

　　企业参展会议管理是指通过将参展人员召集到一起，根据不同目的进行信息交流和人员沟通的一种管理方式。企业参展团队大多临时组建，团队成员不仅包括企业内部不同部门的员工，还有外包业务的服务人员，如翻译、表演、安保人员等。这些人员对企业参展情况了解不一，有的甚至对参展目标、要求和注意事项一无所知。会议沟通的作用是让团队每个成员明确企业参展目的，在展台中权责明晰。此外展览会举办期间随着各类活动的开展以及突发事件的发生，也都需要在当日闭馆之后，通过参展团队内部讨论交流，进一步防范应对各类事件的发生。按展期的需要和时间节点安排，可以采用下列4类内部会议的形式，对整个参展现场过程进行控制管理。

一、前期筹备会

　　前期筹备会是在开展前一周或参展主要人员到达展览会举办地时举行。会议的目的是向各方介绍参展进展、布置工作、明确责任、为如何开展工作提出指导性意见，并介绍参展工作人员相互认识，培养集体精神和协作观念。

　　参展前期筹备会一般由公司最高管理层主持，参展项目经理及各项目负责人相互通报情况，如有可能邀请相关服务提供商参加会议。会议内容包括：

　　1. 参展情况介绍

　　介绍要参加的展览会的详细情况，包括地点、日期、规模以及在行业内的地位；介绍企业此次参展设定的目标，如企业形象塑造、产品推销或是新品推荐等，通过介绍要让参展团队的每个人知道并接受企业参展目标，明确未来参展活动中各项具体工作都要围绕参展目标展开。会上向团队介绍企业参展主要负责人，包括参展项目经理、展台经理、各专项活动的负责人、联系人等，以及服务提供商的主要负责人和联系人。

　　2. 参展工作布置

　　向所有参展工作人员通报已经完成的展出准备工作，安排参展工作，包括展品到港进馆、现场展示设计搭建、现场展出资料的编印完成，以及参展人员到展览所在的地的膳食、住宿、交通等。

二、展前检查会

　　展前检查会是对展览筹备工作的检查会议，时间一般安排在展览会开始前1～2天，会议目的是检查准备工作是否按时按要求完成，如不能达到预期目标，做最后的补救工作和进行适当调整。此会议除抵达展览举办地的企业参展人员参加以外，要求其他相关服务供应商也一定要一起参加，包括展台设计搭建商、参展物流服务商、翻译、现场活动人员等。

会议内容包括：检查展会工作落实情况，听取参展团队成员对工作完成情况的汇报，包括展览施工、展品运输、展台布置、现场活动、论坛参加等完成情况，如有问题及时调整。

三、展前动员会

展前动员会在开幕前一天下午或晚上召开，目的是鼓舞团队士气，强调参展目标，并对已经完成的工作和即将进行的工作重申、确认。会议内容包括：

1. 介绍参展团队。介绍参展团队成员，确保本企业展台内的所有人员相互认识。

2. 介绍展场分布。介绍展馆的布局和本企业的展台位置。

3. 介绍展会期间主要活动。向参展团队人员介绍整个展期内的主要活动，包括开幕酒会、开幕式、招待会、主题论坛、展台活动的时间和地点安排。

4. 展期工作安排。对展期内的展台管理活动和安排，包括展览人员的轮班、展台清洁整理工作分工；对展台人员的简单培训，包括礼仪举止、着装要求等。

四、展期每日通报会

展期每日通报会是每天展台工作结束之后，由展台经理组织召开的，就每日展台工作和展览活动以及突发事件进行简短总结通报，同时安排布置第二天的展台活动。

展期每日简报的重要性在于，展期内的每一天时间都非常宝贵，一旦出现问题，通过每日总结通报会，能及时作出反应和调整。参展团队人员通过相互交流讨论，提出对策，展台经理收集各方建议向企业总部汇报，申请答复，对展台工作进行及时调整，确保完成参展任务。

【思考题】

1. 企业参展物流管理过程分哪几个步骤展开？

2. 目前市场上参展物流企业有哪几类？各有什么特点？

3. 展览会现场安全事故的基本特征是什么？

4. 如果在展览会现场发生安全事故，应采取什么措施应对？

5. 内部会议包括哪几项？各项会议的具体任务是什么？

第七章

企业参展展后管理

【教学目的与要求】

展览会结束并不意味着企业参展工作的完结。与之相反，展后工作是参展工作在时间上和空间上的延续，一些参展工作必须是在展后完成。通过本章节学习要掌握的内容包括企业参展展后管理工作，企业参展展后跟踪以及企业参展评估。

展期至最后一天，企业就应当着手准备展览会后续管理的各项工作，包括展馆现场的展台清理、展品清运。回到本企业后，还要对整个参展活动进行总结、评估和向上级领导汇报。展览会结束并不意味参展工作的结束，而是后续管理工作的进一步开展。

第一节　企业参展展后管理

一、展览现场清理

参展企业在展览会现场的清理工作是展后工作的重点之一，工作内容包括展台拆除、展品清运、租赁物品返还等一系列工作，俗称撤展。

撤展标志着企业参展展期工作结束，同时也是展后管理工作的开始。企业撤展第一步是展台拆除，展台拆除根据展台类型分成两种情况：一种是由展览会主办方或联合展团统一搭建、统一布展的展台，此类展台拆除、布展拆除工作由搭建、布展单位统一进行；第二种是参展企业自行搭建、自行布展的展台，拆除工作由参展企业自己负责，具体拆除一般由该展台的搭建公司完成，在与搭建公司签订展台搭建合同时，参展企业要将展台拆除工作写入合同。

不论哪种情况，撤展工作都要求参展企业参与其中，即使是由展览会主办或联合展团统一组织的撤展，布展拆除、展台拆除虽不用参展企业亲自动手，但展出的展品、图片等需要带回的物品，仍要由参展企业自行撤下、打包处理。参展企业在撤展过程中要进行的具体工作包括：

（1）展台拆除。对于标准摊位或由参展企业委托施工的展台，由指定搭建商负责拆除；特装展台由参展商自行负责拆除。拆除工作做到安全操作，恢复场地原貌。

（2）展具退还。对于向服务提供商租赁的展具应及时退还，并取回押金。

（3）展品处理。展览会结束后，参展企业应采用回运、出售、赠送或销毁的方式及时处理展品。

（4）展品出馆管理。对需回运的展品，参展企业向展览会主办方申请出门证，经场馆安保人员检查后出馆。

参展企业在撤展工作中应注意以下4点问题：

（1）不能提前撤展。撤展工作要按展览主办者对整个展期的统一安排进行。在展期结束时对参观者清场，有序地进行撤展，切忌提前撤展。国内外的大型展览会对撤展时间都有明确的规定，特别是一些国际知名展览对撤展时间有相当严格的要求，如参展企业提前撤展会有一定的惩罚措施。国内一些企业参加展览会，往往为节省住宿开支，会把回程机票、车票订在展期的最后一天，展期最后一天早早就在展台打包，准备回程。这不仅影响了观众的参观，也影响了整个展览会的形象。国内一些大型展览会，也开始学习国外经验，对参展企业撤展工作步骤有明确且严格的规定。因此参展企业的撤展时间及工作内容要按展览会主办方要求进行，不能提前撤展。

（2）对撤展工作要事先安排。参展企业对撤展工作要有具体安排，包括工作步骤、具体负责人员等。即便是事先安排好，到时也可能发生变化，需根据实际情况作及时调整。撤展工作应在展期将要结束时统一安排，参展人员可以利用展览会的闲暇进行必要准备，如思考先撤什么后撤什么，哪些物品需要带回，哪些物品需要就地处理，哪些物品要在撤展后赠送有关单位，需要带回的物品中哪些可随身携带，不能随身携带的如何运输，是否需要进行防潮防破损包装处理等。同时要对撤展时的先后次序或工作的方便作出安排，列出工作表，对参展人员进行撤展的分工，准备撤展所需的工具、包装材料等，以便撤展开始后得以顺利进行。

（3）撤展工作要有序进行。一些展览会现场常常出现撤展场面混乱的情况，不仅影响参展企业的形象，也会影响整个展览会的形象。此外撤展工作无序，也会大大降低企业参展人员工作效率，出现产品遗失、损坏，甚至是工作人员携带物品丢失的现象。近年来，有案件显示，专门有一类展览会盗窃团伙，会在展期最后一天，利用撤展的机会，进行展台盗窃活动。为避免此类情况发生，要由参展经理或展台经理安排撤展的先后次序、分工和需要，将需要包装发运的物品和需要赠送的物品一一对工作人员进行明确交代；撤展过程中，相关负责人员按照预先的安排有序地进行，撤下物品分门别类码放整齐，对具有不同携带、运输要求的物品打包或装箱，并即时作好标记（包括物品名称、单包的数量与包的件数、单位等）。

（4）撤展物品的处理与发运。展馆现场的撤展工作完成后，还要对撤下的参展物品进行处理，有的物品就地销售，有的物品赠送给客户或是回运。需要就地处理的物品，根据事先联系好的受赠单位、受赠运送方式，办理好交接手续。对需要回运的物品，回运前要预先准备好有关手续，以避免出现不必要的麻烦。

二、展后整理工作

展后整理工作是指企业参展团队在完成了展期任务后，回到企业所在地就参展活动进行的一些后续工作，展后整理工作内容包括：

1. 回运物品的归位

参展回运后，包括随身携带回运的物品，要进行清点，查验回运过程中是否有丢失、损坏等情况。如有丢失、损坏，属于委托回运的，应及时办理索赔。物品清点后，该移交的要及时移交，该入库的要及时入库．并办好交接、入库手续。

2. 展期整理资料

企业参展团队在完成了展期任务后要对所有参展现场收集到的资料进行整理，包括宣传资料、业务研讨与交流资料、与客户签订的合同和意向协议资料、潜在客户的信息资料以及老客户的信息更新资料等。各种资料要分门别类整理，最好将整理好的资料装订成册，以便归档与随时查阅取用。在整理资料过程中，要特别注意对参观者的名片、留下的联系方法等资料进行整理，留意重要参观者和可能成为客户或潜在客户的参观者，列出名单以备后续跟踪之用。在参展工作各环节中，展后整理资料也是相当重要的工作内容。

第二节　企业参展展后跟踪

企业参展展后跟踪是对展览会在时间和空间上的延续，是参展企业与客户商务活动的开始。要实现参展目标并最终达成交易，参展企业就应当充分重视展览会后续跟踪工作，采用不同的跟踪手段，发展、维护客户关系，才能进一步巩固参展成果，实现企业目标。

一、对来访客户分类

参展企业根据展览会期间收集的资料，对来访客户进行分类。贸易型展览会展期3～5天，展览会期间参展企业要接待大量客户，与观众很难进行深入的商务谈判，或是进行实质性的交易。展览会现场的工作更多的是集中在收集客户信息，与来访者初步接触，引起客户对本企业产品的关注。大量具体的商务工作细节应在会后逐步开展。据美国英康姆咨询公司调查显示，在企业通过参加展览会而达成的实际成交中有2/3是在展览结束后11～24个月内完成。

为更有效地对来访客户进行分类管理，最终获得订单合同，参展企业要在参展现场作好来访登记。参展企业前应事先设计一个来客登记簿，为每一名来访者建立一个记录卡，内容包括：

①姓名、职务；

②工作单位、地址；

③所在城市、邮编；

④电话号码、传真、E-mail；

⑤对本企业展品的态度、购买意向或兴趣；

⑥计划购买时间；

⑦老客户或新客户；

⑧由谁负责接待的该客户。

这些详细内容一一记录在案，为展后跟踪打好基础。

来访客户通常被企业分为两大类，现实客户和潜在客户。现实客户是指那些已经与本企业建立起业务联系并购买过产品或服务的客户。从展览会现场情况看，现实客户既包括老客户，也包括在展会上达成初步交易意向的新客户。

潜在客户是那些目前尚未采取购买行为但有潜力成为本企业产品或服务买主的客户。可以是在展览会现场对本企业产品或服务表现出较大兴趣的客户，也可以是展台人员根据评估认为具有潜力可能会使用本企业产品或服务的客户。

现实客户和潜在客户有不同的特点，客户管理重点也各有不同。在展后跟踪服务过程中应区别对待，实施不同的营销策略。

二、现实客户管理

随着市场经济日趋成熟，相对稳定的市场格局成为企业赖以生存的基础，人们逐渐意识到若能形成稳定的客户关系不仅可以节省大量营销成本，而且会拥有对手难以抗拒的竞争优势，使自己处于极为有利的市场地位。客户关系管理已成为众多企业关注的焦点，对重点客户关系的维护和发展更是重中之重。这对于企业参展行为，也不例外。

现实客户管理的重点在进一步巩固、保持和发展与现实客户的关系，防止这些客户被对手挖走。在具体的工作中，一方面要维持和扩大现实客户对老产品或服务的购买，另一方面还要将其注意力吸引到新产品与服务上来。为此，了解和发现这些客户对本公司现有产品的要求及其尚未意识到的潜在需要，应成为现实客户管理的主线。只有不断发现并满足客户的要求与需要，实现顾客满意，才有可能使之成为本企业的忠实顾客。

客户管理策略以达到顾客满意为出发点。在信息不对称的市场环境下，客户越来越愿意与质量可靠、信誉良好、服务满意的供应商打交道，而不是耗费精力与成本找寻新供应商。从顾客受让价值来看，参展企业采用顾客满意策略能为顾客节约大量时间、精力和体力成本。稳定的客户关系对买卖双方都有利。

展览会后在与现实客户交流过程中，要尽快完成商务谈判，签订交易合同直至成交，这是现实客户管理的最终目标。对现实客户的管理还包括及时筛除掉那些无法为企业创造理想的价值，同时耗费企业大量人力、物力，却又缺少发展潜力的老客户。

三、潜在客户的管理

企业参加展览会的另一大目标是发掘一些具有潜在价值的新客户。接触大量的潜在客户，开发、发展与潜在客户的关系，并将其培养成为现实客户，正逐步成为展览会后续工作的一个重点。

潜在客户管理的关键是加强双方的沟通，加速相互建立友谊，尽快缩短企业与客户彼此的距离，找到双方合作的结合部，消除双方的合作疑虑，形成现实的贸易关系。为此，还须根据客户重要程度对潜在客户进行排队，分清主次，针对不同的潜在客户采取相应的手段安排各项后续工作。

四、展后跟踪服务技巧

展览会会后跟踪的重心是使已经开始的贸易洽谈顺利进行下去，并最终达成交易，使潜在客户对本企业产品与服务的兴趣能尽快转变为购买意向直至采取购买行为。

参展企业必须清楚以下两点：首先要时刻牢记自己并非来访客户的唯一选择，事实是来访客户在展会上同时接触了很多竞争对手，有极大的选择余地，如果本企业行动不够迅速，客户可能会被对手抢先。因此，追踪服务时机的把握是关键，一定要以最快的速度对来访者进行跟踪服务。

其次，根据对来访者所做的分类采取不同的行动方案，区别对待，才能做到有的放矢、卓有成效。否则浪费了时间、精力和金钱，却收获甚微。

后续工作的开展并非真要等到展览会结束，才能开始行动，在企业参展人员尚未离开展会之前就要着手进行。可以先给来访客户寄发一封深致谢忱的信函或公司专用的明信片，函中一定要提及本企业将在不久的某个时间对其进行某种形式的拜访，为后续跟踪的深入交流作铺垫。这项工作可以由企业参展人员每日闭馆之后着手进行，也可由企业参展人员每晚将来访客户的名单传真回总部，由总部专人负责。如果在展览现场已答应为某些客户提供更为详尽的资料（如样品、报价、技术参数等），最好一并寄出。调查显示，多数来访者离开展览会现场，回到办公室之后，很快就被其他事务分散注意，会将展览会上看过、说过、做过的事搁置一旁，甚至彻底遗忘。如果参展企业的信函能及时寄到，将给客户留下深刻的印象，让他感受到参展企业对他的重视与效率，这会使客户重新考虑与参展企业在会上接洽过的事项，为下一步的接触奠定基础。

此外，如果条件允许，企业参展人员在展览会期间或之后还应尽可能地安排与当地、就近或归途顺路的重要客户进行广泛接触，通过宴请、回访、参观等方式尽快与之加深了解，建立关系。多数情况下，企业参展人员不负责展会后的具体工作，在参展展后管理工作结束时要将展览会成果移交给销售部门。但在此之前，参展代表回到公司一周内，一定要通过电话反复与来访客户沟通，对其进行深层次的甄别，了解客户的真实想法与需要，作好各项记录，并把这些资料作为参展成果的一部分，与参展成果一起移交销售部门。

定期向客户寄送资料、样品、报价并回答问题应成为一项常规工作，特别对是重要的大客户（VIP 客户），建议如有可能，应由企业高层管理人员对这些客户进行专访，以示重视与尊敬，并能有力地协助相关部门的跟踪服务工作。

总之，做好各项展览后续跟踪服务工作是参展企业实现参展目标，最终达成交易的重要环节。

第三节　企业参展评估

参展企业在完成展期工作后还需要对参展工作进行全方位的评估，评估的目的是分析参展工作是否达到预期目标，工作过程是否有需要改进的部分，为下次参展活动作参考。参展评估工作包括对参展工作的评估和参展效果的评估。

一、参展工作评估

参展工作评估包括参展目标评估、参展人员评估、展示设计工作评估、展品工作评估、宣传工作评估以及管理工作评估。

1. 参展目标评估

参展工作评估的首要内容是对企业参展目标进行评估，根据参展企业的经营方针和战略、市场条件、展览会情况等，评估参展目标制定是否恰当，是否符合参展企业的经营方针和市场战略。其次是评估参展目标是否按计划达成，是否按参展计划达到预期的效果。

2. 参展人员评估

就参展人员在整个参展工作中的表现，比如工作态度、工作效率、团队精神等方面，进行评估。可以通过对参展观众进行调查分析，也可以通过计算展台人员每小时接待观众的平均数，或是根据参展项目经理对个人的评价来评估参展人员的工作表现。

3. 展示设计工作评估

展示设计工作的评估内容包括展台设计的成本和实际效果、展台设备设施的功能效果、企业形象被观众的认可度、参展资料是否有助于展出以及展台是否突出和易于识别等。

4. 展品工作评估

展品评估包括展品选择是否合适，市场效果是否好，展品运输是否顺利，下一次参展增加或减少某种展品的原因等。评估结果对进一步开拓市场将有一定的参考价值。根据产品展出效果和现场受关注程度可以了解哪种产品更受关注，在以后的展出工作中可以尽可能的选择这些能引起关注和观众兴趣的展品。

5. 宣传工作评估

宣传工作评估包括对企业参展的宣传和公关工作效率和宣传效果进行评估，比如本企业是否比竞争对手更吸引观众、现场资料发放数量等。对新闻媒体的报道也要进行收集、评估，包括刊载（播放次数、版面大小、时间长短）、评价等。

6. 管理工作评估

包括参展筹备工作的质量和效率，参展管理的质量和效率，工作有无疏漏等，尤其是培训、安全等方面的工作。

二、参展效果评估

参展效果评估包括展览记忆率评估、成本效益比评估、成本利润评估、成交评估和接待客户评估。

1. 展览记忆率评估

能反映整体参展工作效果的另一个指标是展览记忆率，即参观客户在参加展览后 8～10 周仍能记住展览情况的比例。展览记忆率与展出效率成正比，反映参展公司给参观客户留下的印象和影响。记忆率越高，说明展览形象突出、工作好；反之则说明展览形象普通、工作一般。记忆率低的原因主要有展览人员与参观客户之间缺乏直接交流、缺乏后续联系，参展公司形象不鲜明，所吸引的参观客户质量不高等。

2. 成本效益比评估

成本效益也可以称作投资收益，评估因素较多，范围较广。可以将此次参展耗费的成本与获得的效益进行比较，也可以将此次参展的成本与上次参展的成本进行比较，或是用展出成本效益与其他营销方式所耗费的成本进行比较。其中企业参展成本与参展成交额相比是最直接也最简单的一种比较方式。

3. 成本利润评估

另一种评估方式是不仅要计算成本、计算成本效益，还应该计算成本利润。比如签订买卖合同：首先用参展总开支除以成交笔数，得出每笔成交的平均成本；其次用展览总开支除以成交总额，得出成交的成本效益；再次用成交总额减去展览总开支和产品总成本，得出利润；最后用参展成本比利润，即成本利润。成本利润评估也是一种比较客观的定量评估方式。

4. 成交评估

成交评估分消费成交评估和贸易成交评估。消费型展览会以直接销售为展出目的，可以用总支出额比总销售额，用预计的成本效益比与实际的成本效益比相比较，这种比较可以反映展出效率。贸易型展览会以成交为最终目的，因此成交是最重要的评估内容之一，但也是展览评估矛盾的焦点之一。许多参展企业喜欢直接使用展出成本与展出成交额相比较的方法计算成交的成本效益。但这种方法不是很妥当，因为有些成交是在展览期间达成，而有些成交却不是在展出期间完成，更多的是通过展后跟踪完成。因此这一指标在评估使用时应当切实考虑到参加展览会的类型。对成交评估的具体内容包括销售目标是否达成、成交额多少、成交笔数、实际成交额、意向成交额、与新客户成交额、与老客户成交额、新产品成交额、老产品成交额、展览期间成交额、预计后续成交额等，对这些数据可以交叉统计计算。

5. 接待客户评估

这是贸易型展览会评估的最重要内容之一，包括参观本企业展台的观众数量，进一步细分为接待的现实客户数和潜在客户数；到访展台的观众质量，可以参照展览会组织者的评估内容进行分类统计，包括观众的订货决定权、建议权、影响力、行业、地域等，并按本企业的实际情况将客户企业分为"极具价值"、"很有价值"、"一般价值"和"无价值" 4 类；接待客户的成本效益，这是与新客户建立关系的成本效益最重要的评估内容。这也是此次参展与前次参展、参展方式与其他营销方式相比较的指标，计算方法是用参展总支出额除以接待的客户数，或所建立的新客户关系数。

【思考题】

1. 在制作来访客户记录卡时，记录卡中要包括哪些重要信息？

2. 企业参展会后跟踪的来访客户有哪些分类？如何根据分类对这些客户进行管理？

3. 展后跟踪服务有哪些技巧？请举例说明如何应用。

4. 企业参展工作的评估具体从哪几方面展开？请简述各方面的评估内容。

第八章

企业参展知识产权保护

【教学目的与要求】

企业参展对知识产权保护的认识直接关系到参展工作能否顺利进行。通过本章节的学习要求掌握的内容包括，什么是展览会知识产权，如何进行企业参展知识产权保护以及企业参展知识产权保护的法规基础。

第一节　展览会知识产权保护

当今世界正面临着经济全球化进程加速、科学技术飞跃式发展、全球竞争日益激烈的形势，知识产权保护作为人们对其智力成果依法享有的专有权利，已经成为推动各国经济发展的重要资源，成为企业保持核心竞争力的的重要手段。知识产权保护是市场经济正常运行的重要保证，也是开展科学技术、经济文化交流与合作的基本条件。随着我国改革开放深入发展，我国知识产权保护越来越受到各方面的重视，从 20 世纪 70 年代开始，我国就着手制定与知识产权相关的法律法规，同时积极参与相关的国际组织活动，加强与世界各国在知识产权领域的交流与合作，我国知识产权保护逐渐与国际接轨。展览会是新产品、新技术展示交流与贸易洽谈的重要平台，会展业是知识产权保护的重要领域，知识产权在维护展会的秩序、保障展会权益、推进展会健康发展方面发挥了重要作用。展览会知识产权保护已引起会展业界的高度重视，成为展览会管理的重要内容。具有切实可行的知识产权保护措施，已成为品牌展览会的重要衡量标准之一。

一、知识产权基本概念

1. 知识产权的界定

尽管在当今世界中，各行各业都在大力推进知识产权保护，但是国际学术界对知识产权却一直没有一个统一明确的定义。不过这并不影响人们对知识产权保护的重视。目前大多数学者认为：知识产权是一种无形的财产权，它是自然人、法人和组织对其智力创造成果依法享有的专有权利。知识产权的核心是专利权、商标权和著作权。

（1）专利权

根据《中华人民共和国专利法》规定，专利分为发明、实用新型和外观设计 3 种，所以专利权实际上包含发明专利权、实用新型专利权和外观设计专利权。

①发明专利权。专利法所称的发明是指对产品、方法或者其改进所提出的新的技术方案。发明分为产品发明和方法发明两大类型。产品发明是关于新产品或新物质的发明。方法发明是指为解决某特定技术问题而采用的手段和步骤的发明。对发明专利提出申请，经国家知识产权局审查，符合专利法规定条件的，授予发明专利权。

②实用新型专利权。专利法所称的实用新型是指对产品的形状、构造或者其结合所提出的适于实用的新的技术方案。实用新型仅限于具有一定形状的产品，不能是一种方法。实用新型的创造性要求不太高，而实用性较强，一般将其称为小发明。对实用新型提出专利申请，经国家知识产权局审查，符合专利法规定的条件的，授予实用新型专利权。

③外观设计专利权。专利法所称的外观设计，是指对产品的形状、图案或者其结合以及色彩与形状、图案的结合所作出的富有美感并适于工业应用的新设计。外观设计是一种设计方案，它所涉及的形状与产品的美感有关。对外观设计提出专利申请，经国家知识产权局审查，符合专利法规定的条件的，授予外观设计专利权。

（2）商标权

商标权是指任何能够将自然人、法人或者其他组织的商品和服务与他人的商品和服务区别开的可视性标志，包括文字、图形、字母、数字、三维标志和颜色组合，以及上述要素的组合。商标包括商品商标、服务商标、集体商标和证明商标。商品商标是用来区别一个企业产品与其他企业产品的标志。服务商标是用来区别一个企业的服务与其他企业的服务的标志。集体商标是表明该团体、协会成员区别于其他组织成员的标志。证明商标是一种特定品质的商品和服务的标志。对商标的注册申请，经国家工商总局商标局审查，符合法律规定的注册条件予以核准注册后，注册人对该商标享有商标专用权。

（3）著作权

著作是指文学、艺术和科学领域内具有独创性并能以某种有形式复制的智力成果。《中华人民共和国著作权法》所称的著作包括文字作品、口述作品、音乐作品、戏剧作品、曲艺作品、舞蹈作品、杂技艺术作品、美术作品、建筑作品、摄影作品、电影作品和以类似摄制电影的方法创作的作品、图形作品、模型作品、工程设计图、产品设计图、地图、示意图等图形作品，以及计算机软件等。根据我国著作权法，只有著作权人本身才对其著作享有发表权、署名权、修改权、复制权、发行权、出租权、展览权、表演权、广播权、信息网络传播权、摄制权、改编权、翻译权、汇编权。他人要享用著作权人的著作权，必须得到著作权人许可，并依照约定或有关规定支付报酬。

2. 知识产权的特征

知识产权是基于智力成果而依法产生的权利，知识产权具有以下特征：

（1）无形性。知识产权是基于智力成果依法产生的一种权利，由于智力成果在很多时候是无形的，它是以使用权的形式来表现的，所以知识产权是无形的，它不占据一定空间，难以实际控制，正是这种无形性给知识产权保护工作增加了难度。

（2）独占性。独占性也称排他性和专有性，知识产权的权利人对自己的智力成果，依法享有独占权。未经权利人许可，其他人不得占有、使用该权利人的知识产权。未经权利人许可使用权利人的知识产权，即构成侵权，权利人可以追究其侵权责任。

（3）地域性。知识产权在一定地域内有效。一国法律确认的知识产权原则上只在该国有效，受该国的法律保护。在参加国际公约的情况下，知识产权在公约规定的范围内有效。

（4）时间性。知识产权的保护有一定期限，如大多数国家对发明专利的保护期为 10～20 年，对实用新型专利的的保护期为 5～10 年，对外观设计专利的保护期一般为 5 年。权利人在法定期内享有独占权。超过法定期限，原来受法律保护的知识产权就成为社会的公共财富，任何人都可以随意使用。

（5）法定性。智力成果只有通过一定的法律程序才能形成知识产权。知识产权的法定性，主要体现在法定取得、法定种类、法定内容和法定限制等方面。

二、展览会知识产权

1. 展览会知识产权的主要内容

根据涉及知识产权的相关法规和大多数学者对知识产权概念的描述，对展览会知识产权概念可做如下判定：展览会知识产权是在展览会期间任何自然人、法人和组织对其智力创造成果依法享有的权利。展览会知识产权的核心是展览会专利权、展览会商标权和展览会著作权。展览会知识产权保护的主要内容也就是要在展览会期间，保护权益所有人的展览会专利权、展览会商标权和展览会著作权不受他人侵犯。

（1）展览会专利权。主要是指展会期间展品的专利权。它有两层含义：其一，展览会展品不能侵犯他人的专利；其二，展览会展品的专利不能被他人侵犯。

（2）展览会商标权。主要是指展览会期间与展会相关的各项商标权，有展会本身的徽标、参展商的商标、展品的商标等。根据我国的商标法，只能注册展览会徽标，不能注册展览会名称。事实上，展览会的名称集中地反映了组展商的办展理念和办展主题，应该属于智力创造的成果。由于展览会名称不能注册商标，增加了展览会知识产权保护的难度。

（3）展览会著作权。主要是指展览会期间与展会直接相关和间接相关的一切著作权。重点是要防止展览会组织者和参展商侵犯他人著作权，如展台设计图纸和展台模型的著作权、展会宣传资料的著作权、展会纪念品的著作权、相关软件的著作权等。

展览会知识产权保护的对象是知识产权所有人的权益。一方面要保护展览会组织者和参展商合法的知识产权，特别是对参展商展出的新产品、新技术以及新理念要加强保护；但同时对于当前展览会中出现的大量的参展商、展览会组织者本身违反知识产权相关法规而造成对知识产权所有人的侵权事件也必须进行严肃处理。

2. 展览会知识产权保护的相关主体

会展业综合性强、关联度大，举办一个展览会涉及展览会组织者、参展商等多个相关主体，在展览会知识产权保护过程中，各个相关主体的利益和职责各有不同，只有展览会各相关主体共同努力，才能做好展览会知识产权保护工作。

（1）知识产权主管部门。展览会知识产权主管部门包括国家知识产权局、国家工商行政管理总局、国家新闻出版广电总局等行政管理部门，这些部门是知识产权相关法律、法规的执行者，是展览会知识产权的保护神。它们除了负责对知识产权的宣传、教育和管理工作外，最重要、最迫切的任务是快、准、狠地打击在展览会期间出现的各种知识产权侵权行为，进一步健全、细化展览会知识产权保护的法律、法规。

（2）展览会组织者。展览会组织者作为展览会项目、特别是一些品牌展览会项目的所有者，往往既是展览会知识产权侵权的责任人，同时也是展览会知识产权侵权的受害者。一方面展览会组织者要为参展商被投诉侵权而引发的知识产权纠纷承担一定责任；另一方面又要为自己的展览会项目被仿冒、克隆，受到侵权而追诉。因此，对展览会组织者而言，首先要做好展览会知识产权保护的各项准备工作，与参展商签订知识产权保护合约，拒绝侵犯知识产权的企业、项目参展，防止参展单位展示、销售侵权产品，从参展源头把好知识产权保护关，邀请知识产权的相关部门驻会监管，妥善处理展览会现场的知识产权侵权纠纷。同时，展览会组织者还要加强自身展会项目的知识产权保护。根据商标法，目前在我国只能注册展览会徽标，不能注册展览会名称，这就需要展览会组织者应用更具创造性的手段来保护自身展会项目的知识产权。

（3）参展商。在展览会知识产权保护过程中，参展商扮演了十分尴尬的角色。参展商的展品知识产权最容易受到别人模仿、剽窃。同时，参展商的展品又可能侵犯他人的知识产权。另外，参展商还可能被展览会组织者欺骗性宣传所误导，从而参加一些名不副实的冒牌展览会，不但浪费了自己的金钱和精力，而且无意中还侵犯了第三方的知识产权。因此，对参展商而言，首先应当在参展过程中不侵犯其他组织或个人的知识产权，并对知识产权行政管理部门或司法部门的知识产权调查予以配合，做到合法参展。

同时参展商在参展过程中也要加强自身展品的知识产权保护。目前我国参展商遭遇的知识产权纠纷中，参展商展品侵犯他人知识产权的案例，大大多于参展商展品遭他人侵权的案例。因此我国企业参展时，要特别重视参展合法性，企业参展的展品不能侵犯他人知识产权。

（4）展台设计搭建商。展台设计搭建商也是展览会知识产权保护的主体，展台设计搭建商经常遇到的知识产权被侵权的情况有两种：一种是在展台搭建投标时，它们向业主提交了自己的方案，业主以各种借口不让他们方案中标，然后业主却又转手将他们的方案设计图纸交第三方进行抄袭施工；另一种侵权情况是一家展台设计搭建商直接利用或剽窃另一家展台设计搭建商的设计图纸。在展览会知识产权保护中，展台设计搭建商也具有两重性，它们既可能是别人侵权的受害者，也可能是他人知识产权的侵权者。因此展台设计搭建商必须加强自律，不得侵犯他人知识产权。

（5）展览会项目交易者。随着会展经济发展，金融业与会展业联系日益紧密，资本运作也渗入到会展业，展览会项目的买卖交易逐渐增多。展览会项目的买卖交易必须涉及展会项目品牌资产的转移和交易。在我国，尽管已经出现了一些展览会项目的买卖交易案例，但由于有关行政管理部门还没有出台相应的操作程序与规范，相关管理显得滞后，展会项目买卖比较混乱。因此在进行展会项目交易时，交易者必须十分注意知识产权保护问题。

3. 展览会知识产权保护的特点

与一般知识产权保护相比，展览会知识产权具有以下特点：

（1）时间性强。展览会知识产权保护一般仅对展会期间（包括展览会准备期）与该展览会相关的知识产权进行保护，时间性很强，这就增加了展览会知识产权保护的难度，特别是一旦遭受侵权投诉时，往往被投诉单位没有足够的时间进行举证申诉。同时由于时间性强，也使得知识产权管理部门对一些涉嫌侵权的事件不能及时取证，造成处理不力。

（2）问题集中。展览会是集中展示新产品、新技术、新理念的平台，也是一个信息高度透明的场合。因此也是各种知识产权问题集中爆发的地方，专利侵权、商标侵权、著作权侵权等经常会在展览会中出现，展览会知识产权保护问题必须引起相关行政主管部门和会展企业的高度重视。

（3）保护主体具有双重性。展览会知识产权保护的主体是展览会组织者和参展商。展览会组织者和参展商在展览会知识产权保护过程中具有双重性，一方面它们可能是展览会知识产权被侵权的受害者，需要得到知识产权行政管理部门的保护；但另一方面，它们可能又是他人知识产权的侵权者，要受到知识产权行政管理部门的处理。

第二节　企业参展知识产权保护

近年来，广州、南京、宁波、厦门、大连、长春等城市政府在其制定的会展业管理办法或管理条例中，都对展会知识产权保护工作提出明确要求。各地制定的会展业"十二五"规划也都涉及展会知识产权保护工作。北京市国际会展业协会、上海会展行业协会、深圳会展协会、河北省会展业协会等行业协会都在自己的章程里规定了开展展会知识产权保护工作的内容，并先后以公约、通知、办法、规定等文件形式对所属会员单位提出了有关展会知识产权保护的具体要求。

然而展览会中的知识产权问题一直是一个令广大参展商深感"头痛"的重大问题。一方面企业参展时自己产品的知识产权可能被侵犯，另一方面自己的产品又可能侵犯他人的知识产权。所以企业参展时一定要在知识产权方面做到攻守兼备，既不能让自己辛辛苦苦研究成功的新产品成为仿冒剽窃者的囊中物，也不能让别人抓到关于知识产权方面的把柄，尤其在参加国际展览会时。知识产权问题会更加突出，更要引起参展企业的高度重视。

一、企业参展知识产权保护的重要性

企业参展的主要目标是为了宣传自己的产品，提升企业形象，使企业获得社会效益和经济效益。但是如果参展企业不重视知识产权保护，企业参展非但不能达到预定的参展目标，而且还可能由于展会知识产权的保护问题，使参展

企业遭受重大损失。

展览会是一个知识产权信息高度集中的地点，展览会也是一个知识产权信息高度透明的地方。展览会还是一个最容易发现知识产权侵犯事件的地方。如果企业一旦发现其他企业对其知识产权造成侵犯就会迅速采取维权行动。参展企业如果侵犯了他人知识产权会产生如下后果：

其一，根据商务部、国家工商行政管理总局、国家版权局、国家知识产权局颁布的《展会知识产权保护办法》规定，对于侵犯知识产权的投诉，地方知识产权行政管理部门若认定侵权成立，应会同会展管理部门依法对参展方进行处理。对涉嫌侵犯发明或者实用新型专利权的处理请求，地方知识产权局认定侵权成立的，应当依据专利法关于禁止许诺销售行为的规定以及专利法关于责令侵权人立即停止侵权行为的规定作出处理决定，责令被请求人从展会上撤出侵权展品，销毁介绍侵权展品的宣传资料，更换介绍侵权项目的展板。

对涉嫌侵犯外观设计专利权的处理请求，被请求人在展会上销售其展品，地方知识产权局认定侵权成立的，应当依据专利法关于禁止销售行为的规定以及关于责令侵权人立即停止侵权行为的规定作出处理决定，责令被请求人从展会上撤出侵权展品。

特别是企业到国外参展时，一旦遭受他人的知识产权投诉，国外的海关、法院、警察就会立即出动，当场查封扣压参展企业的展品。参展企业展品被查封扣压，不但白费了为参展而付出的大量人力、物力和财力，而且会使参展企业的形象遭受巨大的负面影响。

其二，根据《展会知识产权保护办法》，参展企业在展会期间假冒他人专利或以非专利产品冒充专利产品的，地方知识产权局应当依据专利法相关规定进行处罚。展会结束时案件尚未处理完毕的，案件的有关事实和证据可经展会主办方确认，由展会举办地的地方知识产权行政管理部门在 15 个工作日内移交有管辖权的知识产权行政管理部门依法处理。

根据专利法相关规定，假冒他人专利的，除依法承担民事责任外，由管理专利工作的部门责令改正并予公告，没收违法所得，可以并处违法所得 3 倍以下的罚款。参展企业对他人专利侵权，不仅使企业的声誉受到影响，而且可能产生巨大的直接经济损失。

其三，国内外一些著名品牌展会，对于屡犯知识产权侵权事件的企业，将亮出红牌，拒绝其参展，这就会使企业失去走向市场、走向国际的重要途径。

另外，如果企业参展不重视本身展品的知识产权保护，就会使自己花费巨大资金和人力而研究开发的产品被他人假冒、剽窃，使企业遭受巨大损失。

二、企业参展知识产权保护面临的三大问题

当前企业参展知识产权保护面临的三大突出问题，一是企业参展侵犯他人知识产权；二是企业参展被他人侵犯知识产权；三是企业参展无意中侵犯第三方知识产权。

1. 企业参展侵犯他人知识产权

企业参展最常见的侵犯他人知识产权的形式主要有 3 种：

一是展品侵犯，有些参展企业把别人已申请专利的产品稍作改变就作为自己的展品拿来展览，仿制剽窃他人成果。更有甚者，有的企业直接将其他企业生产的同类产品摆上自己的展台，作为样品，构成专利侵权。如 2005 年在中东迪拜举办的国际电力灯具新能源博览会上，我国福建某生产开关、插座类产品的参展企业将国际知名品牌的同类产品摆在自己的展台上作为自己企业的样品，结果被对方发现，并将侵权现场拍照后向展览组委会投诉，最后展品被扣押，展台遭查封。还有一些参展企业的展品模仿国际知名品牌商标，构成商标侵权。如第九十二届广交会上，著名卡通形象"Hello Kitty"的商标持有人状告广交会 34 家参展企业有商标侵权行为，经广交会知识产权组核查，其中构成侵权并被工商部门处罚的有 22 家。

企业参展的展品侵权事件在一些国际展特别是出国参展中屡屡发生，最根本的原因是中国企业的法律意识薄弱。一些企业看到国外企业的新产品立刻仿制，有的甚至仿冒人家的商标，出国参展时急于打开国际市场，怀着侥幸心理仿制欧美的产品，以为在中东展览上不会被发现，结果还是被指控侵权而受到处罚。

另外赴国外参展的企业很多都是外贸公司，并非制造商，有时外贸公司对自己代理的产品专利情况并不是很清楚，在外参展时也容易遇到知识产权的纠纷。

还有我国有些出展产品事实上是自己开发出来的，也在中国申请了专利保护，但专利保护是一种地区保护，外国企业常常善于钻空子。比如，有些企业的产品连年在当地参展都没有问题，但是同一个产品再去参展就被诉侵权。这是因为，有些外国企业看到中国产品有竞争优势，但没有在展出地申请专利保护，就先抢注了专利，使中国企业变成了侵权者。

此外，还会出现合作协议许可范围的知识产权问题。中国一些企业与国外公司合作，在协议中没有说明商标的使用范围，比如与意大利公司合作，中国企业被许可使用其商标，可是该产品到德国参展就触动了该意大利公司德国合作方的利益，可能引发知识产权方面的纠纷。

二是展台侵权，一些参展企业的展台"借鉴"他人设计，仅在他人设计的

基础上稍作一些修改，对于体现展台实质内容的新颖性和美观性并没有根本改变。这也是一种企业参展知识产权侵权行为。外观设计是受到专利法保护的知识产权，外观设计专利权的实质性是新颖性、美观性和合法性。新颖性是指与其申请日前已经在国内外出版物上公开发布的外观设计不相同和不相近似；与其申请日前在国内外公开使用过的外观设计不相同和不相近似。美观性，是指外观设计被使用的产品上能使人产生一种美感，增加产品对消费者的吸引力。合法性，则是指申请专利的外观设计"不得与他人在先取得的合法权利相冲突"，而且不得违反法律、社会公德，也不得损害公共利益。展会作为一种特殊的公众场合，展台设计在符合新颖性、美观性、合法性 3 个要素后，一经使用便划进了知识产权保护的范围。因此，参展商在借鉴别人的精美设计时要慎重，切不可因"借鉴过度"而侵犯他人外观设计的知识产权。

三是软件和宣传品侵权，参展商在展览会现场以演示为目的的计算机盗版软件和展品本身使用盗版软件，以及销售盗版光盘等都属于企业参展中的软件侵权。另外，参展商在展会上使用的图书、期刊、电子出版物，以及音像制品、礼品和宣传招贴图等，如侵犯作者著作权的也都属于企业参展中的知识产权侵权事件，会受到权益所有人的指控。如在 2007 年意大利米兰卫浴展中，中国一家参展企业，其参展商品本身并没有涉嫌侵权，但该参展企业在其展位上张贴的宣传图片中有一个污水处理泵被疑是意大利一家厂商的产品，结果该中国参展企业被这家意大利厂商指控侵权。

2. 企业参展被他人侵犯知识产权

展览会是一个展示行业新技术、新产品的窗口，展览会的集聚效应给企业提供了展示和推广新产品的大市场。但是，随着展览会市场作用不断扩大，展览会在成为专业人士与买家洽谈交流大平台的同时，也吸引了不少别有用心的仿冒剽窃者，这些仿冒剽窃者利用展览会大肆窃取新产品、新技术的信息，然后对其进行"借鉴"，甚至直接仿造。更有甚者，一些仿冒剽窃者对某些企业新研发还未申请专利的展品进行恶意抢先申请专利，使真正的权利人无法申请专利。这些仿冒剽窃者在展览会上以参观、偷拍、贸易接触、市场调研等方式窃取技术信息，有的甚至采用针孔摄像机拍摄等间谍手段来窃取目标样品，使参展企业防不胜防，一不小心就会给企业造成巨大损失。

3. 企业参展侵犯第三方知识产权

由于目前我国展览会知识产权保护法规还不完善，再加上对展览会组织者没有资质认证和评估系统，没有统一的服务标准，缺少协调功能和自律机制，造成无序竞争，"克隆展览会"屡见不鲜。这些"克隆展览会"的中外文名称、定位、内容、市场几乎完全一致，对于信息不对称的参展商来说，根本无法判别谁是"正版"谁是"盗版"。虽然目前我国对展览会名称还不能进行商标注册，但展会项目的创意性、新颖性的个体特征是智力创造的成果，应该属于知识产权，应该得到保护和尊重。对国内外展会参展商来说，最害怕被展览会组织者欺骗性的宣传所误导，从而参加了一些名不副实的"克隆展览会"和冒牌展览会，不但白花钱得不到应有的效果，而且实质上侵犯了第三方"正版"展览会项目所有者的知识产权。

三、企业参展知识产权保护

1. 企业参展知识产权保护要避免侵权

企业参展要增强法制意识，尽力避免对其他企业知识产权的侵犯，重点是避免参展展品侵犯他人的知识产权。

（1）对展品进行专利检索。为了防止展品侵权，企业参展首先要对拟展展品进行专利检索。专利检索可以由企业内部人员通过上国家知识产权局的专利信息服务网进行，也可以委托专业的专利服务机构完成。通过专利检索，可以掌握相关展品的专利信息，如果在专利检索中发现自己拟展的展品已由他人申请并授予了专利权，应及时调整拟展展品，以避免在展览会中因涉嫌侵权被他人投诉。

（2）新产品及时申请专利。专利是发明的保护神，为新产品及时申请专利，就等于为新产品披上了"保护伞"，拥有了该产品作为专利产品在展览会上展出的权利。否则不但有新产品被别人仿冒剽窃的风险，而且一旦被别有用心者抢先申请专利，企业就会失去生产、展示该产品的权利。因此，参展企业对自己研发的新产品应及时申请专利，对由供货商完成研发的新产品则建议申请专利后再组织参展。

（3）认真做好产品历史记录。根据我国的专利法规定，除了发明专利申请必须经实质性审查外，实用新型专利和外观设计专利申请经初审合格后就可以授权。因此，难免在实用新型专利和外观设计专利中，存在有不符合专利申请条件被授予专利权的情况，一些后生产的产品可能反而先获得专利权，这就需要企业认真做好产品的"历史记录"，一旦产生专利侵权纠纷时，为自己的权利主张提供证据。所谓产品的历史记录，就其外形而言，可以是公开出版物上的图片、照片，也可以是该产品的图纸、开模合同、模具验收证明、生产样品的鉴定材料、首次销售该产品的发票凭证等。有这些材料作为产品的历史记录，一旦在展览会上发生被他人投诉侵犯其专利权的情况，企业的有关人员可以在规定的有限时间内提供相应的证据证明自己可以享有"先用权"而有权生产、销售和展示，避免该产品被撤展。

（4）妥然处理侵权指控。企业参展万一受到知识产权侵权指控，参展商应沉着应对、妥然处理，千万不要惊慌失措。因为展览会上遭受知识产权侵权指控，对于被指控企业规定的举证时间是有限的，也就是说，在规定的时间内被指控侵权企业如果提供不出相应证据证明自己有权生产、销售、展示该产品，就得将所展示的物品撤下展台并被记录在册，如处理不当甚至会遭到展品被扣押、展台被查封的严重后果。

当企业遇到知识产权侵权指控时，参展企业在展览会上应避免冲突，首先要核实来人身份，其次要求其出示知识产权的证明文件，看文件是否真实、是否有效。如果该文件并非真实有效，参展企业可以继续展出；如果企业展品确实侵权，则要与权利人或其委托代理人协商，立即将侵权展品撤下，表示停止侵权行为，对于权利人的索赔数额的确定，可按照权利人因被侵权所受到的损失或者侵权人因侵权所获得的利益确定。双方如意见不能达成一致，可以向驻会知识产权机构申请调解，或向法院提起诉讼，通过法律渠道解决。

2. 企业参展知识产权保护要主动维权

展览会是知识产权侵权的高发地，而展览会大多只有几天时间，因此企业参展时应主动维权，一旦发现他人侵犯了自己的知识产权，更要主动维权。

（1）及时发现侵权。展览会一开始就要派专人在展览会现场进行巡视，以便及时发现其他参展商对本企业的侵权嫌疑。

（2）主动投诉侵权。一旦发现他人有侵权嫌疑，不要直接找对方理论。正确的做法是悄悄收集证据，尽可能多地收集对方各种侵权材料，然后准备好自己的专利证书、企业营业执照等材料，带上收集到的对方侵权证据，尽快向展览会侵权投诉中心（由当地知识产权局和工商行政管理局等行政管理部门委派专员组成）提出书面投诉。

（3）严肃处理侵权。如被投诉方未能在规定时间内提供有效证据材料，经投诉中心检查，投诉中心作出确认对方侵权的结论后，要监督对方立即采取实际行动，将侵权产品遮盖，并尽快撤离展览会现场。同时依法向侵权者提出进一步的赔偿诉求。

（4）认真保护知识产权。企业参展要有强烈的自我知识产权保护意识，除了对新产品、新技术及时进行商标注册和专利申请外，在展览会现场也要提高警惕，防止别有用心的"观众"待机剽窃，如一些服装、鞋帽及礼品行业的企业在展览会上将展台设计为半封闭式展台，对进入展台参观的观众实行登记，最大程度防止最新设计的款式被剽窃；或在展览会现场，不允许观众对展品拍照。企业参展工作人员一般情况下主要介绍产品的功能和使用价值，只有对真正的买家，才重点介绍产品关键技术等核心问题。

第三节　企业参展知识产权保护的法规基础

商务部、国家工商行政管理总局、国家版权局、国家知识产权局联合颁布的《展会知识产权保护办法》已于 2006 年 3 月 1 日起实施。《展会知识产权保护办法》是企业参展知识产权保护最直接的法规。除此之外，我国还陆续颁布施行了一系列与知识产权相关的法律法规，这些法律法规是审理知识产权案件的主要依据，也是企业参展知识产权保护的法规基础。

一、知识产权法律

自 20 世纪 80 年代以来，全国人大陆续颁布施行了一系列知识产权单行法律，主要有《中华人民共和国专利法》、《中华人民共和国商标法》、《中华人民共和国著作权法》、《中华人民共和国反不正当竞争法》等。还有一些涉及知识产权保护内容的法律，如《中华人民共和国民法通则》、《中华人民共和国刑法》、《中华人民共和国合同法》等。在上述法律颁布实施的同时，全国人大常委会分别通过了一些对知识产权单行法律的修改决定和补充规定，使这些知识产权法律在实施中得到了补充和完善，成为人民法院保护知识产权的主要依据。

二、知识产权行政法规

为了更好地贯彻执行各项知识产权法律，国务院发布了一系列与保护知识产权有关的法规，主要有：《中华人民共和国专利法实施细则》（以下简称《专利法实施细则》）、《中华人民共和国商标法实施条例》（以下简称《商标法实施条例》）、《中华人民共和国著作权法实施条例》（以下简称《著作权法实施条例》、《集成电路布图设计保护条例》、《计算机软件保护条例》、《植物新品种保护条例》等。这些细则和条例细化了法律的规定，使人民法院的司法审判工作更具可操作性。

三、相关国际公约

我国先后参加了世界知识产权组织、《巴黎公约》、《马德里协定》、《伯尔尼公约》、《世界版权公约》、《录音制品公约》、《专利合作条约》等。上述国际组织、国际公约（我国声明保留的条款除外），以及签订的双边条约，作为我国保护知识产权法律的一部分，在知识产权司法保护中，尤其是在解决涉外保护知识产权纠纷中，均得到了认真执行，使我国知识产权司法保护水平不断提高，并努力向国际标准靠拢。在我国加入世界贸易组织之后，世界贸易组织中与知识产权有关的条约内容,经我国人大常委会和政府通过立法或颁布法规的方式，也成为人民法院保护知识产权的法律依据。

四、最高人民法院司法解释

作为各项知识产权法律的补充，最高人民法院根据司法实践中遇到的实际问题，及时公布了一系列司法解释。2000 年以来已经出台规范知识产权审判的司法解释和司法解释性文件 25 件，初步形成了与法律法规相配套的比较完善的知识产权司法解释体系。其中比较重要的司法解释有：《关于审理专利纠纷案件适用法律问题的若干规定》、《关于审理商标民事纠纷案件适用法律若干问题的解释》、《关于审理著作权民事纠纷案件适用法律若干问题的解释》、《关于审理植物新品种纠纷案件若干问题的解释》、《关于审理涉及计算机网络域名民事纠纷案件适用法律若干问题的解释》等。这些司法解释为解决知识产权审判工作中遇到的程序法和实体法方面的问题铺平了道路，为各级人民法院正确适用法律，及时审结疑难知识产权纠纷发挥了重要作用。

附录　《展会知识产权保护办法》

第一章　　总则

第一条　为加强展会期间知识产权保护，维护会展业秩序，推动会展业的健康发展，根据《中华人民共和国对外贸易法》、《中华人民共和国专利法》、《中华人民共和国商标法》和《中华人民共和国著作权法》及相关行政法规等制定本办法。

第一条　本办法适用于在中华人民共和国境内举办的各类经济技术贸易展览会、展销会、博览会、交易会、展示会等活动中有关专利、商标、版权的保护。

第二条　展会管理部门应加强对展会期间知识产权的协调、监督、检查，维护展会的正常交易秩序。

第三条　展会主办方应当依法维护知识产权权利人的合法权益。展会主办方在招商招展时，应加强对参展方有关知识产权的保护和对参展项目（包括展品、展板及相关宣传资料）的知识产权的审查。在展会期间，展会主办方应当积极配合知识产权行政管理部门的知识产权保护工作。展会主办方可通过与参展方签订参展期间知识产权保护条款或合同的形式，加强展会知识产权保护工作。

第四条　参展方应当合法参展，不得侵犯他人知识产权，并应对知识产权行政管理部门或司法部门的调查予以配合。

第二章　　投诉处理

第五条　展会时间在 3 天以上（含 3 天），展会管理部门认为有必要的，展会主办方应在展会期间设立知识产权投诉机构。设立投诉机构的，展会举办地知识产权行政管理部门应当派人员进驻，并依法对侵权案件进行处理。

未设立投诉机构的，展会举办地知识产权行政管理部门应当加强对展会知识产权保护的指导、监督和有关案件的处理，展会主办方应当将展会举办地的相关知识产权行政管理部门的联系人、联系方式等在展会场馆的显著位置予以公示。

第七条　展会知识产权投诉机构应由展会主办方、展会管理部门、专利、商标、版权等知识产权行政管理部门的人员组成，其职责包括：（一）接受知识产权人的投诉，暂停涉嫌侵犯知识产权的展品在展会期间展出；（二）将有关投诉材料移交相关知识产权行政管理部门；（三）协调和督促投诉的处理；（四）对展会知识产权保护信息进行统计和分析；（五）其他相关事项。

第八条　知识产权权利人可以向展会知识产权投诉机构投诉，也可直接向知识产权行政管理部门投诉。权利人向投诉机构投诉的，应当提交以下材料：（一）合法有效的知识产权权属证明，涉及专利的，应当提交专利证书、专利公告文本、专利权人的身份证明、专利法律状态证明；涉及商标的，应当提交商标主持证明文件，并由投诉人签章确认，商标权利人身份证明。（二）涉嫌侵权当事人的基本信息。（三）涉嫌侵权的理由和证据。（四）委托代理人投诉的，应提交授权委托书。

第九条　不符合本办法第八条规定的，展会知识产权投诉机构应当及时通知投诉人或者请求人补充有关材料。未予补充的，不予接受。

第十条　投诉人提交虚假投诉材料或其他因投诉不实给被投诉人带来损失的，应当承当相应法律责任。

第十一条　展会知识产权投诉机构在收到符合本办法第八条规定的投诉材料后，应于 24 小时内将其移交有关知识产权行政管理部门。

第十二条　地方知识产权行政管理部门受理投诉或者处理请求的，应当通知展会主办方，并及时通知被投诉人或者被请求人。

第十三条　在处理侵犯知识产权的投诉或者请求程序中，地方知识产权行政管理部门可以根据展会的展期指定被投诉人或者被请求人的答辩期限。

第十四条　被投诉人或者被请求人提交答辩书后，除非有必要作进一步调查，地方知识产权行政管理部门应当及时作出决定并送交双方当事人。

被投诉人或者被请求人逾期未提交答辩书的，不影响地方知识产权行政管理部门作出决定。

第十五条　展会结束后，相关知识产权行政管理部门应当及时将有关处理结果通告展会主办方。展会主办方应当作好展会知识产权保护的统计分析工作，并将有关情况及时报展会管理部门。

第三章 展会期间专利保护

第十六条 展会投诉机构需要地方知识产权局协助的,地方知识产权局应当积极配合,参与展会知识产权保护工作。地方知识产权局在展会期间的工作可以包括:(一)接受展会投诉机构移交的关于涉嫌侵犯专利权的投诉,依照展会专利法律法规的有关规定进行处理;(二)受理展出项目涉嫌侵犯专利权的专利侵权纠纷请求处理,依照专利法第五十七条的规定进行处理;(三)受理展出项目涉嫌假冒他人专利和冒充专利的举报,或者依职权查处展出项目中假冒他人专利和冒充专利的行为,依据专利法第五十八条和第五十九条的规定进行处罚。

第十七条 有下列情形之一的,地方知识产权局对侵犯专利权的投诉或者处理请求不予受理:(一)投诉人或者请求人已经向人民法院提起专利侵权诉讼的;(二)专利权正处于无效宣告请求程序之中的;(三)专利权存在纠纷,正处于人民法院的审理程序或者管理专利工作的部门的调解程序之中的;(四)专利权已经终止,专利权人正在办理权利恢复的。

第十八条 地方知识产权局在通知被投诉人或者被请求人时,可以即行调查取证,查阅、复制与案件有关的文件,询问当事人,采用拍照、摄像等方式进行现场勘查,也可以抽样取证。

地方知识产权局收集证据应当制作笔录,由承办人员、被调查取证的当事人签名盖章。被调查取证的当事人拒绝签名盖章的,应当在笔录上注明原因;有其他人在现场的,也可同时由其他人签名。

第四章 展会期间商标保护

第十九条 展会投诉机构需要地方工商行政管理部门协助的,地方工商行政管理部门应当积极配合,参与展会知识产权保护工作。地方工商行政管理部门在展会期间的工作可以包括:(一)接受展会投诉机构移交的关于涉嫌侵犯商标权的投诉,依照商标法律法规的有关规定进行处理;(二)受理符合商标法第五十二条规定的侵犯商标专用权的投诉;(三)依职权查处商标违法案件。

第二十条 有下列情形之一的,地方工商行政管理部门对侵犯商标专用权的投诉或者处理请求不予受理:(一)投诉人或者请求人已经向人民法院提起商标侵权诉讼的;(二)商标权已经无效或者被撤销的。

第二十一条 地方工商行政管理部门决定受理后,可以根据商标法律法规等相关规定进行调查和处理。

第五章 展会期间著作权保护

第二十二条 展会投诉机构需要地方著作权行政管理部门协助的,地方著作权行政管理部门应当积极配合,参与展会知识产权保护工作。地方著作权行政管理部门在展会期间的工作可以包括：（一）接受展会投诉机构移交的关于涉嫌侵犯著作权的投诉，依照著作权法律法规的有关规定进行处理；（二）受理符合著作权法第四十七条规定的侵犯著作权的投诉，根据著作权法的有关规定进行处罚。

第二十三条　地方著作权行政管理部门在受理投诉或请求后，可以采取以下手段收集证据：（一）查阅、复制与涉嫌侵权行为有关的文件档案、账簿和其他书面材料；（二）对涉嫌侵权复制品进行抽样取证；（三）对涉嫌侵权复制品进行登记保存。

第六章　法律责任

第二十四条　对涉嫌侵犯知识产权的投诉，地方知识产权行政管理部门认定侵权成立的，应会同会展管理部门依法对参展方进行处理。

第二十五条　对涉嫌侵犯发明或者实用新型专利权的处理请求，地方知识产权局认定侵权成立的，应当依据专利法第十一条第一款关于禁止许诺销售行为的规定以及专利法第五十七条关于责令侵权人立即停止侵权行为的规定作出处理，责令被请求人从展会上撤出侵权展品，销毁介绍侵权展品的宣传材料，更换介绍侵权项目的展板。

对涉嫌侵犯外观设计专利权的处理请求，被请求人在展会上销售其展品，地方知识产权局认定侵权成立的，应当依据专利法第十一条第二款关于禁止销售行为的规定以及第五十七条关于责令侵权人立即停止侵权行为的规定作出处理，责令被请求人从展会上撤出侵权展品。

第二十六条　在展会期间假冒他人专利或以非专利产品冒充专利产品，以非专利方法冒充专利方法的，地方知识产权局应当依据专利法第五十八条和第五十九条规定进行处罚。

第二十七条　对有关商标案件的处理请求，地方工商行政管理部门认定侵权成立的，应当根据《中华人民共和国商标法》、《中华人民共和国商标法实施条例》等相关规定进行处罚。

第二十八条　对侵犯著作权及相关权利的处理请求，地方著作权行政管理部门认定侵权成立的，应当根据著作权法第四十七条的规定进行处罚，没收、销毁侵权展品及介绍侵权展品的宣传材料，更换介绍展出项目的展板。

第二十九条　经调查，被投诉的或者被请求的展出项目已经由人民法院或者知识产权行政管理部门作出判定侵权成立的判决或者决定并发生法律效力的，地方知识产权行政管理部门可以直接作出第二十六条、第二十七条、第二十八条和第二十九条所述的处理决定。

第三十条　请求人除请求制止被请求人的侵权展出行为之外，还请求制止同一被请求人的其他侵犯知识产权行为的，地方知识产权行政管理部门对发生在其管辖的地域之内的涉嫌侵权行为，可以依照相关知识产权法律法规以及规章的规定进行处理。

第三十一条 参展方侵权成立的，展会管理部门可依法对有关参展方予以公告；参展方连续两次以上侵权行为成立的，展会主办方应禁止有关参展方参加下一届展会。

第三十二条 主办方对展会知识产权保护不力的，展会管理部门应对主办方予以警告，并视情节依法对其再次举办相关展会的申请不予批准。

第七章 附则

第三十三条 展会结束时案件尚未处理完毕的，案件的有关事实和证据可经展会主办方确认，由展会举办地知识产权行政管理部门在 15 个工作日内移交有管辖权的知识产权行政管理部门依法处理。

第三十四条 本办法中的知识产权行政管理部门是指专利、商标和版权行政管理部门；本办法中的展会管理部门是指展会的审批或者登记部门。

第三十五条 本办法自 2006 年 3 月 1 日起实施。

（商务部、国家工商行政管理总局、国家版权局、国家知识产权局 2006 年第 1 号令）

【思考题】

1. 展览会知识产权包含哪些内容？与一般知识产权相比，展览会知识产权有什么特点？

2. 企业参展为什么要进行知识产权保护？对企业参展将带来什么影响？

3. 企业参展知识产权保护面临哪些问题？采取怎样的措施进行企业参展知识产权保护？

下　篇
中国企业出国参展

第九章

企业出国参展流程

【教学目的与要求】

通过学习本章知识，了解中国企业出国参展流程，理解出国参展各要点和注意事项，掌握出国参展特点与要求。

第一节　企业出国参展的特点

近年来随着国门的进一步打开，各行各业与国际间的交流更为紧密。越来越多的国内企业，尤其是中小企业，已不再满足坐等订单，不再满足仅参加国内的展览会寻求国外合作方，更多的是希望走出国门，在全球范围内寻找买家和合作方。企业走向国际寻求合作方最有效的方式之一，就是参加国外的展览会，即出国参展。企业出国参展与国内参展相比，既有相似之处，也有自己的特点。

一、国际商务接触面广

作为国际商贸活动的重要形式之一，企业出国参展相比于国内参展最大的区别就是商务接触范围广，可以直接接触更多的国外客户。目前虽然国内许多展览会都自称是国际展览，但真正到场的国际买家并不多。中国真正能接触到国际客户的展览会，要数广交会，即中国进出口商品交易会，但广交会对参展企业的准入门槛较高，摊位供不应求，中小企业很难申请到，此外广交会属于综合性展览会，对于那些专业性强的企业也不是很适合。

选择参加国外知名的展览会是企业走向国际市场的一个很好选择。首先国外知名展览会无论是策划还是组织，主办方都有丰富的经验，展览会的质量有保障。此外国外专业展览会一般收门票，观众都是专业买家或是零售批发商，因此观众的质量也得以保证。企业参加此类国际性知名展览会，有利于扩大国际商务接触面，有利于打开国际市场。参展企业在直接接触国外客户的过程中，寻找商机。

二、参展流程相对复杂

企业出国参加展览会与参加国内展览会相比，无论是参展申请、出展安排还是各项相关的参展准备活动都更复杂。

申请参加国内展览会主要是与展览会组织者直接联系，获得招展书，按一般参展程序进行。企业出国参展一般有两种方式，一是寻找代理商在国内组团出展，二是直接与国外展览会组织者联系参展事宜。无论是哪种方法，与参加国内展览会相比都要繁复一些。如果是采用国内组团出展的方式，首先要找到所要参加展览会的国内代理商，其次要考察该代理商的资质和代理业务能力，确定该代理机构的确有能力向参展企业提供所要求的展位和所需服务。如果是选择直接与海外展览会组织者联系的方式参展，企业必须熟知国际参展流程，具备专业的参展团队，团队人员要具有较高外语交流水平，能及时准确地与组织者沟通，确保国外参展各项事宜的顺利进行。

出国参展除申请流程复杂外，还涉及人和物的出国手续办理问题。参展人员出国参展，必须申请展览会所在国的签证，护照的办理根据参展人员所在企业性质也有所不同。国有企业高级管理人员出国参展，按规定要使用因公护照；中小企业由于上级单位没有外事权利，签证申请要使用因私护照。签证办理根据国家不同有所区别，办理周期也不一样。因此如果是出国参展，企业参展团队要将签证周期充分计算在内，以免延误出展行程。

除了人的流动安排以外，企业出国参展，展品的运输也是一项重要工作。因为展品需运往展览会所在国家，这属于货品在国际间的流转，涉及报关事宜及一些国际间对货品的规定。企业在办理报关手续时要充分了解相关规定，选择最适合本企业的手续方案。展品除了报关以外，还涉及运输，出国参展的国家往往路途遥远，展品究竟选择何种运输方式最恰当，如何选择相应的物流代理公司，与国内参展展品物流相比，这些程序都要复杂得多。

三、参展费用相对较高

与国内参展相比，企业出国参展的费用要高得多。出国参展费用高体现在这样几个方面：首先，展位的租赁费用较高，因为选择的都是国外知名展览会，展会级别越高，声誉越好，价格自然也水涨船高。其次，搭建和其他服务费用较高，国外知名展览会大多集中在欧美和日本等发达国家，这些国家无论是人力成本还是材料费用，与国内相比都较高，尤其在欧洲地区，近几年欧元坚挺，汇率也是出国参展支付费用高的一个原因。再次，出国参展人员的旅行成本，包括飞机票、食宿等都要比国内高出许多，这也是很大一笔开支。然后，展品的运输无论是选空运还是远洋运输，行程较长，相对的运输成本自然也较高。最后，人员出国手续、展品报关手续，各类林林总总的手续费相加也是一笔不小的开支。因此，出国参展的费用要大大高于国内参展。

　　高的投入是为了更高的产出和回报，企业在选择出国参展时，应当事前进行充分准备，以到达参展的目的。

第二节　企业出国参展流程与步骤

一、企业出国参展流程

　　企业出国参展与国内参展相比，许多流程和步骤基本一致，例如参展目标的制定、时间节点的安排、展品的选择、参展团队的组建等方面是共同的，但是企业出国参展涉及人员出国、展品在国际间的流转以及各个国家在展览会参加方面的相关法令、法规有所不同，因此企业出国参展的个别环节也有所改变。主要环节流程如图 9.1 所示。

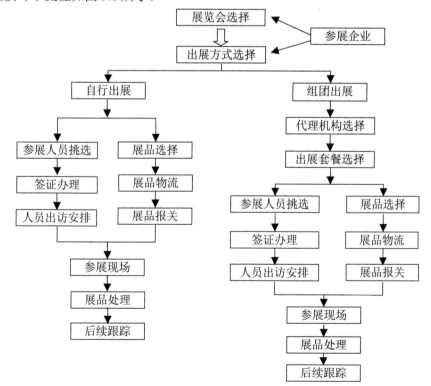

图 9.1　企业海外参展流程

二、企业出国参展步骤

1. 国外展览会选择

赴国外参展是企业迈入国际市场的有效渠道。在选择国外展览会之前，首先要明确参加国际展览会的主要目的，即参展目标。是通过国际展览会平台结识更多国外客户，逐步打进国际市场；还是树立企业形象，宣传企业；抑或是通过观摩学习，了解行业内最新发展趋势或新技术。根据企业不同的参展目标，对国外展览会的选择应有所侧重，要根据企业参展目标，结合企业实际选择合适的国外展览会，达到参展效用最大化。

首先，企业在参展前要做市场调查，明确以下几个问题：要送展的产品在展览会即将举办的国家或地区有无潜在市场？如果收到订单，履约有无困难？能否迅速组织到需要的货源？在运输、出口等许多方面是否需要预先作安排？本企业产品若销往该展览举办地区或国家需交纳什么样的税？税会不会太高？调查结果如果显示市场有需求，但不是很大，倒不如直接与需要的企业联系，没有必要花费大成本参加展览会。

其次，根据参展企业所在产业，选择合适的展览会类别。选择参加分类明晰、专业性强的专业展。专业展览会可以是汇集某一产业上下游相关领域的综合性专业展，例如世界三大汽车零配件展览会之一的法兰克福汽车零配件展，展品内容包括汽车零部件、汽车电子产品、汽车配件及附件、汽车维修及检测设备、汽车养护用品及喷漆用品和设备与汽车相关的各类附属产品。此类展览会既专业，涵盖内容又广，参展企业同时也可以是潜在客户，因为国际化程度高，近80%的参展商来自德国以外，可以接触到来自全球的买家，大大增加企业商机，有利于促进贸易成交。此外，还有一种细分类专业展，此类展览会规模不一定很大，但集中度高，来展览会的观众都是此领域的专业买家，参加此类展览会目标市场更明确。

在确定展览会类别后，参展企业要尽可能多地了解展览会资料。内容包括展览会覆盖的地区有多大，影响如何；展览会的办展历史、规模、影响力、专业观众人数、展出内容（每届主题）、举办周期、地点、参展者的构成等；展览主办方的资质及上一届展览会的总体情况，展览会预订场地的费用、时间安排等。了解内容越充分，选择正确的命中率越高。

2. 出展方式选择

企业国内参展大多是与展览组织者直接联系，申请摊位，签订合同，也有少部分与代理商联系，通过代理商参加展览会。

企业出国参展方式相对比较复杂，中国最早出国参展始于20世纪50年代，企业没有权利直接申请出国参展，必须通过中间组织，组团出国参展。当时中国唯一有组团出国参展资格的机构是中国国际贸易促进委员会，代表国家组织企业出国参展，这是在计划经济模式下的出国参展。

随着改革开放和中国市场经济的发展，从 20 世纪 90 年代开始，越来越多的企业希望能够通过出国参展，找寻更多的商业机会。与此同时，随着出国参展的审批制度逐渐放开和外贸制度的改革，出国参展正在以更多样化的形式进行，可以是通过有资质的代理机构组团出展，也可以是参展企业与国外展览会组织者直接联系，自行出展。

（1）组团出展

所谓组团出展就是企业通过中间代理机构在国内组团的方式，以国家团队的形式参加国外展览会。中间代理机构的业务不仅包括向参展企业销售目的地展览会的展位，还包括提供参展企业人员签证、国外食宿行安排、展品运输等服务。

目前国外展览会在国内的代理机构已不局限于中国国际贸易促进委员会，只要那些有组展出国资质的代理机构，都可以为中国企业办理出国参展业务。目前国内企业，尤其是中小企业出国参展，更多的还是以组团出展的形式进行。

除了国内代理公司，越来越多的国外大型展览公司在中国设立分公司，德国的一些著名展览公司如汉诺威展览公司、慕尼黑展览公司、杜塞尔多夫展览公司等，纷纷在上海和北京设立分公司，这些分公司的业务除将德国总公司的展览会品牌移植到中国开拓新市场外，也开展组团出国参展的业务，而组团出展的目标市场就是总公司在德国举办的展览会。例如每年德国汉诺威工业博览会（Hannover Messe）中国地区组展，都是由汉诺威中国有限公司负责。

国外大型展览会在中国开展业务不只一家代理机构，往往通过几家代理机构在国内招展、组展。但也有例外，一些国家为了便于管理，采用独家代理权的方式，在特定的国家组展。所谓独家代理权，是指企业想参加某个国外的展览会，只能通过该展览会组织者在本国指定的代理商办理各项手续，不能直接与展览会组织者联系。例如日本的一些展览会，在中国招展就采用独家代理的方式，选择一家中国代理机构，办理所有中国企业出展手续和相关事宜，如果哪家企业试图与日本的展览会组织者进行直接联系洽谈，所有的资料都会被退回国内的这家独家代理机构，必须由该机构为企业办理出展。

目前政府相关部门也意识到企业组团出展的大量需求，鉴于组团出展市场的许多不规范情况，为切实保护参展企业和组团单位的利益，中国国际贸易促进委员会于 2002 年出台了《关于对大型出国经贸展览活动加强管理的实施意见》，2007 年出台了《大型出国经贸展览活动管理办法》，对中国企业出国参展作出规定。

尤其是 2007 年出台的《大型出国经贸展览活动管理办法》中明确规定了今后凡是参加同一个展览会的组团单位之间必须成立组委会，这将作为参加大型国际展览会的一个必要条件。组团单位成立的组委会并不是一个常设机构，而是针对某个展览会的临时组织。组委会的作用在于在参展之前落实参展方案，统一分配参展摊位，制定价格，确定设计装修风格，负责对外运输，对外宣传。如果出现问题，也由组委会统一协调解决，可以避免许多问题。

在中国会展市场快速壮大的背景下，近年来国外许多大型展览公司已经进入国内市场，在北京、上海，广州等地设立分公司、办事处、独资公司等办事机构。一些外国展览公司在与中国企业联络、拓展业务时，往往利用自己掌控的展览会和展位，提出一些不平等的条件，有的把价格提得很高，有的要搭配一些带有歧视的条款。而国内一些企业或者由于信息不对称，或者出于一己之私利，接受他们的条件，受到不公平待遇，客观上也损害了其他参展企业的利益。

针对这种情况，《大型出国经贸展览活动管理办法》规定，展览会中方参展事宜统一由组委会出面协调，各成员单位不得自行与国外展览公司在中国设立的子公司或办事机构联系，不得接受国外展览会主办方强加给中方组团单位的任何歧视性条款。规定的目的是为了维护公平竞争，要求国内出展单位统一组团，一致行动，抵制不公平的条件，有效避免利益被外国公司拿走的情况发生。而如果某个企业私自接受了不公平的条款，按照办法规定，中国国际贸易促进委员会将对其进行处罚，以维护整体利益和市场秩序。

在该管理办法中，将拉斯维加斯国际汽车零部件展览会、法兰克福国际汽车零部件及设备展览会等 9 个展览会列入要求实行组委会制管理的名单。具体名单如下：

- 拉斯维加斯国际汽车零部件展览会；
- 拉斯维加斯国际礼品及消费品展览会；
- 拉斯维加斯春季国际鞋业展；
- 拉斯维加斯秋季国际鞋业展；
- 国际五金工具展览会（原芝加哥五金工具展览会）；
- 纽伦堡春季国际玩具博览会；
- 法兰克福国际汽车零部件及设备展览会；
- 科隆应用天地国际博览会（原科隆五金工具国际博览会）；
- 巴黎汽车零部件及工艺装备展览会。

列出这 9 个展会，是因为这些都是国际较知名展览会，操作比较规范。国内企业参加这些展览会较多，且国内各参展单位之间不易协调统一，容易出现问题。特别是这些国外知名展览会对知识产权保护要求较高，需要在参展之前作好工作，注意知识产权保护问题。参展企业在决定参加此类展览会时，对相关法律法规要有所了解，避免不必要的损失。

（2）自行出展

通过中间代理机构组团出展虽有很多便利之处，但也存在一些不利因素。首先，通过组团出展，参展企业展位选择面小，可选择的多是标准展位，很少有特装展位。对于那些处在发展上升阶段、出展要求高的中型企业，标准展位不能满足企业参展目标的需求。其次，以组团方式出展，展位在展馆内的位置也受到限制。组团出展的展位一般都是以国家团的形式，聚集在展馆内的特定区域，也就是说中国企业如果通过组展的方式出展，在展览会现场的邻近展位都是中国企业，这样特色不显著，不利于与国际买家交流，且邻近大都是中国同类企业，同质竞争也将更激烈。

在权衡组团出展的利弊后，越来越多有实力的企业，选择直接与主办方联系的方式，自行出展。与组团出展相比，自行出展的灵活性大、选择面广，但同时需花费更多的人力、物力，并且需要专业人士负责组织、策划、参展等一系列专业性很强的工作。

企业参加国外展览会自行出展的主要流程与国内参展大体相似，但在一些重要环节如展品运输、报关、翻译、产品商标及专利、参展人员签证等具体事务要特别注意。

①展品运输。如果是企业自行出展，为确保展品能准时、安全地运送到展馆现场，建议委托展览会组织者推荐的物流公司办理运送。因为这类公司是经过展览会组织者招标产生的，有丰富的展品海外运输经验，在专业质量方面有保障，对展览会举办国当地的情况也比较了解。

②展品报关。展品国外参展与国内参展最大的区别在于展品的进出口报关。参展企业在展品选择的时候就应当考虑展品是否需要回运，这不仅涉及物流成本的计算，更关系到报关类别的选择。如果展品不计划回运，在展览会举办地销售或者赠与买家作为样品，可以按照一般出口报关，中国目前一般出口报关都免关税；如果展品价值较高，不宜销售，参展企业就要考虑是否需要使用 ATA 单证册，其好处是两次进出口手续一次办理，但保证金较高，产品要严格按照产品名录清点运回。报关业务的办理，大型公司都有专门的报关员，中小型公司可以委托报关行办理。出国参展展品除在报关方面需特别注意外，一些国家和地区对有些产品有进口限制。与进口限制相关的常见法律法规有《中华人民共和国野生动物保护法》、《中华人民共和国进出境动植物检疫法》、《中华人民共和国食品卫生法》等，企业在进行展品出口时，特别要注意展品或展品所使

用的材料是否符合国际公约，是否为禁止出口商品，是否需要办理特别出口许可证。

③展品商标及专利。大型国际展览会对展品的商标及专利都有严格规定，不仅包括参展产品本身的商标和专利权，还包括产品使用的某项技术的专利权。例如生产 MP3 的企业，在欧洲参展都要向特定的专利权代理公司缴纳 MP3 中 MPEG-2 音频专利的专利使用费。费用虽然不高，但参展企业如果疏忽的话，直接导致的后果就是，被侵犯专利的企业有权利向展览会举办地法院申请临时禁令，查封参展企业的展台。一旦发生这样的纠纷，参展企业不仅参展成本全部损失，更失去了与更多国际买家洽谈的机会，也损害中国企业的形象。

④翻译。事先了解展览会举办地的官方语言和常用语言，例如在德国参展英语是通用语言，但德国人对德语更亲切，参展企业若想打开德国市场，吸引德国买家，可以聘请德语翻译。

⑤参展人员签证。目前除了因公护照的办理，因私护照都是由当事人到展览会举办国的领事馆进行签证申请。各个国家的签证申请有所不同，在申请之前要详细了解，材料准备充分，如果需要预约要及早办理，以免延误出展日程。

⑥参展行程。合理安排参展行程，预定好当地酒店，了解交通情况。国外大型展览会举办期间，酒店很难预定，例如汉诺威工业博览会举办期间，当地酒店很早就定满，且价格是平时的几倍，更多的参展企业选择入住普通民宅，但费用也不便宜。如果是参加此类大型展览会，一定要提前解决住宿问题。此外有些企业参展之前，会顺便拜访一下当地的客户，酒店预定的日期要选择好，一般是在展览会开幕前 2～3 天抵达，不仅有充裕时间拜访重要客户，也能及时与展品物流企业、展台搭建服务商、展览会组织者取得联系，协商参展各项事宜。

3. 代理机构选择

组团出展最重要的一项内容就是组团代理机构的选择，重点是鉴别代理机构是否具备组团出展的资质和能力。出国参展企业首先要考察该出展项目是否具有商务部和中国国际贸易促进委员会颁发的正式批文，是否符合《出国举办经济贸易展览会审批管理办法》中相关资质审批的规定。

同时，出国参展企业还要考察该代理机构是否有组团出展的经验。组团出展的机构，最好有相关的政府背景，比如获得了当地外经贸委、贸促会等方面的相关支持。有些国外的展览会在中国往往不只有一家代理机构，而是几家代理机构共同销售展览会的展位，一般而言，实力越强的代理机构拿到的展位位置越好，且提供的相关服务更专业，当然费用也相对较高。

代理机构不仅仅是向参展企业销售展位，还包括参展人员签证、参展人员行程安排等一系列其他服务，尤其是对那些首次出国参加展览会的企业，代理机构提供服务质量的好坏，关系到能否顺利出展，以及参展能否取得成功。出国参展企业在选择代理机构时，不能仅从费用高低考虑，还要根据代理机构的实力和口碑综合参考决策。

4. 出国参展套餐选择

以代理商组团方式参展，代理商会向出国参展企业提供套餐式的选择，包括展品运输、人员商旅活动办理、标准摊位搭建等，出国参展企业只要支付一笔费用，就可以以套餐的方式解决所有问题。

组团套餐既可包括所有项目，也可自行搭配。例如出国参展企业可以选择租赁展位和标准展位搭建，而展品运输和人员商旅活动自行办理，这主要是根据企业的参展目标和经济实力来决定。

5. 其他步骤

出国参展的其他步骤，包括参展现场管理、撤展及展后跟踪等，都与国内参展并无太大区别。其中需要注意的是展品的处理。一些企业为了节省运输成本，简化出口办理手续，往往展品不回运，在展览会现场直接销售。但国外许多大型展览会，特别是德国的展览会是禁止展品在现场销售的，违反规定将受到处罚。参展企业若想处理展品，事先要向有关方面咨询。

附录　大型出国经贸展览活动管理办法

第一章　总则

第一条　为了加强对大型出国经贸展览活动的管理，根据《国务院办公厅关于出国举办经济贸易展览会审批管理工作有关问题的函》（国办函〔2000〕76号）以及新修订的《出国举办经济贸易展览会审批管理办法》（贸促展管〔2006〕28号）文件精神，制定本办法。

第二条　大型出国经贸展览活动是指经中国国际贸易促进委员会（以下简称贸促会）批准有两家或两家以上组展单位参加同一展览会且参展规模较大的出国经贸展览活动。

第三条　贸促会展览管理办公室负责组展单位开展大型出国经贸展览活动的监督和管理工作。

第二章　总体要求

第四条　各组展单位应严格按照《出国举办经济贸易展览会审批管理办法》（贸促展管〔2006〕28号）的要求开展各项大型出国经贸展览活动，并遵守以下规定：

（一）维护国家形象和整体利益，遵守有关外事纪律，加强协调，统一行动。

（二）遵守赴展国有关办展活动和展品管理的相关法规。

（三）严禁假冒伪劣、侵犯知识产权的商品参展。

（四）注重参展实效，防止片面追求参展规模。

（五）禁止竞相压价、恶性竞争，维护和创造规范有序的出展经营秩序。

（六）统一展位设计风格，突出中国参展的整体形象。

（七）统一对外宣传，统一向我驻外使领馆汇报筹展和参展情况，并在我驻外使领馆的领导下，就可能出现的"台湾独立"、"两个中国"、"一中一台"等政治问题、"法轮功"问题和知识产权纠纷问题统一向博览会当局和有关方面进行交涉，妥善加以解决。

第三章 组委会制管理

第五条 根据有关展览会的特点以及各组展单位的实际参展情况，对部分大型经贸展览活动实行组委会制管理。

第六条 实行组委会制管理的展览会（以下简称"组委会制展览会"）名单：

（一）拉斯维加斯国际汽车零部件展览会

（二）拉斯维加斯国际礼品及消费品展览会

（三）拉斯维加斯春季国际鞋业展

（四）拉斯维加斯秋季国际鞋业展

（五）国际五金工具展览会（原芝加哥五金工具展览会）

（六）纽伦堡春季国际玩具博览会

（七）法兰克福国际汽车零部件及设备展览会

（八）科隆应用天地国际博览会（原科隆五金工具国际博览会）

（九）巴黎汽车零部件及工艺装备展览会

第七条 贸促会展览管理办公室可根据各展览会未来发展情况对组委会制展览会名单作适当调整。

第八条 组委会制展览会由已获贸促会批准该项计划的组展单位组织实施。未经批准，组展单位不得私自组团参加组委会制展览会。

第九条 贸促会展览管理办公室可根据组展单位实际工作情况，对组委会制展览会的组织实施单位作适当调整。

第十条 参加同一组委会制展览会的各组展单位应联合成立组委会（名称为"×××展览会中国组委会"）。

第十一条 各组委会应建立由成员单位分工合作的工作机制，并推选一家成员单位作为牵头单位，具体负责有关联络和协调工作。

第十二条 各组委会应严格按照本办法第四条提出的总体要求开展工作，并遵守以下规定：

（一）制定组委会章程及其实施细则。

（二）每年至少召开一次由全体成员单位参加的会议，讨论决定有关参展事宜。

（三）尽可能统一申请并合理分配展位。

（四）协调各成员单位的展位收费标准，避免不合理收费或压价竞争现象发生。

（五）确保各成员单位的展品安全及时运抵展览会现场。

（六）规定各成员单位组织展位数量的最低限额。

（七）展览会结束后两个月内对组委会工作进行认真总结，并以书面形式报贸促会展览管理办公室。

第十三条　组委会制展览会中方参展事宜统一由组委会出面协调，各成员单位不得自行与国外展览公司在中国设立的子公司或办事机构联系，不得接受国外展览会主办方强加给中方组团单位的任何歧视性条款。

第十四条　参加组委会制展览会的各成员单位自行报批展览计划。在报送人员复核时，还应提交经组委会讨论通过的办展实施方案。该方案包括以下内容：

（一）中国展位分布情况。统一申请展位的，提供各成员单位展位分配方案。

（二）展位设计及施工方案。

（三）保护知识产权工作方案和国外突发事件应急处理预案。

第四章　罚则

第十五条　对违反本办法规定的组展单位（含组委会成员单位和其他组展单位），一经查实，贸促会展览管理办公室视情况对其作出警告、通报批评、不予批准第二年该项计划等处理。情节严重的，对其参与的其他大型出国经贸展览会计划一律不予批准。

第五章　附则

第十六条　本办法自印发之日起施行。贸促会于 2002 年 3 月 20 日印发的《关于对大型出国经贸展览活动加强管理的实施意见》（贸促展管〔2002〕19 号）同时废止。

第十七条　本办法由贸促会展览管理办公室负责解释。

【思考题】

1. 出国参展与国内参展在操作流程上有什么区别？为什么企业要出国参展？

2. 出国参展有哪些具体事项是需要注意的？包括哪几方面？

3. 我国相关法规与政策有哪些是针对企业出国参展？请论述。

第十章

企业出国参展要点

【教学目的与要求】

通过学习本章知识，了解企业出国参展各要点，包括展品物流、人员出境等；理解各要点所要求的相关内容与知识，掌握出国参展的各项手续办理。

第一节　出国参展物流护照（ATA 单证册）

据上海海关统计，2012 年中国企业出国参展办理 ATA 单证册业务达 11165 票，同比增长 27.1%。ATA 单证册正越来越成为企业出国参展展品报关的重要手段。

一、ATA 单证册制度简介

ATA 单证册是一份国际通用的海关文件，它是世界海关组织为暂准进口货物而专门创设的。世界海关组织于 1961 年通过了《关于货物暂准进口的 ATA 单证册海关公约》，其后，又于 1990 年通过了《货物暂准进口公约》，从而建立并完善了 ATA 单证册制度。截止到目前，已有 62 个国家和地区实施了 ATA 单证册制度，75 个国家和地区接受 ATA 单证册，每年凭 ATA 单证册通关的货物总值超过了 120 亿美元。ATA 单证册已经成为暂准进口货物使用的最重要的海关文件。

ATA 单证册制度为暂准进口货物建立了世界统一的通关手续，使暂准进口货物可以凭 ATA 单证册，在各国海关享受免税进口和免予填写国内报关文件等通关便利，因此，ATA 单证册又被国际经贸界称之为货物护照和货物免税通关证。ATA 单证册制度的确立，有助于促进产业专门化、工业现代化，加快国际间的信息和技术交流，加强世界各民族间文化的认知和融合，促进各国政府和民间的交往与合作。在国际商务活动中，凭借便利的货物临时进出口手续，外贸公司、企业可以建立和巩固与外国商业伙伴的合作，增强产品在国际市场上的影响，以利在全球贸易竞争中占据主动地位。

ATA 由法文 Admission Temporaire 与英文 Temporary Admission 的首字母组成，表示暂准进口，从其字面可知，使用 ATA 单证册的货物有别于普通进出口货物，这类货物在国际间流转时，其所有权不发生转移。

ATA 单证册的签发和担保由各国担保商会负责，每个国家只能有一个担保商会，担保商会有权指定多个国内出证机构，并对下属出证机构签发的 ATA 单证册承担担保责任。国际商会国际局负责对世界范围内 ATA 单证册制度进行日常管理。

我国于 1993 年加入了《关于货物暂准进口的 ATA 单证册海关公约》、《货物暂准进口公约》和《展览会和交易会公约》。自 1998 年 1 月起，我国开始实施 ATA 单证册制度。经国务院批准、海关总署授权，中国国际贸易促进委员会/中国国际商会是我国 ATA 单证册的出证和担保商会，负责我国 ATA 单证册的签发和担保工作。ATA 单证册如图 10.1 所示。

图 10.1　ATA 单证册

二、ATA 单证册申办程序

1. 受理机构

申请人应向中国国际贸易促进委员会/中国国际商会法律事务部 ATA 处或者中国国际贸易促进委员会/中国国际商会的地方分支机构出证部门申请单

证册。

2. ATA 单证册的申办程序

（1）填写申请表，并附申请人的身份证明文件。申请人为自然人的，提供身份证或护照复印件；申请人为企业法人的，提供法人营业执照的复印件；申请人为事业单位，提供事业单位法人登记证书的复印件。

（2）填写货物总清单。

（3）提供担保。担保形式可以是押金、银行或保险公司保函或者中国国际贸易促进委员会认可的书面保证。

（4）缴纳 ATA 单证册申办手续费。

（5）将填写完毕的相关材料交到中国国际商会 ATA 处。

（6）中国国际商会 ATA 处工作人员在收到申请人的申请信息后将进行核查，然后根据相关信息向申请人出具付款通知。申请人须按照付款通知上的金额及其在申请时所选择的付款方式交付款项，并将申请表、货物总清单、申请人身份证明文件原本复印件及商会所需其他文件在出证前送达中国国际商会 ATA 处。

三、ATA 单证册申办手续费

1. 基本手续费

ATA 单证册的基本手续费包括货物去一个国家所需要的整套通关文件的基本费用，以人民币计算，如表 10.1 所示。

表 10.1　基本手续费收费表

货物金额	手续费
50000 元以下（包括 5 万元）	500 元
50000～100000 元（包括 10 万元）	1100 元
100000～500000 元（包括 50 万元）	700 元
500000～1000000 元（包括 100 万元）	1400 元
1000000 元以上	1900 元

2. 附加费

货物所去的国家在一个以上时，每增加一个国家，需增交基本手续费 20% 的附加费。

3. 保险费

货物在暂准进口国或过境国未按要求复出口时，国外海关将对单证册提起索赔，如该索赔确证合理，中国国际贸易促进委员会/中国国际商会作为担保商会必须向外国海关赔付。为了确保持证人在申请 ATA 单证册时提交的担保在索赔发生后能顺利执行，同时防范如进口国税率变动等因素所带来的风险，保证中国国际贸易促进委员会/中国国际商会为单证册支付的赔款能够得到及时充分的偿付，持证人应交纳单证册保险费，该保险由中国出口信用保险公司（SINOSURE）承保。

4. 提供担保

ATA 单证册既是货物报关文件，也是进口各税及其他费用的担保凭证。当 ATA 单证册项下货物在暂准进口国被卖、被赠、被窃或因其他原因没有复出口，需要支付进口税费时，ATA 单证册担保商会需要承担向进口国海关交纳税款的义务。因此，申请人需要向签证机构提供货物进口税费的担保。

担保形式可以是押金、银行或保险公司保函或者中国国际贸易促进委员会认可的书面保证。担保金额为货物进口各税总额的 110%。担保期限最长为自 ATA 单证册签发之日起 33 个日历月。

四、使用 ATA 单证册的注意事项

使用 ATA 单证应当注意以下事项，以避免不必要的麻烦。

第一，货物从中国出境时，应仔细核对出境地海关在 ATA 单证册首页（绿色）的左下角"海关验证"栏中是否已经签字盖章。如果没有签字盖章，该单证册无效。

第二，单证册内的出口联和复进口联、进口联和复出口联是成对使用的，因此持证人在进出各个口岸海关时，要主动出示单证册，办理签注手续。如果没有办理海关签注手续，将会因引起索赔而无法核销。

第三，每次办理签注手续后，需及时核对海关在留存联上的签注与本公司的实际申报是否一致。如有含糊，或不正确的地方，应立即向海关提出更正，以免事后引起争议和索赔。

第四，单证册项下货物应确保在临时进口国规定的复出口期限前（白色进口联存根中标明）原状复运出境，否则单证册将会引起索赔。

第五，如果单证册项下的货物在国外留购、赠送、放弃、被盗时，应及时向当地海关申报，办理相关的手续，并让海关在复出口留存联上签注对该货物的处理意见。然后将有关手续的凭证和单证册一同寄回出证机构核销。

第二节　出国参展人员护照签证申领

拥有一本护照是出国的基本条件，护照也就是国际上通用的一个身份证明，在我国护照又分为因私护照和因公护照两种。

因私护照外观颜色为紫红色，正面写有"中华人民共和国护照"字样，由公安部出入境管理局及其在各地的派驻机构签发，通常有效期为 10 年，我国公民申请此类护照通常比较方便，由申请人在其户口所在地的出入境管理部门申请（从 2002 年 9 月 1 日起，北京、上海等城市的居民仅凭借身份证、户口本就可以按需申领护照，有些地区的公民需要提供其所在单位开具的同意函或国外邀请人出具的邀请函。作为打算出国参展的人员，可以请国外客户帮助出具邀请函以办理私人护照），申请人在提交材料后通常在 15 个工作日后得到护照。

因公普通护照外观颜色为棕色，正面写有"中华人民共和国因公普通护照"字样，由外交部及其在各地人民政府外事办公室签发，通常有效期为 2 年或 3 年，因我国政府目前对因公出国管理较严，许多私营及民营企业的参展人员尚未具备申领因公普通护照的资格，故参展人员应先向其单位所在地的人民政府外事办公室咨询自身企业是否具备申领因公普通护照的资格。若具有该资格，则可以按照因公护照的手续申请签证。

持有有效护照以后还应有出访国的签证，不同国家签证的办理方式也有不同，如中东阿联酋（迪拜）和欧美国家的签证就有明显的不同。

中东阿联酋（迪拜）的签证称令纸签证，也就是常说的返签，共分过境签、旅游签、访问签、长签 4 类，需在出访国当地移民局办理，只需要提供有效护照的扫描件，由组团参展公司代为办理即可。

而欧美国家的签证办理则要根据出访国和其本人所持有的护照类型来决定。

企业人员出国参展护照申请签证，一般分为因公护照申请签证和因私护照申请签证。因公护照申请签证需要有外事部门进行担保，并通过政审，因此一般中小型企业，特别是私营企业的出国参展签证，都采用因私护照签证。但对于大型国有企业人员，特别是大型国企的高层管理人员的出国参展活动，根据相关规定必须使用因公护照签证。两种护照申请各有利弊，因私护照签证手续相对简便，但由于缺少担保，拒签率较高；因公护照签证拒签率相对较低，但手续繁琐，时间花费较长。两种护照签证申请方式具体如下：

一、因私护照签证申请

因私护照持有者申请签证手续相对较为简便，大致程序如下：

1. 拿到展览会正式邀请函；

2. 拨打使馆签证预约电话；

3. 预约面试时间；

4. 在签证当天带齐材料按时到达使馆面试；

5. 等候取签证。

在此过程中，出国参展人员需要了解以下几点：

第一，展览会正式邀请函由中国组团方统一向展览会索要，并在参展人员向组团方交齐费用后下发，出国参展人员也可要求国外客户帮助其出具邀请函，但签证风险相对较大。

第二，一些国家使领馆需要预约签证时间，如美国、德国等；有些国家则不需要，如英国等，参展人员可以自行安排时间前去面试。但预约签证时通常需要提供申请人护照号、姓名、出生日期，签证预约电话不需要申请人亲自拨打。需要注意的是，有些国家在每年年底及七、八月份为签证高峰期，如美国、德国，这段时间的签证周期将较长，申请人预约的签证时间可能为其预约时间后 30 天，故请提前预约，以免延误展览会。

第三，持私人护照的签证申请者应在其所在领区的使领馆与签证官面试（各国使领馆规定），许多国家在中国的使领馆通常设在北京、上海、广州三地。也有些国家不接受本人预约，如日本，必须要求申请人将材料送至指定签证代办机构，由其统一办理。

第四，有些国家对在一段时间内去过该国的申请人提供免面谈服务，由申请人将其申请材料送交中信实业银行、德国工商大会等代办机构，参展人员应当及时将资料送往指定地点。

第五，有些国家要求申请人在面试当天以现金形式交纳签证费，也有些国家需提前交纳到指定代收银行，如美国需提前交纳到中信实业银行，参展人员应事先了解签证收费方式，以免延误面试。

第六，有些国家在申请人面试结束后 1 小时内即可颁发签证，也有些国家需要一周后颁发签证，如德国、意大利。

第七，企业参展一般申请商务签证，此类签证在面试时，申请人需要携带以下材料：填写完整的签证表，护照，展览会主办方出具的正本邀请函，展览会参展摊位证明，展览会参展摊位收费发票，申请人所在单位出具的经济担保函，申请人名片、身份证及户口本原件、复印件、结婚证书、在职证明等，申请人所在单位营业执照复印件、信用证明以及所从事的商务活动的证明文件，申请人曾去过其他国家并回国的签证页的复印件，申请人所拥有的财产照片如住房、汽车等，申请人银行存款证明及国际信用卡等。

只有将资料准备充分，才有可能通过面试得到签证。除以上硬性的材料规定以外，申请人在面试时的仪表妆容、言谈举止也是面试官考虑的重要依据。如果申请人的护照上有频繁的出入境证明，也会大大提高申请人的签证通过率。

如果被拒签的话，申请人可以预约第二次面试，但时间有可能赶不上出展。比较实用的办法是，对于那些第一次出国参展的中小型企业，如果准备 2～3

人出国参展的话，最好先申请 5～6 人的签证，以防其中有人被拒签，影响出国参展行程。

二、因公普通护照签证申请

因公普通护照持有者申请签证相对手续较为繁琐，大致程序如下：

1. 组团单位下发出国任务通知书及出国任务批件；
2. 参展单位在当地政府及相关部门办理出国任务确认件及政审手续；
3. 办好后将材料交至当地政府外来办公室或组团方；
4. 由当地政府外来办公室或组团方统一送签；
5. 由当地政府外来办公室或组团方统一取签证。

因公护照申请签证手续虽然相对繁琐，但因为有政府部门先期审查，签证率相对较高。但时间周期较长，因此如持因公护照出国参展的企业，应尽早决定出国参展名单，同时办理签证手续，以免延误出展时间。

第三节　出国参展外事纪律

企业出国参展，代表的不仅是个人形象、企业形象，更多的是代表国家形象。外交无小事，遵循一般外交准则，不做有损国家利益的事，是每个出国参展人员都必须做到的。出国参展需要遵循的外事纪律有：

1. 严格遵守国家法令和外事纪律及外事授权规定，一切行动听指挥。
2. 维护民族尊严、国家利益和公司信誉，不做任何有损国格和公司信誉的事情。
3. 进行谈判、签订协议、合同等重要活动时，要有谈话记录；不得利用工作之便谋求私利，不得背着组织与外商私下交往。
4. 参加外事活动，与外宾接触，言谈要有分寸，礼貌要合乎常规。对客户和参观者的询问要热情接待和回答，不能冷落客人。
5. 严守国家机密，严防窃照、窃听，泄漏国家机密。对外谈判不涉及内部机密，与外商谈判时不要把机密文件放在桌上，出国不得携带内部机密文件，包括本公司复印的内部资料、内部报刊或记有内部情况的笔记本。
6. 如是组团出国参展，参展人员不得擅自离开驻地。一般情况下不得个人单独行动，如有特殊事情需要通过正当程序向团长请假，其他人一律没有批准个人外出的权力。
7. 出国人员的个人行李物品要严格保管、加锁，提高警惕，发现可疑情况，要立即报告，并进行检查。

8. 出国人员不得进入不健康的场所，不准购买或携带反动黄色书刊、图片出入境。

出国参展人员要遵守以上的基本外事纪律，这不仅是作为一名中国公民的责任，也是为了出国参展人员避免在国外遇到不必要的麻烦，保障自身的人身安全。

第四节　出国参展涉外礼仪

礼仪是商务活动的重要内容，尤其像国际展览会现场，各国商务人士云集，要了解和尊重各国的特殊习俗。参展人员出国前最好是多查阅些有关目的地国资料，了解其特殊的风俗习惯和礼节，否则会使访问国的主人误以为对他们不尊重，导致整个参展活动失败。企业出国参展要注意的礼仪有以下几方面：

首先，要注意维护企业整体形象。企业国外参展时是以整体形象直接映入观众眼帘，因而参展企业整体形象的维护非常重要。参展企业的整体形象除了展台的展示以外，很大部分是体现在展台工作人员的形象上。展台工作人员的形象包括展台人员的穿着和举止。

出国参展人员最好着本单位统一的制服，不仅突出企业形象也符合国际惯例。如果没有统一的制服男士可以着深色西装配深色皮鞋及深色袜子，女士可着深色套装。国际展览会现场是很正规的商务活动场所，切忌打扮过于时髦，深色和保守的着装永远是经典的选择。

除着装外，展台工作人员与观众见面要有礼有节。一般在做自我介绍时要先讲自己的身份，然后请教对方，并选择适当的称呼方式。在国际交流中，一般在招呼上均称先生、女士和小姐。但要注意在招呼地位高的官方人士时，要选用"阁下"或称呼其职衔。此外，国际上互相介绍时往往有交换名片的习惯。

其次，参展人员要热情而充满笑容地向所有到展台的观众主动打招呼。做到这一点非常简单，却是很多企业特别是一些首次出国参展的企业容易忽视的。面带笑容，主动向进入展台或靠近展台的每一位观众用英语说"Hello"，不仅是国际展览会商务礼仪的重要内容，也是企业行为国际化的体现。中国企业一直给国外企业非常"local"的印象，不够国际化，很大一部分体现在缺乏笑容，不能主动向观众打招呼。

展览会是交流的平台，主动交流是把握商机的重要手段。中国出国参展企业不能做到面带微笑主动打招呼，除了语言的制约以外，更多是中国传统习惯的束缚。但是企业花费相当大的成本出国参展，就是为了让本企业走向国际，因此学会国际交往惯例，主动出击是企业参展国际化的重要一步。

此外，也要注意交流方式。出国参展一般使用的是英语，出国参展人员，如果语言上有障疑，可随团带有或在当地聘请一位翻译。特别是在个别国家如德国，若使用德语交流会赢得对方的好感。

在多数会谈中，开场白都非常简短，交流也都很快进入正题。切忌在交流过程中斜靠在椅子上，或把手放在头后面，或二三人窃窃私语，或闭目小睡，或无精打采等，这些都是对交谈双方的不尊重并会引起反感。

以上是国外参展要注意的一些社交礼仪，了解并掌握国际社交基本礼仪，有助于在参展过程中开拓市场。

【思考题】

1. 请论述 ATA 单证册的内容和作用。为什么要实行 ATA 单证册制度？
2. 不同企业、不同级别员工出国参展手续办理有何区别？
3. 出国参展有哪些外事纪律是值得注意的？

第十一章

企业出国参展知识产权保护

【教学目的与要求】

通过学习本章知识，了解企业出国参展知识产权保护国际公约及各国注意事项，理解知识产权保护对参展企业的重要性，掌握国际参展知识产权保护的要点。

近年来，有越来越多的中国企业通过出国参展走向国际市场。但由于一些中国企业知识产权意识不强，出国参展也成为中国企业侵犯他人知识产权的高发地。以 2006 年为例，仅在德国就出现了多起中国参展企业展品侵犯他人知识产权的案例，影响极坏。2006 年 2 月举办的"德国法兰克福春季消费品展"开幕的第一天，德国警方就将中国参展商聚集的 9 号展馆包围搜查，多家中国展商的产品被没收，有的展位被查封。在同年 3 月初开幕的"科隆五金展"上，有 50 多份指控申请，要求科隆地方法院惩罚中国展商假冒行为。紧接着，在杜塞尔多夫举行的"国际鞋展"上，又有 13 家中国内地制鞋企业被起诉展品仿冒侵权。在随后的"法兰克福照明展"上，德国当地劳动保护和安全技术机构、德国电气电子协会、德国海关以及展览公司法律部门组成联合检查组，在该展会上对参展产品是否符合欧洲产品安全标准进行检查，中国产品再次成为被检查的重点。

欧美等工业国家十分重视知识产权保护，在国外的一些大型展览会上，许多世界著名公司会派专人到展览会现场巡视，一旦发现自己知识产权受到侵犯，马上就会采取司法行动。在欧美国家，展览会展品侵犯别人知识产权是很严重的侵权事件，后果轻则展品被扣押，展位被查封，重则被告上法庭。一个中国企业就因为侵犯知识产权受指控，被国外法庭判罚 50 万欧元。因此中国企业出国参展，必须更加重视知识产权问题，不侵犯他人知识产权，做到合法参展。

第一节　欧美展览会知识产权保护机制

一、欧盟知识产权保护机制

欧盟知识产权执法法律框架有两大渊源：《与贸易有关的知识产权协定》（Agreement on Trade-Related Aspects of Intellectual Property Rights，简称 TRIPs）和《欧盟执法指令》（Directive 2004/48/EC of the European Parliament and of the Council of 29 April 2004 on the Enforcement of Intellectual Property Rights）。

《与贸易有关的知识产权协定》（TRIPs）于 1994 年 4 月 15 日由世界贸易组织制定，TRIPs 保护范围包括：版权及相关权、商标、地域标识、工业品外观设计、专利、集成电路布图设计、未公开的信息（包括商业秘密）等 7 种知识产权，规定了最低保护要求。TRIPs 第 40～51 条对知识产权实施的原则和具体措施规定如下：实施程序的有效性；及时救济；救济的威慑效果；执法程序易于实施（公正、平等、程序简便、成本适中）；有效调节；合理的损害赔偿和费用补偿；其他具有劝阻作用的救济措施（包括但不限于惩罚性措施）；获得信息的权利；各方或单方采取预防措施，随后在 31 日内起诉。此外第 51～60 条提供了关于采取边境措施的特别建议，第 61 条建议对恶意侵犯商标和著作权的行为进行刑事制裁。

《欧盟执法指令》（EC 2004/48）由欧盟委员会 2004 年 4 月 29 日颁布，这是在欧盟成员内实施的，旨在规范知识产权执行措施的一部指令。据此欧盟各国的知识产权执法初步实施措施包括证据收集方法和初步禁令及扣押令。

1. 证据收集方法。指令第 7 条"保全证据的措施"规定，主管司法当局可以依权利人申请，对涉嫌侵权的展品采取有效的临时措施，保全与所控侵权相关的证据。如有必要，可以在不通知另一方的情况下采取这些措施，尤其当延迟执法可能会给权利所有人带来不可挽回的损失，或者存在证据被毁掉的风险时。

2. 初步禁令及扣押令。指令第 9 条关于"临时及预防措施"规定，司法机关可以根据申请人要求，采取初步禁令及扣押令。在德法英等国，即使在展会期间也可以取得禁令，而意大利禁令是能在展会之前取得。

二、欧洲各国展览会知识产权保护体系

1. 德国展览会知识产权保护体系

德国作为世界展览王国，其知识产权保护和执行体制在时效方面来说被普遍公认为是有效率的。德国展会知识产权保护措施主要包含民事、行政和刑事

程序。民事途径的主要形式有警告信（附带保证书）、临时禁令、起诉书；行政途径的主要形式是海关扣压；刑事途径则是对故意侵权嫌疑人的刑事调查程序（按德国法律，故意侵犯知识产权的触犯刑法，而过失侵犯知识产权不触犯刑法，只承担民事责任）。

（1）民事途径

①警告信。民事途径的启动一般是在展会开始前或期间，权利所有人向侵权人发送一份警告信，附带一份停止侵权保证书。如果被告人签字承认对方的请求权，则双方的诉讼费用，包括律师费都必须由原告（或申请人）承担；如果被告人确认警告信无理，则自己或委托律师给对方一份"反警告信"，警告对方的行为侵害了自己的正当商业权益。如果侵权者没有签署停止侵权声明，则权利人可以向民事法院申请初步禁令。法院一般会在1～2天内作出裁决。

②临时禁令/诉前禁令。临时禁令是德国企业在展会上互相攻击的常规武器，在德国申请诉前禁令时，连法庭费都不用预付。只要法院感到侵权的可能性超过50%，那么就会按照申请人的请求颁发诉前禁令。诉前禁令还会规定由被申请人（暂时）承担诉前禁令程序的所有费用，即法庭费和对方律师费，通常至少两三千欧元。诉前禁令会由法庭执行员亲自送达到展台上。被申请人即使不认为自己侵权，也要（暂时）完全服从诉前禁令的要求，撤下或交出相关产品，涂黑或者销毁相关产品目录，否则会有遭警方拘留的风险。

③针对临时禁令本身的复议。针对临时禁令本身的复议可选择两个攻击点：一是申请人关于请求权的阐述是不是有漏洞，比如他是不是请求权的主体，或者是不是有授权，或者被申请人是不是真的侵权，比如他是不是也有授权；二是情况是不是紧急到马上要贯彻他的权利。对这两个攻击点，只要能向法院表明申请人对其中一个要件的阐述还没有达到"比较可信"的程度，那么法院就会撤销临时禁令，改判申请人承担费用。

④保护信。如果参展企业得知或担心某德国或其他企业会请求法院发出临时禁令，查抄其参展摊位，可以事先向法院提交保护诉状，请求法院做出临时裁决，裁定本公司参展产品不属于侵权产品。

⑤临时财产扣押命令。在展会上，法院批准了临时禁令，往往同时批准临时财产扣押命令。其效果是，中国展商作为被申请人不但要依照临时禁令的裁决，立即停止展出侵权产品，还要马上支付一笔保证金来担保临时禁令程序和临时财产扣押命令程序的所有官司费用，额外还要加上法庭执行员的费用。如果交不出足够的钱，法庭执行员就会扣押展台上所有值钱物品，包括并不侵权的产品。

⑥正式起诉和缺席判决。正式起诉是德国和欧洲企业在展会上经常采用的

方式之一，其原因之一是在展台上可以很方便地送达起诉书。德国知识产权诉讼一审就得从中级法院开始，而从中级法院开始，诉讼当事人都必须委托律师代理。如果被告不按时应诉，法院可以作缺席判决，即不做实质性的调查而是直接按原告的主张判决，并判被告承担官司费用。

（2）行政途径

依据德国专利法、商标法等法规，知识产权权利人可以申请由海关在边境没收侵权商品。海关不仅在边境采取行动，也可以在展会上对展出产品采取行动。

（3）刑事途径。

刑事途径启动是向有管辖权的检察官办公室提交刑事诉愿。检察官会根据所收集证据在初级阶段作出决定，并且发出查封权利人所指控相关产品的指令。

2. 法国展览会知识产权保护体系

企业在法国参展只能在展览开幕前由被侵权方向法院申请并在规定时间内得到查封令。目前除了在巴黎的"法国面料展览会"设有纠纷协办机构外，其他展览会还未设立此类机构。

法国企业参展知识产权纠纷一般先按民事诉讼进行证据收集，然后视案情进展情况转入刑事诉讼。原告如属于在 9 个月内才知道被侵权，可提出紧急要求，则 2 天获得禁令。法院派出执行人员执行查封禁令时，当事人可以在现场，但只能观察。法院执行查封禁令的时间是非周末工作日，使用的工作语言只是法语。所执行的查封范围将严格限定在法国禁令范围内，其他产品仍可以展出。法院将负责收集证据的内容包括侵权的直接证据和侵权获得的经济利益。

3. 意大利展览会知识产权保护体系

意大利企业参展知识产权纠纷将由当地法院负责收集证据的内容包括侵权的直接证据和侵权获得的经济利益。参展企业只能在展会开幕前由被侵权方向法院申请并在规定时间内得到查封令。

米兰马契夫博览会、维罗纳石材展和工程机械展实行展览会统一仲裁。针对上述展览会统一仲裁的结果，所有参展商必须予以尊重，但可以提出异议并诉讼。上述展览会统一仲裁是依据欧盟的相关法律以及欧盟的相关判例进行的。如对上述仲裁产生异议，可由米兰、维罗纳法院进行侵权证据的收集。

被侵权人可以要求法院把涉及侵权的展品立即从展会的现场清除出去，在进行查封的同一天必须召开听证会，诉讼双方及三位中立专家参加听证。上述听证会后一小时后即可做出相关裁判结果，交由法院进行宣判；法院进行查封时如果遭到抗拒，则案件立即由民事转为刑事进行处理。

4. 英国展览会知识产权保护体系

企业如在英国参展可以在任何时候，包括展览会前和展览会中向法院申请并得到颁发的查封禁令。展览会进行过程中的知识产权案件通常由英国高等法院所设称为"均衡"的法庭负责。

原告如属于在 9 个月内才知道被侵权，可提出紧急要求，则 4 天获得禁令。法院采用搜查扣押令查封侵权展台，届时双方人员可在场但只能观察。法院采取行动时都是选择在非周末的工作时间内进行，并及时通知各方。法院使用英语作为工作语言，并严格按照搜查扣押令范围清除展品。在法院进行查封时如果遭到抗拒，将立即招来警察的干预以期确保执行。

5. 瑞士展览会知识产权保护体系

企业如在瑞士参展，可以在任何时候（展会前和展会中）向法院申请并得到颁发的查封禁令。以巴塞尔钟表和珠宝展为代表实行了"专家仲裁委员会"的侵权处理制度，即所有参展商的参展合同均有接受"专家仲裁委员会"侵权仲裁处理的条款。上述仲裁的依据是瑞士联邦制定的相关法律和瑞士联邦既有的相关判例。

其他展览会中涉及知识产权的纠纷都要向瑞士相关法院提出诉讼的申请。对于侵权仲裁的结果和法院的判决按照瑞士法律的规定都可以进行上诉。被侵权方应和专家仲裁委员会中的 2 名专家一起对侵权现场进行调查取证。专家仲裁委员会认定侵权后，侵权方必须承诺不再展出和销售该展品。

6. 西班牙展览会知识产权保护体系

企业如在西班牙参展，只能在展会开幕前由被侵权方向法院申请并在规定时间内得到查封令。一般先按民事诉讼进行证据收集，然后视案情进展情况转入刑事诉讼。原告如属于在 9 个月内才知道被侵权，可提出紧急要求，则 3 天获得禁令。

法院采用搜查扣押令查封侵权展台，届时双方人员可在场但只能观察。法院执行禁令的时间是非周末工作日，使用的工作语言只有西班牙语。法院执行禁令后，侵权方必须不再展出和销售该展品，其他产品仍可展出。

三、美国展览会知识产权保护体系

美国对知识产权的法律保护由来已久，1789 年开始实施的《宪法》第一章第八条第八款指出，美国国会有权"保障著作家和发明人对各自的著作和发明在一定的期限内的专有权利，以促进科学和实用艺术的进步"。1790 年，美国颁布实施的第一部专利法，之后又对专利法进行了多次修订。迄今为止，美国已经基本建立起一套完整的知识产权法律体系，主要包括专利法、商标法、版权法和反不正当竞争法。

为了全面执行 WTO《与贸易有关的知识产权协定》（TRIPS）规定的各项义务，美国政府于 1994 年 12 月 8 日制定了《乌拉圭回合协议法》，对知识产权法律作了修改和改进。

美国知识产权管理机构分两类：第一类是行政主管机关，如美国专利商标局负责专利和商标的受理、审查、注册或授权、公开等；美国著作权局负责著作权的登记和管理；美国商务部负责国有专利的推广。国家技术转让中心作为联邦政府支持的、规模最大的知识产权管理服务机构，负责协调知识产权的相关资讯和促进技术转让事务。第二类是特别设立的、与科技法律有关的机构，如国会研究服务署、会计署、科技评估室、国会预算室。

美国知识产权保护方式主要是司法保护。在执法方面，美国建立了多层次的司法体系。版权、注册商标、专利、植物品种、集成电路布图设计等侵权案件的初审管辖法院为美国联邦地区法院。美国知识产权纠纷案件一般是在州法院审理，州法院判决后，原被告双方如有不服可向联邦巡回法院上诉，联邦巡回法院的判决为终审判决。知识产权案件中的专利纠纷一般在联邦巡回法院审理，上诉则在联邦高级法院上诉法庭审理。联邦巡回法院的建立，减少了审理前的司法管辖权冲突，使专利制度更加稳定。除上述案件外，联邦地区法院还管辖涉及上述权利的不正当竞争和滥用商业秘密的初审案件。各州法院一般管辖州注册商标和按习惯法取得的商标侵权案及商业秘密的滥用和不正当竞争等案件。

专利权是美国企业保护的重点，同时展览会侵权纠纷中 80%以上都属于专利权纠纷。美国采用的法律依据主要是"337 调查"和"301 条款"。根据美国《1930 年关税法》，美国国际贸易委员会可以对进口贸易中的不公平行为发起调查并采取制裁措施。由于其所依据的是《1930 年关税法》第 337 节的规定，故此类调查一般被称为"337 调查"。此调查启动时间快，而且可以与在法院的起诉同时进行。"301 条款"是美国《1974 年贸易法》第 301 条的俗称，一般而言，"301 条款"是美国贸易法中有关对外国立法或行政上违反协定、损害美国利益的行为采取单边行动的立法授权条款。而上述诉讼往往都是在展会期间继续取证的。取证一般由律师进行，很少动用强制执行的警力。

美国商务部宣布，自 2006 年 10 月始，由美国商务部核准的商品交易会，如特邀贸易代表团的展会、经认证的展览会和国际买家项目展会，都被要求采取措施去协助参展的美国公司保护知识产权。美国商务部宣布这一新要求时指出，在 21 世纪，美国经济的繁荣将日益仰仗其发展知识经济和保持有活力的创新能力。确保美国的知识产权不受国内外的仿冒和盗版——包括在展会上——这是政府首要的责任。美国商务部认为，商品交易会对于美国经济具有重要作用，很多国际商业交易发生或者结果发生在展会上。因此，在商品交易会上知识产权对于日益增长的美国贸易和在世界经济中竞争至关重要。

近期在美国举办的展览会采取的最新保护措施是联邦政府针对有组织的盗版实施"STOP! Initiative"战略，扩大努力阻止盗版和假冒产品。于 2004 年首次宣布的"STOP! Initiative"是一项综合性的项目，由多个政府机构合作以保护美国公司的知识产权。美国商务部、美国专利商标局和国际贸易管理部门是这一计划的主要成员。在"STOP! Initiative"项目下，美国商务部门帮助美国企业和个人得到知识产权保护的信息，协助他们建立战略以处理海外知识产权问题。此外，美国商务部还要求美国司法部和联邦调查局参与工作。

四、国际展览业协会（UFI）的知识产权保护建议

国际展览业协会（UFI）拟定了《展会知识产权保护建议》，主要内容包括：建议展会组织者准备并向参展商分发相关告知性文件；建议参展商在贸易展会开始前保护并注册商标、专利外观设计等知识产权，参展时随身携带注册的原始文件或授权副本，这种文件也包括法院已经做出的针对参加展会的某个涉嫌侵权产品的判决；准备一份知识产权专家名单，专家在展会现场或电话在线服务，提供知识产权法律建议、识别假冒品；提供当地愿意提供代理服务的律师名单，如发生争议，提供仲裁服务；提供翻译服务，帮助外国参展商在纠纷出现时能有效沟通；提供现场办公室、特殊服务点或接待处，应对展会期间的知识产权要求和投诉。

第二节　企业出国参展知识产权保护工作

针对欧美各国对知识产权的法规和法令,中国企业出国参展必须充分准备，面对问题积极应对，顺利参展。

一、借用外方服务，积极做好咨询工作

欧美工业国家知识产权保护法律体系中有众多官方和民间的法律咨询服务机构。比如，德国专利商标局、德国工商业法律保护中心、欧洲专利局、欧盟商标与外观设计保护局等。当然，还有众多外国展览公司驻华代表处和分公司都有义务提供相关咨询服务，中国展商应善于利用这些机构提供的咨询和检索服务，更好地了解国外知识产权法律体系，尽可能降低知识产权纠纷发生的概率，减少损失。

为了避免在欧美等工业国家的展会上遇到知识产权纠纷，中国企业应该了解和熟悉欧美等工业国家相关的知识产权保护法，在参展前应该进行必要的法

律咨询。欧美等工业国家有专门的检索机构，可以根据客户的需求，做相关知识产权的查询检索，也可以委托律师完成该项工作。通过有针对性的检索，可以提前得知是否存在侵权的可能性。如果已经知道竞争对手的公司名称，也可以提前对其产品进行检索，通过检索，最大限度避免由于过失行为引起的知识产权纠纷。

及时在欧美等工业国家内注册企业的商标也可以避免商标权纠纷，并得到完善的知识产权法律体系的保护，这一点对于有意长久进入欧美市场的中国企业，尤其是在国内同类企业中处于相对领先地位的企业特别重要。

二、证照齐备，事先做好准备工作

证照是证明合法身份的重要依据，赴海外参展时，一定要带好企业营业执照、产品的有关书面材料、产品专利证明等文件。企业应在参展前对展品进行全面自检。如果该产品在以前发生过类似的产权纠纷而被法院或者权威机构证实没有产生侵权行为的相关证明文件，企业也务必携带，如果再次出现知识产权纠纷，这些文件就是证明企业没有侵权的决定性证据。

三、沉着应对，认真做好反制工作

赴海外参展的中国企业应该对欧美等工业国家知识产权法的执法机构和执法程序提前进行了解，以便在产生产权纠纷的时候，最大限度地保护自身利益。以德国为例，德国知识产权保护法的执法程序由两种法律行为可供被侵权企业选择。第一种是不经过法院和海关机构，由其律师出面向侵权企业送达警告信，该警告信的内容包括对具体侵权行为的描述，要求对方限期停止侵权行为的声明，惩罚条款等。同时，常常附律师费用账单。如果侵权企业认同自身的侵权行为，愿意主动撤下涉嫌侵权的展品，此时常常只需交纳律师费用。

中国展商如果接到此类警告信，首先要作两点判断：其一，是否承认产品侵权；其二，标的值定的是否过高。如果认为警告有理，标的值定的合适，可以签署警告信，签的好处有两点：避免进入德国冗长的法律诉讼程序，最有利的是避免发出警告信的企业向法院申请临时禁令，从而可以保证其他非侵权品继续参展，尽可能减少损失；关于标的值的认定可以同发出警告信的企业协商，讨价还价一番，尽可能降低，以降低律师费用。当然，如果被警告企业坚持认为自身不存在侵权行为，或者对方标的值定的过高，无法达成一致，可以拒绝在警告信上签字，如果签了字，被警告企业即使不认为自己侵权，事后也无法采取其他法律补救措施。所以，为慎重起见，此时被警告企业应该向律师咨询。但是一味的不理会，完全不对警告信进行分析和研究是不可取的，因为企业应该权衡支付律师费和展品被全部没收两者的利弊后再作决定。如果中国企业确信自身产品较之对方产品不存在侵权行为，在收到警告信的同时也可以提出反警告，同时向法院或者海关稽查署提交保护请求的书面申请，争取在对方向执法机构申请临时禁令的时候，不会根据一面之辞作出决定。

德国知识产权法第二种执法程序是申请执行临时禁令。由于德国法律规定，申请临时禁令只需要申请人出具书面保证即可，原则上不需要提供具体证据，更不需要对证据进行公证或者鉴定，法院在决定之前也可以不听涉嫌侵权企业的申辩，通过申请人一面之辞作出决定，使得众多德国企业将法院的临时禁令当作"杀手锏"，在展会开幕前很久就向法院提出临时禁令的请求，只等法警在展会一开幕，就立刻前往展会执行禁令。由于临时禁令允许强制执行，在遇到展商阻挠的情况下，海关及法警可以要求警方予以协助。为了避免暴力情况的出现和被警方拘留，被执行禁令的展商尽量不要与执法人员发生冲突。当然执法人员对没收的涉嫌侵权展品要开出收据，展商必须索取收据并查看是否与被没收展品吻合，以便作为今后提出诉讼的依据。

被执行临时禁令的展商可以立刻委托律师前往法院，对禁令提出异议，比如提交证明自身没有侵权的证据，或者认为申请临时禁令的企业要求范围过于广泛，标的值过高等。提出异议后，法院必须开庭，听取被申请人的辩解，法院对何时提出异议，没有时间限制，展商可以在回国后委托律师代为办理，也可以在禁令被执行后立刻提出。如果此时执行禁令的企业主动与申请执行禁令的企业联系沟通，在确认自身侵权的情况下签署停止侵权的声明，通过实际行动向法院证明执行临时禁令是多余的，此种情况下，临时禁令的执行费用将由申请临时禁令的企业承担。

如果被执行禁令展商确认自身没有侵权行为，可以立刻向法院要求对方限期之内提出正常的民事诉讼，如果对方超过期限，仍然不提出正式诉讼，展商可以要求法院取消临时禁令，退还被没收的展品，并向申请提出禁令的企业提出索赔，包括由于被执行临时禁令而产生的各种损失。如果确认对方纯属商业竞争而诬告，也可以同时提起刑事诉讼。

附录　近年来我国企业欧洲参展遇到的知识产权纠纷案例

· 2000 年德国科隆五金国际展上我国江苏某企业样本发生侵权，中方不服执法，引来警察。2001 年在德国科隆国际家电展览会上，我国江西某公司的齐洛瓦电冰箱，其使用的商标超过了意大利齐洛瓦公司的授权期，致使开展前展台就被查封，电冰箱展品被全部没收。

· 2002 年在法国巴黎电器产品博览会上，我国浙江某公司生产的低压电器开关产品被法国施耐德公司告诉侵权，当场查封了展台、没收了展品，并递送了法律文书。此事后来继续"发酵"，影响到两个企业的已有合作和后续合作。直到当时的国家机械工业局介入协调，才最终达成一揽子解决方案，获得和解。

- 2004 年在西班牙毕尔巴鄂电器和灯具展览会上，我国福建一家公司把某外国生产的插座产品当做自己产品的样品展出而被发现。结果样品没收，展台被封，人员提前回国。
- 2005 年世界制药原料展览会在法国巴黎举行。开幕第二天，6 名中国参展商被警察逮捕，展台同时被查封。原因是法国"赛诺菲—安万特"集团公司进行了被侵权的告诉，后进行了和解赔偿。
- 2006 年在意大利米兰国际卫浴设备展览会上，我国广东一家公司在展位张贴的图片中有一款水泵的式样被意大利公司指控商标侵权，结果涉及此图片的所有样本、图册、展品均被查抄和没收。
- 2007 年在德国柏林国际视听设备展览会上，我国几家生产蓝光 DVD 的厂家集体被日本东芝公司告诉侵犯专利，致使相关产品在展会第一天就下架撤出。
- 2008～2010 年，连续 3 年在德国信息及通信技术展览会上，我国先后几家生产 U 盘、MP3、MP4 的公司都被一家意大利专利代理公司（Sisvel）告诉，理由是其中有的专利没有按时足额缴纳专利使用费。这些公司虽有资料证明自己并未侵权，但在对方申请临时禁令的情况下，仍被执行。
- 2010 年我国一家生产高压混凝土泵车设备的厂家，在准备参加欧洲的国际工程机械设备展览会时，受到德国一家生产同类型号产品厂家的威胁，认为我国产品抄袭了他们的技术。但我国公司坚持拥有自主知识产权，而继续参展，并未发生问题。

【思考题】

1. 国际上如何处理参展企业知识产权侵犯？
2. 如果在出国参展过程中，企业遇到知识产权纠纷时，该如何应对？

第十二章

出国参展各展览国概况

【教学目的与要求】

通过学习本章知识，了解其他国家展览会的特点，理解这些国家企业参展的内容，掌握该国参展的要点。

目前中国企业出国参展的主要国家集中在欧洲各国以及日本，这些国家都是展览业大国。但各国展览业发展形式不尽相同，展览会集中的领域也有所侧重，对这些国家的展览业概况有所了解，有助于中国企业在选择国外展览会时进行鉴别，为中国企业出国参展提供参考。

第一节　英国展览业概况

展览业在英国经济中占有重要地位，产值达 93 亿英镑，每年税收收入 10 亿英镑。展览业直接带来了酒店、餐馆、娱乐行业的业务，参展商和观众在住宿方面支出了 7.2 亿英镑，交通方面支出了 2.58 亿英镑，食品和饮料方面支出了 4.03 亿英镑，购物方面支出了 3.12 亿英镑，娱乐方面支出了 1.79 亿英镑。展览业为英国创造了 13.7 万个工作机会，占英国就业人口的 0.5%。这些从业人员分布在展览组织公司、展览场地公司和为展览业提供服务的公司中，并且工作种类多样，可以容纳一些低学历、女性、少数民族及低技能的劳动力。

同许多其他产业一样，英国的展览业呈现高度的国际化，具体表现在两个方面：首先，没有明显的国际展和国内展的划分，几乎所有专业展览会都有大量国外公司参展，摊位的划分也主要依据参展商的产品类别而非国别；其次，展览会的组织者，特别是大型的展览公司，多为跨国展览集团，英国的展览项目仅为其集团全球展览市场的组成部分，因此展览的组织过程如场地销售和广告宣传也表现出高度的全球化和规范化。

一、展览场馆概况

英国在做展览场馆统计时，室内展览面积在 2000 平方米以上的展馆被称为"展览场地协会标准场地"。英国的展馆净面积达 310 万平方米，主要集中在伦敦、伯明翰、曼彻斯特、爱丁堡、卡迪夫等大城市。

伦敦作为首都和政治、经济、文化中心，在举办展览会方面具有明显的优势。根据统计，英国每年超过 30% 的展览会在伦敦举办。同时，伯明翰、曼彻斯特和爱丁堡等大城市也经常举办展览活动。英国的主要展览场馆如下：

1. 伦敦 Earls Court 展馆

该馆展出面积 61317 平方米，是伦敦市中心最主要的展览馆，有 1 号馆和 2 号馆两个馆。展馆分上下两层，内部可分隔，可同时举办 4 个展览会。国际展览业展会 International Conflex 就在 Earls Court 举办。

2. 伦敦 Excel Centre 展览馆

该馆于 2000 年 11 月开始投入使用，是伦敦最为现代化的展览设施，展馆面积达 9 万平方米。Excel Centre 建设投资 2.5 亿英镑，投资方包括大型展览公司联合商业媒体公司（United Business Media PLC）和励展集团公司（Reed Exhibitions）。该展馆位于伦敦东部的泰晤士河沿岸，公共交通比较方便，有城市轻轨直达。由于是新建展馆，因此停车场地比较充足，而且配套饭店设施也日趋完善。该展馆通信设施先进，采用 EDS 和 NTL 的技术，开发出一种称为"Smart Venue"的通信服务项目，为参展商和观众提供互联网和电话解决方案。

3. 伦敦 Olympia 展馆

该馆最初称作新农业馆，建于 1886 年，展馆面积为 3475 平方米。

4. 伦敦 Business Design Centre 展馆

该馆前身是皇家农业馆，离市中心很近。展馆面积为 6000 平方米，并有着可容纳 600 名听众的会议设施。

5. 伦敦亚历山大宫展馆

该馆始建于 1873 年，后经几次重建及扩张。现在展馆总面积达 13000 平方米，大厅面积为 6558 平方米。西厅既可以单独用来展览，也可与大厅合并组成面积达 12000 平方米的展厅。

6. 伯明翰 National Exhibition Center（NEC）展览馆

该馆建于 1976 年，目前是全欧洲规模最大的展览设施，展出面积近 20 万平方米，每年共举办 180 个左右的展览。与 NEC 配套的还有位于伯明翰市中心的国际会议中心，内设 11 个会议大厅和 10 个小型会议室。该会议中心曾承办过工业化国家七国首脑会议。

7. 曼彻斯特大曼城展览中心

该馆由原中央火车站改建而成，展出面积为 10000 平方米。

8. 苏格兰展览会议中心

该馆位于英国第三大城市格拉斯哥，可同时举行大型展览和会议活动。1995年开始重建，1999 年完成，新建了一个会议中心。

9. 爱丁堡皇家高地中心

该馆位于苏格兰首府爱丁堡近郊，室内展出面积 6925 平方米，另有 6400多米长的露天展览场所。

10. 卡迪夫国际竞技场

该馆位于威尔士首府卡迪夫，展出面积为 4000 平方米。

二、主要展览公司和展览服务公司情况

在英国从事展览行业的公司有上百家，但市场的主要份额由几家大型的跨国展览集团所控制，主要包括：

1. EMAP（包括 Trade Promotions Services）

EMAP 是一家大型媒体集团，旗下包括英国、法国和全球 150 多份畅销杂志、200 多种会议活动、18 个电台和 7 个电视台。1997 年 Trade Promotions Services（简称 TPS）被 EMAP 收购，但目前仍以 TPS 的名义举办部分展览会。EMAP 的展览部门除了 TPS 公司以外，还有另外一家以组织流行时装展为主的业务公司 EMAP Fashion。EMAP 组织的英国展览数量达 45 个，最大的展览会为伯明翰春季展。

2. 励展集团公司（Reed Exhibitions）

励展集团公司在 2000 年收购 Miller Freeman，并且启用新的公司标志。2002年 2 月励展集团公司开始采用现在的公司名称。励展集团公司在世界各地设有29 个分支机构，每年在全球举办 470 多场展览及会议，全年展出面积超过 300万平方米。

3. Aztec

自 1996 年开始，Aztec 的展览部开始在英国和欧洲组织展览。Aztec 在组织视频音频、计算机硬件、通信和技术服务等展览方面非常专业。

4. CMP Information

CMP Information 是联合商业媒体公司旗下的一个公司。该公司组织的大型展览包括 CPhI、FIE、The Furniture Show、Networks for Business、Call Centre Expo、ATC、International Confex 和 IFSEC 等。

英国比较主要的展览公司还包括 Clarion Events、Haymarket Exhibition、Live

Promotions Events、DMG World Media、Spearhead Exhibitions、National Boat Shows 等。

三、展览协会概况

英国展览行业最主要的 5 个协会组织包括：

1. 英国会议和活动协会（Association for Conferences and Events，简称 ACE）

该协会成立于 1971 年，会员包括贸易商、机构、协会、慈善机构、供应商等举办各种会议和活动的实体。该协会旨在加强政府与会议行业的沟通，为会员提供信息、论坛等服务，服务方式包括会员通信、热线、各种折扣和优惠以及研讨会等。

2. 英国展览组织者协会（Association of Events Organiser，简称 AEO）

为了有效服务于各类展览活动，适应日益广泛的展览内容，扩大服务领域，英国展览者协会由原来的 Association of Exhibition Organizers 更名为 Association of Event Organizers。

该协会的宗旨是提高展览会在经济活动中的地位，通过改善服务更好地满足观众对展览的需求。协会的会员分为两类，即直接会员和关系会员。直接会员全部是在英国注册的展览组织公司，而关系会员则是为展览提供配套服务的公司，如施工公司、家具租赁公司等。任何展览公司如果希望成为该协会会员，必须遵守该协会制定的会员企业行为准则。该准则虽然不具有法律效力，但在一定程度上发挥着行业管理的作用，对于严重违反者可以取消其会员资格。AEO 目前已被英国展览业广泛认可，其理事会组成人员从所有会员单位中民主选举产生，定期轮换，可连任。

该协会现每年举办展览最佳服务评奖活动（AEO Excellence Awards），即由展览组织单位评选出当年的最佳展览配套服务公司，奖项共分为 8 类，包括摊位施工、电力安装、展品运输、保安、展馆管理、家具租赁、工业服务和特殊成就奖。设立评奖的目的在于加强展览举办者和服务公司的沟通，提高展览服务质量，因为任何成功的展览除了依靠主办者的组织能力外，相关配套服务公司的高效服务也同样重要。目前 AEO 的颁奖大会已成为英国展览行业一年一度最重要的活动。

3. 英国展览服务商协会（Association of Exhibition Contractors）

该协会成立于 1913 年，是展览行业最早成立的协会组织，目前有约 300 家会员企业，主要包括施工公司、家具租赁公司等展览服务单位。该协会对会员资格进行严格审查。在成为会员之前，申请公司必须经过为期一年的审查，必须有良好的安全纪录。在成为会员之后，必须严格遵守协会指定的行业准则。

展览服务商协会由管理理事会负责。管理理事会由一名主席（任期两年）、一名副主席和 10 名评选出的会员组成。协会的宗旨是提高展览服务水平，并为会员企业提供更多的商业机会。

4. 展览场地协会（Association of Exhibition Venues，简称 AEV）

该协会成立于 1997 年，目前有会员 24 家，主要是室内展出面积在 3000 平方米以上的展览场馆。协会除向会员提供信息、协调业务活动等常规服务外，还专设机构进行展览市场的调研活动，每年均出版 UK Exhibition Facts 专题报告，内容涉及展览行业发展情况、展览项目数量及观众人数等内容。

5. 英国户外活动协会（National Outdoor Events Association）

该协会成立于 1979 年，是英国户外活动行业的论坛机构。会员在 250 家左右，包括地方政府、展览组织者活动管理公司和设备提供商。

这 5 家主要协会全部为商业团体，不隶属于任何政府部门，经费开支来自会费和企业赞助，管理人员也都是从会员企业中选举产生，人事任命不受政府干预。协会除为会员提供基本服务外，另一重要功能是代表会员企业利益，向政府部门、新闻媒体和有关产业部门反映会员的意见，并游说政府实行有利于展览行业发展的政策和法令。虽然这 5 家协会由来自不同领域的企业组成，但整体利益是一致的，因此协会之间的联系非常紧密。协会定期举办各种研讨活动，交流和总结会员的意见和建议，并和政府部长、议员与产业高层人士保持密切联系，从而争取政府制定的产业政策能够有利于会员企业的业务发展。目前这几家协会正积极争取 DTI 增加对英国公司参展的补贴，特别是增加对英国企业参加本土举办的国际展览会的扶持，因为目前政府的费用支持主要提供给在海外参展的企业。

四、知名展览会简介

英国现在每年举办近 1800 个展览会，无论从数量还是从面积来看，贸易型展览会仍占据重要地位，达到全年展览会的 50%以上，其中不乏在国际以及英国国内知名的展览会。目前，我国国内组展单位在英国举办和参加的展览项目达到 30 多个，组展单位 40 余家，规模最大的当属在伦敦与当地有关单位合作举办的中国贸易投资展览会，以及商务部举办的第三届中国品牌出口商品展览会。商务部中国品牌展览会同伯明翰秋季展览会同期同地举办，将来可能会移到春季展览会期间。使馆经商处施建新公参对该展览会给予了肯定，认为尽管中国贸易投资展览会这种单独展组织难度大,但它有别于其他组展单位的参展，体现出了中国国际贸易促进委员会的办展特色。

英国展览展示活动内容广泛，既涉及非贸易类的艺术、文化、兴趣、休闲和体育以及服务业如广告、营销、运输、金融服务、教育和招聘会等活动，也包括贸易型展览会如家居、礼品、家具、汽车、农业、医药、保健、服装、纺织、鞋类、工业制造、食品和加工、建筑、能源、电力等专业展览会。

就地理分布而言，伦敦是英国展览会最集中的地区，其次为西米德兰地区（伯明翰国家会展中心就在该地区），约克郡和苏格兰地区分别排在第三和第四位。

英国的展览会每年吸引了 1700 万观众，以下是部分重要展览会的介绍：

1. 英国厨房卫浴展览会

厨房卫浴展每两年一届，从 2008 年开始，展览会将时间改为每年 3 月份举办（3 月 9 日至 12 日），这样就同两年一届的法兰克福卫浴展览会相呼应，分别逢单、双年的 3 月份举办。展览会由 CMP Information Ltd.主办，地点在伯明翰的国家展览中心（NEC），展览总面积 42000 平方米，展览主要有 4 大展出内容，包括厨房用产品、浴室用产品、墙体装饰砖和地板砖，以及供热和管道。目前，国内尚没有很多公司参展，对方希望中国能够组织企业参加，特别是希望能多组织一些地砖、墙砖企业参展，因为每年来这部分区域参观的观众多达 7000 多人，但是参展公司不是很多。欧洲一些公司，特别是意大利的公司，大多参加在意大利举办的专业展。英国卫浴展属于英国费用最低的展览会之一。对方称可以在其中国馆把各类产品集中在一起展示，比较适合国内组展特点。同美国很多展览会类似，卫浴展是在每一届展览会举办时，参展公司现场预定下一届参展面积。

2. 英国建筑展览会（Interbuild）

英国建筑展目前每年一届，日期为每年 10 月 28 日至 11 月 1 日，由 EMAP 主办，在伯明翰国家展览中心举办，展出面积为 26000 平方米，展出内容涵盖从外部建筑到内部装饰等方方面面的产品和服务。目前参展公司来自 35 个国家和地区，以集体展位形式参展的有加拿大、比利时、奥地利、德国、中国、丹麦、葡萄牙、埃及和中国台湾地区。

3. 英国电子工业展览会（NEPCON）

英国电子工业展每年 5 月举办，地点同样在伯明翰的国家展览中心，现在只使用 1 号馆，展览面积为 3400 平方米，辉煌时曾达到 12000 平方米，面积比较小，参展公司 320 家，由励展集团公司主办，展出内容主要是电子制造加工机械和元器件，不展示电子制成品。该展览会非常欢迎中国参展，既可以国家馆形式参加，也可以中国电子展形式与其合作，价格有协商余地。另外，与该展览会同期同地举办的还有励展集团公司组织的加工及包装机械展（Total Processing and Packaging），但需要分别租用场地。

第二节　意大利展览业概况

意大利展览业发达，是欧洲展览业第二大国，也是到欧洲参展的中国企业最多的第二大国。

一、意大利展览业简介

意大利多个城市拥有现代化的展览场馆，有举办大型国际展会的能力，主要的展会城市有中北部地区的米兰、博洛尼亚、维罗纳、里米尼和维琴察，以及中南部地区的罗马、巴里和巴勒莫等。全国共有展览场馆41个，其中最大的为米兰博览会展览中心、博洛尼亚展览中心、维罗纳展览中心和巴里东方展览中心。此外，意大利展览组织公司和为展览业服务的专业公司数量众多，拥有先进的展会管理经验和服务水平。

展会性质分为综合性展会和专业性展会。综合性展会如马契夫国际消费品及礼品展、巴里东方博览会等。一般综合性展会又将同类别产品分类集中展览，或按国家和地区集中展览。专业性展会如米兰国际家具展、米兰时装周等，有时还将属于同类或相近产业的专业性展会同期同地集中举办，以创造综合效应，提升展会吸引力，如米兰国际家具展期间，还举办国际灯具展和家饰配件展。有些大型展会期间，还举办国际会议、专业性研讨会、产品发布会、演出等活动。

从展会针对范围可分为贸易展、消费展和综合展。贸易展览会或洽谈会是为产业专业人士举办的，其展览的主要目的是交流信息、洽谈业务。消费展以消费品为主，对公众开放，目的是直接销售展品。综合展综合了两者性质，对专业观众和普通观众都开放。

意大利展会、展品多元化，涵盖多个门类：①工业用品，包括工业机械、机床、自动化系统、仪器仪表、电工技术、化工产品等；②日用消费品，包括家具、家居用品、厨具、卫浴、礼品、体育旅游用品、珠宝首饰、化妆品、艺术品等；③服装纺织类，纺织品、时装及面料、皮革、鞋类及加工技术等；④电子消费品，包括家用电器、信息通信产品、电脑和配件等；⑤建筑建材类，包括房地产、建筑材料、室内装饰、建筑配套设施等；⑥食品和酒水饮料；⑦交通运输类，包括汽车、摩托车、自行车及交通技术等；⑧医疗保健品和器械；⑨新型技术和产品，如能源、环保、生态科技等；⑩农产品和土特产；⑪第三产业和服务业，如科教、体育、文艺、旅游、餐饮等。

意大利展会一般分为两季，每年的1月至6月份和9月至12月份是展会集中开展的时间。

二、主要展览公司和知名展览会

1. 米兰博览会集团（Fiera Milano SpA）

该集团在世界展览行业中处于领先的地位。每年可举办 80 多个展览会或国际性的博览会。目前拥有米兰新展览中心和市内展览中心两处场馆。

米兰新展览中心位于米兰西北郊的洛佩罗镇，交通便利。该展馆从 2005 年 9 月份起正式投入使用，共 8 个主要展馆，20 个展厅，现拥有室内展出面积 47 万平方米，室外展出面积 6 万平米。2005～2006 年财政年度营业收入达 3.75 亿欧元，利润达 6000 万欧元。主要展会有：

（1）马契夫国际消费品及礼品展（Macef），创办于 1964 年，每年举办春秋两届，已经发展成为国际最知名的综合家居展览会之一。展览范围包括桌上用品、家具、玻璃制品，室内装饰品，文具，塑料及金属家庭用品，园林用品、礼品等。2006 年春季展展出面积达 15 万平方米，参展商 2550 家，参观者 86271 人次。

（2）米兰卫浴展（MCE），两年一届，是世界最大的供暖、制冷、卫生洁具及浴室设备展之一，同期还举办国际酒店餐饮业（Host）展览会。2006 年展览面积达 15 万平方米，展商约 3000 家，观众约 17 万人次，其中 34000 人次来自国外。

（3）米兰摩托车展（Eicma Moto）和米兰自行车展（Eicma Bici），两个展会同期举行，是世界历史最悠久、规模最大的摩托车、自行车展之一。2006 年摩托车展面积达 85560 平方米、展商 735 家，自行车展面积达 32100 平方米、展商 320 家，观众合计 50 万人次。

（4）米兰时装周（Milano Vende Moda）每年春秋两届，是国际四大时装周之一。展出内容包括展出成衣、面料、制衣技术、时装发布会等，2006 年春季展面积达 9300 平方米、展商 260 家，秋季展面积达 9460 平方米、展商 265 家。在 2006 年米兰时装周上举办了中国服装品牌联合发布会，多家中国著名服装企业参与了发布会。

（5）米兰国际家具展（Salone Internationale del Mobile di Milano）创始于 1961 年，每年一届，由国际家具展、灯具展、装饰展等组成，是世界最大的家具展览会。同期还举办厨具展、卫浴展、办公家具展。2006 年展览面积近 50 万平方米，参展商 1463 家，参观者约 19 万人次。

（6）米兰皮革制品交易会（MIPEL），每年春秋两届，展出皮具、箱包、鞋类、服装配件等。2006 年的秋季展面积约 18100 平方米，参展公司 400 家，观众约 30000 人次。

（7）米兰国际毛皮展（MIFUR），每年一届，展出毛皮、皮革成衣和原材料等。2006 年展览面积达 23400 平方米，展商 240 家，观众约 25000 人次。

（8）米兰国际光学、验光和眼镜展（Mido），是世界最大的专业眼镜展览会。2006 年展览面积达 47500 平方米，参展商 750 家，专业观众 25430 人次。

（9）米兰国际信息和通信技术展（Smau），是展出信息、电子通信、电脑设备和技术的重要国际展会。2006 年展览面积达 25280 平方米，参展商 380 家，观众约 30000 人次。

2. 博洛尼亚展览集团展览中心（Bologna Fiere SpA）

目前是欧洲主要展览中心之一，每年举办 70 多个展览会和博览会，其中具有国际领先水平的展会 15 个。该展览中心展出面积达到 18 万平方米，共设 18 个展馆。主要展会有：

（1）博洛尼亚国际建筑业博览会（SAIE），每年一届，是世界最重要的建筑业综合展会之一，展出建筑材料、机械、工具、技术及配套设施等，2005 年展览面积达 23 万平方米，展商 1890 家，来自 38 个国家和地区，观众 16.8 万人次。

（2）博洛尼亚国际建材和室内装饰展（SAIEDUE），每年一届，是世界知名的建材和室内装饰展会，2006 年展览面积达 14 万平米，展商 1472 家，观众 12 万人次。

（3）博洛尼亚国际建筑陶瓷卫浴设备展（CERSAIE），每年一届，是世界规模最大的陶瓷类产品展览会之一，2005 年展出面积超过 15 万平米，展商约 1000 家，观众超过 10 万人次。

（4）博洛尼亚赛车展（Motor Show），每年一届，集各种汽车摩托车产品展示、生产技术研讨以及现场赛车运动于一体，2006 年展览面积 23 万平方米，观众达 120 万人次。

（5）博洛尼亚皮革展（LINEAPELLE），每年春秋季各举办一届，是世界皮革及其配件以及合成革等原料产品的重要展会。2005 年展出面积超过 5 万平米，参展商 1401 家，国外展商 431 家。

3. 维罗纳博览会或展览中心（Verona Fiere）

该展馆是意大利历史最悠久的展览场所之一，展览面积 20.3 万平方米，拥有 12 个展厅。全年举办 25 个专业性展览会。2005 年总展览面积 65 万平方米，观众达 110 万人次。主要展会有：

（1）维罗纳国际石材展（Marmomacc），是国际最重要的石材展会之一，展出大理石等各种石材和加工技术。2006 年展览面积约 7 万平方米，展商 1500 家，观众 65000 人次。

（2）意大利葡萄酒和烈性酒展（Vinitaly），是世界最大的葡萄酒展，2006

年展览面积约 8 万平方米，展商约 4200 家，观众达 14.4 万人次。

4. 巴里东方展览中心（Fiera del Levante）

该中心位于意大利东南端城市巴里，是意大利南部展览面积最大的展览中心之一，占地面积 30 万平方米，2006 年举办 29 个展会，参展商超过 5000 家，观众约 170 万人次。主要展会有巴里东方博览会（Expo Levante）。该博览会是国际著名的综合性展会，展出家具、家居装饰、卫浴、工艺品、食品、休闲体育用品、旅游用品等，2006 年面积达 15.2 万平方米，展商 2026 家，观众约 100 万人次。

三、展览协会概况

1. 意大利展览协会（AEFI）

该协会会员包括意大利的 41 家展览中心，以及展览组织和服务公司，为意大利最大的展览会行业机构。

2. 意大利工业展览委员会（CFI）

该协会成员包括工业家联合会中与展览有关的组织机构和公司。

3. 意大利专业展览协会（ASSOMOSTRE）

该协会主要组织专业性的展会，会员包括意大利展览促进协会（ASSOEXPO）、意大利展会组织公司（EIOM）等。

第三节　德国展览业概况

德国展览业居世界领先地位，展览会数量多、规模大，组织专业化、国际化程度高，展示效果、贸易效果好，在世界范围受到广泛重视。

展览业对德国经济贡献很大，在服务性第三产业中的贡献首屈一指。据德国有关统计，展览业为德国创造了 25 万多个就业机会，每年为国民经济贡献 230 亿欧元。德国中央和地方政府对展览业发展十分重视，每年为展览设施改造和扩建投资达 2 亿多欧元，并仍在增加投入。

一、展览场馆概况

据德国展览业协会（AUMA）统计，德国目前展览面积达 264 万平方米，到 2008 年预计将增至 276.8 万平方米，平均每年增长 0.8%左右。德国各大城市均有十分现代化的展览、会议中心，其中面积和设施可供举办跨地区展览会的场馆有 24 个。目前世界前五大展览中心，除位居第二的意大利米兰国际展览中心以外，其他均在德国。

德国展览场馆可分为 3 类：

1. 举办国际展览会的展览场地，按照目前展出面积排名依次是汉诺威、法兰克福、科隆、杜塞尔多夫、慕尼黑和柏林等城市的展览中心。

2. 举办跨地区展览会的展览场地，主要包括纽伦堡、埃森、莱比锡、汉堡和斯图加特等城市的展览中心。

3. 举办地区性展览会的展览场地，主要有弗里德利希哈芬、多特蒙得、卡尔斯鲁尔、奥分巴赫、奥格斯堡、施维临、罗斯托克和德累斯顿等城市的展览中心。

二、知名展览会

在德国，举办经济技术展览会是市场行为，原则上无任何限制。根据德国展览业协会统计，德国有超过 100 家展览主办单位，境内每年举办 1000 多个展览会，按照规模可分为国际展览会、跨地区展览会和地区性展览会。根据德国展览业协会的定义，国际参展商达到 10%以上、国际观众达到 5%以上的展览会方属于国际展览会。德国目前有 150 多个国际展览会和跨地区展览会。

德国每年展出面积近 700 万平方米，接待参展商近 17 万家，其中 53%来自海外，观众 1 千万人次，其中 10%左右来自海外。世界上目前有 140 多个国际展览会，为各自所在产业部门和行业类别中最重要的展览会，其中约有 90 个在德国举办。

德国展览会的组织者分为 3 类：

一是拥有展览场地的举办单位，如以城市命名的各大展览公司。其中最大的是被称之为"六大"的汉诺威展览公司、杜塞尔多夫展览公司、科隆展览公司、法兰克福展览公司、慕尼黑展览公司和柏林展览公司。这些展览公司均为所在城市和联邦州控股的责任有限公司或股份公司，地区工商会和手工业协会也有参股。此类展览会主办者办展的主要目的是通过国际展览会带动地区经济发展。

二是没有固定展览场地的办展者，如纽伦堡 AFAG 展览公司、吕北克 M+A 展览公司、励展集团德国公司、汉堡 IEG-GIMA 公司。这些办展者结合自身优势，选择不同专业题材办展，主要目的是盈利，并通过展览会建立数据库和提供咨询服务。

三是行业协会和经济组织，如德国汽车工业协会、德国出版商协会等。这些办展者主要目的是通过办展为本行业交流和发展服务，同时以盈利为目标。

三、展览会统计体系

展览数据自愿审计组织（FKM）是设立在德国展览业协会内的机构。德国大部分展览主办者均以会员形式加入该组织，每年自愿向该组织提供各自举办的展览会展出面积、参展商、专业观众人数等数据，接受该组织对其公布数据的审计。FKM 每年公开发布各展览会举办情况数据。受审计的展览会可在宣传中使用"经 FKM 审计"字样。

这一展览数据审计机制为德国展览主办者提供了公开、透明的竞争环境，为参展者横向比较展览会提供了客观、可信的参考数据，为政府掌握德国展览业整体状况提供了重要的依据，大大提高了德国展览业整体透明度、自律性和公平竞争环境。

由于 FKM 树立了很高的权威性，德国以外的欧洲展览主办者也经常主动将自己的展览会提交 FKM 审计。

四、展览行业协会

德国展览业协会（以下简称 AUMA）是德国最重要的展览组织，在世界展览业界也有很大影响。AUMA 创立于 1907 年，是代表德国私营领域的行业协会，涵盖了德国展览场地拥有者、展览会举办者、参展商、展览参观者、展览服务企业等各相关组成部分。其宗旨是在展览业范围内保护德国企业的共同经济利益。

AUMA 会员企业约有 70 多家，主要来自两大群体：经济组织和展览公司。经济组织包括德国 36 个全国性的工业协会。由这两个群体的会员中选举任命的会员代表构成会员代表大会，直接领导 AUMA 董事会。董事会由德国经贸工商展览界知名人士构成。

AUMA 是非营利性组织，运行资金 99% 来自展览会举办者上缴的按展览场地租金每平方米 0.60 欧元的管理费。另外 1% 的收入来自其会员会费。AUMA 年收入约 390 万欧元，全部收入用于机构运营。作为义务，会员单位应不定期上报其展览项目，并按照展览会售出面积支付管理费。

AUMA 的主要任务包括：

1. 代表德国展览业利益，在出口贸易促进、税制、建筑、环保、劳工等各个领域游说州和联邦政府的立法和行政机构，并且在欧盟乃至国际范围内维护德国展览业的利益，和外国展览组织保持沟通与合作，与其他德国协会密切合作。

2. 通过网站、出版物等，公开发布德国及世界各地展览信息，提供展览相关咨询服务。

3. 协调德国官方出国参展活动。AUMA 牵头与德国有关行业协会、经济组织和政府部门组成工作组，共同制订德国每年度官方出国参展计划，并委托展览公司实施。AUMA 负责联系各方，召开会议，收集、整理、通报展览信息和企业参展意向，还牵头与其他有关部门组成办展工作组、培训工作组、观众招展工作组、信息技术工作组、保证展览透明度工作组、新闻媒体工作组、技术和运输工作组、法律事务工作组、广告工作组、联邦州工作组等。

4. 对外宣传德国展览业，提升德国作为展览大国的形象和地位，并通过展览会进行市场调研。

5. 进行展览理论研究、专业培训，举办公关活动等。AUMA 积极与各种新闻媒体保持关系，即时发布业界重要活动和动态。AUMA 还负责举办德国展览论坛和年会等重大活动。

五、出国办展和参展

德国政府支持德国企业赴国外参加展览会。德国经济部门在德国展览业协会牵头下，成立工作组，根据德国企业的意向，在世界范围内选择展览会，制订每年的德国官方出展计划，并委托德国有资质的展览公司组织实施。

目前德国每年出展计划约有 200 多个项目，其中 50% 左右在亚洲。德国政府为参展的中小企业提供各种形式的经济支持，每年总额约 3600 万欧元。每年有 6000 多家德国企业得到支持，出国参展。

第四节　法国展览业概况

法国是世界上第五大经济强国，工业、农业和服务业的发展水平位居世界前列；国际形象优越，在地理位于欧洲的中心地带，航空、铁路和公路交通快捷便利；气候温和，历史文化悠久，风景秀丽，拥有众多举世闻名的旅游景点；具有一流的展馆设施和服务系统，优良酒店和餐饮设施，以及悠久的国际经济、文化交流传统，这些得天独厚的条件使其自然而然地成为世界上展览业最为发达的国家之一。

一、展览业经济效益

根据法国政府旅游部所公布的统计数字显示，每年与博览会、展览会和会议业务相关的产业活动总共为法国创造了总值达到 78 亿欧元的经济效益,其中大约 40～45 亿欧元的产值是与举办各种会议和类似业务活动直接相关的。法国政府旅游部还估计，各种与博览会、展览会和会议业务相关的产业活动总共为该国全国创造了至少 30 万个全职工作岗位。法国政府预计在不远的将来，该国与博览会、展览会和会议业务相关产业活动的所创造的经济效益规模有望进一步扩大到 100～140 亿欧元左右。

展览会不仅为展览公司、场馆公司和展览服务公司带来收益，也为展览会所在城市引来大量的国内外参观者和参展商，从而为当地的旅馆业、餐饮业、零售业、公共交通、出租汽车行业带来收益。事实上，一个参加各种博览会、展览会和会议活动的商务旅客通常平均每天的消费额要比一个普通游客高150%～400%左右。

巴黎大区是法国举办展览会活动最多的地区，所举办的展览会数量大约占全法国的70%。根据巴黎工商总会专门发表的一项统计报告显示，在2005年期间，巴黎大区所举办的全部展览会所累计占用的展馆总面积达到560万平方米，每个展览会向参观者的平均开放天数为5天，用于每个展览场馆的准备布置和拆除工作所占用的天数为7.3天，每个展台的平均占用面积为39.7平方米。但是小规模展览会所占的比例很高，大部分的展览会所占用的展台总面积小于1万平方米，仅有4个展览会所占用的展台总面积超过了10万平方米。

根据巴黎工商总会所发表的一项分析报告显示，与博览会、展览会和会议业务相关的产业活动以直接和间接的方式为巴黎大区创造了总值大约为45亿欧元的经济效益，其中大约有33亿欧元的产值是与举办各种博览会和展览会活动直接相关的，而大约有12亿欧元的产值是与举办各种会议活动是间接相关的。此外，各种与博览会和展览会业务相关的产业活动总共为该地区创造了至少52000个全职工作岗位，其中尤其是国际专业展所作出的贡献最为可观。

而展览会对于巴黎大区经济发展作出的贡献可以分成两个部分：第一部分是与展览会直接相关行业的支出（大约为16亿欧元的收入），主要是向展览会主办机构缴纳的展台租用费用以及展台装饰和布置费用。在此基础上还要加上参展商的宣传费，展品的运输费以及参展人员的交通费、住宿费、餐费等支出。此外，其他能够直接从展览会获得收益的主要部门还有旅游业（17亿欧元的收入），其中主要包括住宿行业和餐饮业。参展商和参观者必须支出的另外一部分相当可观的费用是交通费（长途交通费用和少量的当地交通费用）。在巴黎大区，所有出租的酒店客房总数之中大约有40%～50%是被参加各种博览会、展览会和会议活动的商务旅客直接占用的。而且，该地区旅游行业的总收入之中，也大约有40%～50%的金额来源于参加各种博览会、展览会和会议活动的商务旅客。

此外，与博览会、展览会和会议业务相关的产业活动也为法国国内其他一些城市和地区创造了十分明显的经济效益，下面为一些成功的例子。

昂热市：每年所举办的6个展览会和1个博览会为该城市创造了7950万欧元的经济效益。

比亚丽兹市：每年所接待的40000位会议参加者（其中6000人来自国外）所租用的酒店客房总天数达到125000个夜晚。相关的商务旅游活动为该城市创造了6200万欧元的经济效益。

波尔多市：每年所举办的4个展览会和1个博览会为该城市创造了15710

万欧元的经济效益。

布雷斯特市：每年所举办的 2 个展览会为该城市创造了 1740 万欧元的经济效益。

戛纳市：每年所举办的展览会和博览会为该城市创造了 12000 个工作岗位和 75000 万欧元的经济效益，其中为该市政府所直接创造的经济效益达到 5800 万欧元（产值平均每年的增长率达到 5%）。

克莱蒙费朗市：每年所举办 1 个博览会为该城市创造了 860 万欧元的经济效益。

埃维昂市：每年所接待的会议参加者所租用的酒店客房总天数达到 12400 个夜晚，相关的商务旅游活动为该城市创造了 30 万欧元的直接经济效益和 215 万欧元的间接经济效益。

格尔诺布尔市：每年所举办的 7 个展览会和 2 个博览会为该城市创造了 4850 万欧元的经济效益。

勒芒市：每年所举办的 2 个展览会和 1 个博览会为该城市创造了 980 万欧元的经济效益。

里尔市：每年所举办的 8 个展览会为该城市创造了 5530 万欧元的经济效益。

里昂市：每年所举办的 18 个展览会和 1 个博览会为该城市创造了 35400 万欧元的经济效益。

马赛市：每年所举办的 1 个博览会为该城市创造了 2130 万欧元的经济效益。

蒙彼利埃市：每年所举办的 2 个展览会和 1 个博览会为该城市创造了 6610 万欧元的经济效益。

南特市：每年所举办的 12 个展览会和 1 个博览会为该城市创造了 12650 万欧元的经济效益。

奥尔良市：每年所举办的 7 个展览会和 1 个博览会为该城市创造了 3710 万欧元的经济效益。

波城：每年所接待的会议参加者所租用的酒店客房总天数达到 71000 个夜晚，相关的商务旅游活动为该城市创造了 800 万欧元的经济效益。

雷恩市：每年所举办的 3 个展览会和 1 个博览会为该城市创造了 9300 万欧元的经济效益。

圣马罗市：每年所接待的会议参加者所租用的酒店客房总天数达到 110000 个夜晚，相关的商务旅游活动为该城市创造了 210 万欧元的直接经济效益。

斯特拉斯堡市：每年所举办的 7 个展览会和 1 个博览会为该城市创造了 5960 万欧元的经济效益。

图卢兹市：每年所举办的 3 个展览会和 1 个博览会为该城市创造了 2940

万欧元的经济效益。

二、展览场馆

截止到 2010 年底为止，法国国内总共拥有的可供举办各种博览会、展览和会议的室内场地总面积超过 2 百万平方米。法国的 80 多个展览中心，其中 11 个位于巴黎大区（相比伦敦仅拥有 6 个展览中心，巴塞罗那和柏林均只拥有 2 个展览中心），还有 63 万平方米可供商业销售的场地，以及 3 个总面积超过 10 万平方米的超大型展览中心。此外，法国国内还拥有 120 个会议中心，可容纳的座位总数达到 127000 个，其中包括 15 个座位总数超过 4000 的大型会议中心。法国在欧洲地区会议场地供给市场上的占有份额达到 36%，其排名领先于奥地利（拥有 32 个会议中心和 85000 个座位）和英国（拥有 14 个会议中心和 79500 个座位）。

巴黎大区所拥有的前十大展览中心的总面积达到 616000 平方米，其中展厅的总面积占 92%。巴黎大区是法国展览业的中心地区，在全国的参观人数中占 70%（专业展和社会公众展混合计算），在专业展参观人数中占 80%。展览业较为发达的其他法国城市分别为里昂、波尔多、里尔等城市。

法国国内规模最大的 5 个展览中心之中有 3 个位于在巴黎大区，分别为巴黎凡尔赛门展览中心（Paris Expo Porte de Versailles，展馆面积为 228000 平方米）、巴黎北维尔班特展览中心（Paris-Nord Villepinte，展馆面积为 191000 平方米）以及巴黎布尔日展览中心（Paris-Le Bourget，展馆面积为 78700 平方米）。法国国内另外两个规模最大的展览中心分别为里昂欧洲展览中心（Eurexpo-Lyon，展馆面积为 104000 平方米），以及波尔多会议和展览中心（Congrès et Expositions de Bordeaux，展馆面积为 65000 平方米）。

三、展览公司

法国国内总共有约 600 家展览会和博览会的主办企业，各家企业的雇员总数至少为 3000 人，这些展览公司营业额总计为 97000 万欧元，其中 17000 万欧元为展览会的营业额，加上其他收入总营业额为 8 亿欧元。这个行业的大部分营业额由规模较大的展览公司所创造，其中雇员超过 20 人的企业有 13 家，它们的产值占全行业总产值的 2/3。

法国的展览业与其他国家不同的一个重要特点是，展览公司不拥有场馆，而场地公司既不主办展览会，也不参与展览会的经营。法国的展览业人士坚持这种做法，认为这样能够促进各家展览公司之间的公平竞争，也有利于场馆公司专心做好自己的场馆服务工作。

法国展览公司的最新发展趋势首先是主办机构专业化。在五六十年代，许多专业性展会是由行业协会自己主办的。随着展览会之间竞争的激烈化，越来越多的行业协会把自己的展览会卖给了专业展览公司，或者和专业展览公司合资组成合资公司，行业协会只保留一定量的股份，把展会全部或部分交给展览公司经营。其次是展览公司集团化。由于市场对展览会的要求愈来愈高，这就要求展览公司对资金、人力资源、国际网络等各方面做很大的投入。小型展览公司往往力不从心，自然而然地被大型展览公司兼并收购，形成了展览公司集团化的趋势。

目前在法国展览市场上具有垄断地位的大型展览公司共有3家，其中励展集团（Reed Exhibitions）是一家英国展览集团在法国国内设立的子公司；而另外两家则是纯法国企业，分别为爱博展览集团（Exposium）和巴黎展览委员会（Comexpo Paris）。根据所举办的大型展览的周期不同，这些展览公司每家的年营业额大约保持在10000～18000万欧元之间。

1. 爱博展览集团（Exposium）是法国最著名的展览公司之一，具有50年主办展会的经验和专长，得到国际展览界的认可。爱博集团目前举办107个展览会，其中16个展览会在法国以外的国家举办，约有来自全球100多个国家的18000家公司参展，吸引了来自175个国家的160万专业参观人士，销售展台净面积为90万平方米，展出总面积则达到150万平方米，年营业额约为1.8亿欧元。爱博展览集团办展的领域包括农牧业和食品加工、包装、土木工程和建筑机械、农业机械、旅游、信息技术等，共有350名员工。为了在国际范围内销售和宣传展会，爱博展览集团建立了强大的国际营销网络，在主要的欧洲国家、美国、加拿大、中国和阿根廷拥有8个独立的办公机构和9个分公司，并通过法国国际专业展促进会（Promosalons）的网络，在全球60个国家和地区拥有专业化的代理网络。爱博展览集团在北京建立了自己的展览公司（北京爱博西雅展览有限公司），在上海设有代表处。其任务是为在法国举办的展会组织各种宣传促进活动，同时和中国的行业机构或展览公司发展合作关系，积极在华开拓新的展览会业务。目前爱博展览集团已和中国国际贸易促进委员会农业行业分会合作，成功地于北京举办了国际农业和食品技术展（Agro Foodtech China），为中国的农业、畜牧业、食品加工工业、包装工业、食品业这一纵向系列化经济领域带来大批的新技术和众多的商机。

2. 励展博览集团（Reed Exhibitions）实际上是一家英国资本控制的大型展览公司。随着励展博览集团于2000年收购欧洲Miller Freeman展览公司之后，现在已经成为全球最具规模的展览主办单位，每年在世界29个国家所举办的展览会超过470个，约有16万家公司参展，参观者达到900多万人次。励展博览集团办展的领域包括工业配件、建筑装饰材料、电子等。励展博览集团自1995年起在北京成立了第一家办事处，该集团不断扩大它在中国的业务，先后成立了上海办事处以及两家合资公司（上海励华国际展览有限公司和北京励德展览有限公司）。

3. 巴黎展览委员会（Comexpo Paris）是法国最大的展览机构之一，该机构由巴黎市政府、巴黎工商总会以及多家专业机构所共同组成。巴黎展览委员会目前每年举办 50 多种展览会，年营业额约为 1.3 亿欧元。巴黎展览委员会办展的领域包括汽车零部件和设备、服装服饰、巴黎博览会、纺织面料等。

除主办企业和场馆外，与展览后勤工作直接有关的法国展览服务企业数量也不少。估计至少有 250 家法国企业的主要经营业务与展览后勤工作直接相关，这些企业包括展台设计、搭建、展台供应、视听设备供应、装饰、花卉、电气安装、清洁、保安、临时工作人员招聘等公司。这些企业每年的营业总额为 6 亿欧元，员工总人数约为 6000 人。

目前在法国展览服务市场占有最大份额的企业共有 4 家，分别为通用租赁集团（Générale Location）、美尔罗门集团（Melrom）、创造展览集团（Créatifs Exposition）和迪斯波集团（Dispose）。其中通用租赁集团和美尔罗门集团是两家规模较大的企业，分别拥有的资本也最为雄厚，每年的营业额在 10700～13700 万欧元之间。在最近几年期间，这两家企业积极开发展览基础设施的经营市场，并要进军国际展览服务市场，甚至本身也会直接进入展览会的主办和经营市场。

四、知名展览会

最近几年以来，法国展览行业的最新发展趋势首先是展览会的举办规模日益大型化。在 20 世纪 80 年代时，在法国国内的同一个经济领域内往往有许多类似的展览会并存。经过市场的优胜劣汰，现在为数众多的展览会已经消失，剩下的强者越办越大、越办越好，逐渐确立了自己的垄断地位和知名的品牌效应。目前法国展览领域之内群雄纷争时代已经过去，并且已经形成一个相对稳定的展览市场。

其次是展览会进一步国际化。随着贸易世界化和欧洲一体化的发展，在法国举办的国际性专业展已不能再满足于吸引法国的参观客户和参展商，必须在更大的地域范围内寻找客户。欧洲各国展览会之间的商业竞争关系日益加剧。为了生存，法国的展览会力求提高其国际化水平，增加国外参展商和参观客户的比例，使展览会成为在欧洲范围内甚至在全世界范围内的龙头展。

最后是展览会向高质量、高水平的方向发展。为了保持自己在市场上的地位，展览公司在展览会装修、展览会活动以及宣传报导等方面越来越精益求精，而且把工作的重点转移到参观者的组织上来。参展企业花了很多经费参加展览会主要是为了拓展销路和市场，如果参观者数目很少或者参观者的质量不高，参展公司就不会再次参展。已有知名度的展览公司，不愁找不到参展商，就怕参观者数量少、质量低，从而把大量的经费和人力投到参观者的组织上。从某种意义上讲，一项展览会的举办成功与否，其主战场是观众的组织，而不单纯是寻求参展商的数量。目前在法国举办的知名展览会包括：

（1）时装和个人类，包括国际面料展（Première Vision）、巴黎女装展（Prêt à Porter Paris）、巴黎男装展（Sehm）、巴黎/里昂女内衣展（Lingerie）、国际眼镜展（Silma）、国际面料和服装配件展（Interfilière）等；

（2）家庭装饰和设备类，包括国际家庭用具和装饰展（Maison & Objet）、国际家具展（Meuble）、国际灯具展（Lumière）、国际园艺花卉及用具和五金家居装饰展（Jarditec & Créabitat）、国际厨房电器展（Confortec）等；

（3）建筑、公共工程和环保类，包括国际建筑建材展（Batimat）、国际土木工程机械展（Intermat）、国际环保工业展（Pollutec）等；

（4）食品和加工设备类，包括国际农业展（Agriculture）、国际农业及畜牧业展（Sima/Simagena）、国际食品展（Sial）、食品工业流程和设备周（Ipa）、欧洲面点设备及技术展（Europain）、国际葡萄酒及烈性酒展（Vinexpo）、国际餐饮和酒店展（Sirha）等；

（5）运输类，包括巴黎航空航天展（Aéronautique）、汽车世界展（Mondial de l'Automobile）、国际汽车设备工业展（EQUIP AUTO）、国际物流解决方案论坛（Sitl Temps Réel）等；

（6）工业类，包括国际包装工业展（Emballage）、国际电力电气及自动化展（Elec）、国际土木工程机械展（Intermat）、国际对外承包展（Midest）等；

（7）健康类，包括国际化工展（Interchimie）、国际医药展（Intermédica）、国际医院展（Hôpital Expo）等。

法国的 Sial 国际食品展有来自 99 个国家的 5300 家公司参展，专业观众达14 万人，来自 191 个国家。法国 Sial 国际食品展创办于 1964 年固然是一个因素，但这个展会之所以发展成世界头号食品展，是因为法国的农业和食品工业发达、推崇饮食文化、对国外饮食文化兼容并蓄、展览地巴黎位于欧洲地理中心位置等众多客观的因素。世界最大的 Batimat 建材展参观人数达 14 万人，其中 2 万观众来自国外，比例高达 14%，这是因为法国建筑工业发达的缘故。

法国展览主办机构通过将本国的一些知名展览会移植到国外的方式进军外国展览市场，尤其是打入到那些新兴经济快速发展的国家，同时可以伴随那些希望发展出口市场的参展企业进军国际市场，并且还可以提高相关展览会在世界上的知名度。但是，至今法国展览主办机构进入国际市场的程度还相当有限。比如说法国展览主办机构至今的成功范例主要为将 Sial 国际食品展分别移植到加拿大、阿根廷和中国上海，将国际电力电气及自动化展移植到土耳其，将国际汽车设备工业展移植到墨西哥，将汽车世界展移植到阿根廷，以及将国际葡萄酒及烈性酒展移植到中国香港特别行政区等。

法国展览主办机构在国外介绍其国际专业展览时，主要的公关手段就是在目标国家的不同新闻媒体上展开广告宣传攻势，并且在相关国家之中召开有新闻界和商界人士参加的新闻发布会。

五、展览行业协会

法国展览业的主要协会分别为：法国博览会、展览会和会议协会，法国国际专业展促进会，法国国际发展署、以及巴黎工商总会。

1. 法国博览会、展览会和会议协会（Foires、Salons & Congrès de France，简称 FSCF）

该协会是法国展览业之中最重要的行业机构。在 1999 年时，这家协会在原有的两家独立的展览协会（法国专业展览协会和法国普通博览会协会）的基础上相互合并而产生。到 2001 年 5 月时，这一合并活动进一步扩大，法国国家会议中心协会也宣布加入到新机构中来。法国博览会、展览会和会议协会总共拥有 230 个会员单位，分别包括 75 个博览会主办企业、99 个展览会主办企业、67 个经营展览场馆的企业、40 个会议中心（其中某些会员单位经营多个行业）以及 37 个合伙会员（主要是一些展览服务公司），这些会员单位的营业总额大约占本行业市场份额的 85%。

法国博览会、展览会和会议协会的优先目标是，大力游说政府放松和简化各种针对举办展览活动的立法和政策规定。这家协会的另外一个目标是努力维护展览会这种传媒形式，并且强化有关展览会活动的市场调研、各类数字统计工作；向企业宣传展览会的重要性，以及向会员单位提供各种性质的服务项目（专业培训、各种与司法和社会事务有关的帮助）。到目前为止，法国博览会、展览会和会议协会已经详细地掌握了大约 300 个展览会的统计数字，这些展览会涉及的展台总面积占法国国内举办全部展览会展台累计总面积的 70%。事实上，法国国内的众多的展览会是被安排在展览中心以外的场所举办的，因此要求所有展览会的主办单位均能向一个主管控制机构提供相应的统计数字是一件十分重要的工作。为此法国博览会、展览会和会议协会还创立了一个名为"统计证实办公室"（Office de Justification des Statistiques，简称 OJS）的机构，并且该机构已经获得法国政府经济和财政部的认可，其日常工作为检验和公布各种与在法国举办的各种展览会有关的统计数字，以方便参展企业作出选择。

2. 法国国际专业展促进会（Promosalons）

该协会是法国展览业的另一个主要的协会机构。该协会成立于 1967 年，是由商会和政府牵头组织的民间团体。其理事会由法国外贸中心、巴黎工商总会、法国专业展联合会、法国雇主协会、巴黎市政府、法国外贸部以及展览中心和专业展览公司的代表组成。该协会的宗旨是把法国最具权威的国际性专业展览介绍到国外去，为各国决策人士和专业人士来法参观或参展提供各种便利和服务。法国国际专业展促进会的经费来源由两部分组成，一部分是由诸如巴黎工商总会和展览场地公司等主要理事单位提供的年度补贴，这一来源仅占全部经费来源的一小部分；另一部分经费来源是由参加该协会的展览公司按所需促进的展会数目及促进宣传工作量而定的促销经费，这一来源占全部经费来源的相当大部分。法国的任何一家展览公司均可申请加入该协会，但对于相同专题的展会一般只接纳一个展会加入，而且优先接纳质量最好的展会。法国国际专业展促进会所代理的展会是法国最有权威的国际性专业展览会，规模大、国际性强，它们均需要依靠该协会在世界各地的国外参展商的招募工作或国外参观人员的促进工作。到目前为止，该协会已拥有 60 多个展览会成员。

法国国际专业展促进会为了向展览会提供国际促进业务，在全球 60 个国家设有代表机构，业务活动的范围则涉及 70 个国家。在这些代表机构之中，除意大利、德国、英国、西班牙、比利时等少数国家是由该协会总部直接投资的独资公司，其他代表机构都是财务独立的单位或公司。根据国家不同，代表机构可以是法国使馆的商参处、法国驻外商会、法航办事处或独立开设的商务公司。这些代表机构的任务是在各自负责的国家和地区，为这 60 多个展览会开发形式多样的促进业务。这种展览会的国外促进方式很有意义，因为单个展览公司，哪怕是财力强大的展览集团，都没有足够的实力在世界上 60 个国家建立属于自己的办事机构网络，但是将从属于不同展览公司的 60 多个展会的宣传经费集中到一起使用，就能组成一个有效的展览会国际促销网络。

3. 法国国际发展署（UBIFrance）

该协会是一家专门以在世界上促进法国产品和服务发展为宗旨的公立机构，直接隶属于法国政府财政和工业部的对外经济关系局。法国国际发展署目前总共拥有 3000 个企业和专业机构会员，其中 70%的会员企业为年营业额不到 3 千万欧元的中小型企业。法国国际发展署每年举办法国各行业产品（但不包括食品和农产品）的集体性促销宣传活动，其中包括在国外举办的多个展览会上设立法国集体展馆，或者为法国参展企业举办集体性的宣传活动。此外，法国国际发展署还向希望参加在国外举办展览会的企业提供展览会的选择和准备方面的咨询。

4. 巴黎工商总会（Chambre de Commerce et d'Industrie de Paris，简称 CCIP）

该协会是一家代表和维护企业利益的公共事业机构，成立于 1803 年，现有会员 31 万多家，每年的预算总金额约为 4 亿多欧元。巴黎工商总会有 4 项职能：面对政府代表企业的职能，培训职能，领土整治和配备职能，以及支持企业和向企业提供信息的职能。巴黎工商总会直接参与展览中心的管理，使得巴黎成为大型会议和展览会的世界都会。巴黎工商总会下属的位于巴黎北维尔班特展览中心（Paris-Nord Villepinte）的展览面积占整个巴黎大区全部展览面积的 1/3。

六、政府财政补贴政策

法国政府为了鼓励本国的中小企业积极参加各种专业展览，在财政上专门制定了相应的扶持政策。具体的措施包括为小型企业提供一种参展保险资助。其目的是通过向相关企业支付一定保险费的形式，来弥补参展企业由于在展览会举办期间所获得的订货额不足，从而无法抵消参展费用支出所造成的损失。

法国国际发展署（UBIFrance）也会对本国企业的参加展览活动实施财政补贴政策。法国国际发展署会在经过选择的外国展览会上设立法国集体展馆，由它亲自出面与展览会举办机构展开谈判和租用展览场地，并且负责集体展台的设计和装修。然后该机构再将这种已经完全装备好的集体展馆，以包含政府补贴的优惠价格，分别转租给各家法国参展企业。

法国国内的地方政府机构也会对中小企业的参加展览活动实施财政补贴政策，在实际执行的过程中则表现为两种形式：一是由大区或者省级的地方政府，或者由地方工商会机构直接出面在展览会之中设置集体展馆，然后将这种已经完全装备好的集体展馆再以十分优惠的价格分别转租给当地的各家参展企业；二是由地方政府单独直接地向一些新创立的初次参加展览会的企业提供财政资助。

第五节　奥地利展览业概况

服务业是奥地利的支柱产业之一，占其国内生产总值的 62%。会展业是奥地利服务业中的有机组成部分，为各行业提供了重要的交流和发展的平台。奥地利境内举办的展览会数量虽大大少于德国，但其展览设施完备、组织手段专业、整体质量较高。奥地利举办的展览和会议与相关行业结合十分紧密，展览会专业化水平较高、针对性很强。由于总体规模有限，奥地利展览业并未如德国一样，形成较为明显的独立业态。

一、展览场馆

奥地利主要展览城市是萨尔斯堡、维也纳、威尔兹、茵斯布鲁克、格拉茨、克拉根福、多恩比恩、林茨等。其中大型国际展览会多在萨尔斯堡和维也纳举办。

据国际展览联盟数据显示，维也纳展览中心占地面积 30 万平方米，室内展览面积近 10 万平方米，室外展出面积 1.1 万平方米。萨尔斯堡展览中心占地面积 13.2 万平方米，室内展出面积 3.5 万平方米，室外展览面积 5000 平方米。其 6 号馆于 2006 年 1 月因暴风雪损坏，因此投入了 3500 万欧元对展馆进行维修和改造。

二、知名展览会

据估计，奥地利全年举办经济技术展览会约有 100 个，另有相当多数量的国际会议活动。根据德国展览业协会不完全统计，2006 年奥地利境内共举办经济技术展览会 63 个，其中半数以上展览会由励展集团在维也纳和萨尔斯堡的分公司举办。

奥地利举办的展览会涉及行业包括信息、通信、汽车、建筑、消费品、投资、教育、餐饮服务等。由于和德国有着密切的联系和紧邻的地理位置，奥地利展览会难以和德国展览会相竞争，因此缺少国际化程度高的展览会。奥地利展览会结合这种实际情况和自身条件，大多定位在欧洲中部地区，展览客商除本国以外，主要来自德国、瑞士、意大利、捷克、斯洛伐克、匈牙利、斯洛文尼亚。

奥地利举办的规模最大、国际化程度较高的贸易展览会主要包括萨尔斯堡酒店、餐饮业展览会（每年秋季举办，净展出面积 2.5 万平方米，来自 11 个国家的 720 多家参展商参展，贸易观众近 4 万人次），维也纳国际旅游、假日休闲展览会（展出面积 1 万平方米，参展商 400 多家，来自 46 个国家，观众近 12 万人次）和威尔兹国际生物能源、节能技术展览会（展出面积 34000 平方米，参展商 700 多家，来自 9 个国家，观众 65000 人次）。

三、展览会统计体系

大部分奥地利专业展览会均通过德国展览数据自愿审计组织（FKM）进行审计。据 FKM 对 2005 在奥地利举办的展览会不完全统计，奥地利各国际专业展览会共接待观众约 71 万人次。FKM 的公开发布刊物中可按照城市查询奥地利主要展览会的各项情况。

第六节　瑞士展览业概况

瑞士以服务业发达著称于世，国际展览和会议活动也具有相当大的规模和很高的整体质量。展览业给瑞士的旅游、酒店、餐饮、保险、投资等领域均带来了很大收益。举办国际展览会每年给瑞士带来收益达 1.4 亿瑞士法郎，固定就业机会 2.2 万个。瑞士展览业正如该国经济发展模式一样，不靠大规模，重在高质量。大多数瑞士展览会都具有很高的针对性，集中在高附加值的高科技产品、精密仪器、汽车、制药、投资和奢侈品等领域，以较高的档次和专业的展会组织而著称。

一、展览场馆

瑞士展览城市主要包括巴塞尔、日内瓦、苏黎世、伯尔尼、洛桑、圣加伦和卢塞恩。

隶属于瑞士展览集团的巴塞尔会展中心是瑞士最大的展览场地，由 6 个展馆组成，总展出面积达 16.2 万平方米，2005 年接待参展商近 1.5 万家，观众近 200 万人次。该集团还管理着 3.5 万平方米的苏黎世展览中心。

瑞士日内瓦博览馆位居第二，拥有 12.3 万平方米的室内外展览面积，2005 年接待参展商 4000 多家，观众 160 多万人次。

二、知名展览会

据不完全统计，2005 年在瑞士举办了 49 个展览会。

瑞士展览集团是该国最大的办展者，于 2001 年由苏黎世和巴塞尔的展览公司合并而成。该集团在瑞士主办 25 个展览会，其中包括世界著名的巴塞尔钟表首饰展览会、巴塞尔艺术品展览会等。

瑞士举办的艺术品、奢侈品类展览会居世界领先地位。日内瓦汽车展览会、巴塞尔建筑展览会、巴塞尔电信展等也在欧洲展览市场占据重要地位。

瑞士展览集团还管理着巴塞尔和苏黎世的展览中心。

三、专业观众统计

瑞士于 1991 年成立了展览数据自愿审计机构（FKM Suisse），目的在于提高展览会数据的可比性和展览市场透明度。大约有 6 家主要的瑞士展览主办者每年向该机构提供 17 个展览会的数据，并接受审计。该机构目前设于伯尔尼展览公司。

第七节　波兰展览业概况

近年来波兰展览业随着经济的发展而有所恢复，总体形势较好。2005 年展览总面积为 52.5 万平方米，比上年增长了 12.4%；参展商总数达到 27630 家，增长了 8%；参观者达到 918304 人次，增长了 24.5%。主要的展览城市有波兹南（Poznan）、凯尔采（Kielce）、华沙等。波兹南展览中心是波兰最大展览中心，2005 年展览面积为 270731 平方米，占波兰全年展览面积的 53.63%，全年参展商 11066 家，参观者 31.48 万人次。其次为凯尔采展览馆，年展览面积达 85068 平方米，参展商 3819 家，参观者 20.78 万人次。2006 年在波兹南举办的重要展会有波兹南国际建筑展（BUDMA），展览面积达 36385 平方米，展商 1064 家，观众 50158 人次；国际食品工业展（POLAGRA-FOOD），面积达 27119 平方米，展商 1041 家，观众约 40000 人次；此外还有国际农业展、国际家具装饰品展等。在凯尔采举办的重要展会有国际国防工业展（MSPO），国际道路建设展（Autostrada-Polska）等。

波兰主要的展览组织者为波兰展览公司（Polish Trade Fair Corp），该公司成立于 1993 年，由 118 家公司联合发起，总部位于波兹南，下属多个子公司、分公司，业务范围包括组织和参与波兰国内和国际大型展会，设计、建筑和装饰展览场馆和设施，以及与展览有关的咨询、培训、推广等。

波兰 2006 年的主要展会如表 12.1 所示。

表 12.1 波兰 2006 年的主要展会及其展览面积

序号	展览名称	举办城市	展览面积（平方米）
1	BUDMA（International Construction Fair）	波兹南	36385
2	POLAGRA-FOOD（International Trade Fair for the Food Industry）	波兹南	27119
3	POLAGRA-FARM（International Agricultural Trade Fair）	波兹南	26409
4	MEBLE（Fair of Furniture, Accessories and Furnishings）	波兹南	22904
5	POZNAŃ MOTOR SHOW	波兹南	17576
6	TAROPAK（International Packaging Technology and Logistics Exhibition）	波兹南	17495
7	POLEKO（International Ecological Fair）	波兹南	15769
8	MSPO（International Defence Industry Exhibition）	凯尔采	15226
9	DREMA（International Trade Fair of Woodworking Machines and Tools）	波兹南	14578
10	ITM POLSKA: MACH-TOOL（Machine Tools Exhibition）	波兹南	14252

第八节 捷克展览业概况

捷克的展览业在中、东欧地区比较发达，是该地区会展业的中心。据捷克有关部门统计，2003～2004 年展览业有所下滑，2005 捷克展览业开始回升，年展览总面积达 996314 平方米，参观者总数达到 3169951 人，参展商总数达 32289家。在展览总数、展览面积、参展商数量等方面都比上年有所增加，但参观人数有所下降。

举办国际展会的主要城市为布尔诺（Brno）和布拉格（Praha）。最大的展览场馆为布尔诺市的 BVV 展览中心，有 16 个展馆，展览面积 66700 平方米，由捷克最大展览公司 Veletrhy Brno 管理。2005 年，Veletrhy Brno 公司举办了25 次国际性展览，占捷克国际展览总数的 59.5%。第二大展览馆是位于布拉格的 Vystaviste 展览中心。布拉格的主要展览公司为 Incheba Praha + Triumf Praha公司和 Ostravske Vystavy 公司。

捷克前五位展览公司如表 12.2 所示。

表 12.2 捷克前五位展览公司

前五位展览公司	年举办展览面积（平方米）	展商数量	观众人次
Veletrhy Brno	446455	9531	946541
Incheba Praha + Triumf Praha	94110	4113	348088
Vystaviste Ceska Budejovice	65634	1768	276357
ABF Praha	53491	1616	163832
Vystavy Litomerice	26338	923	188810

布尔诺举办的重要展会有布尔诺国际机械展和布尔诺国际信息、通信技术展。布尔诺国际机械展（MSV），2006 年展览面积 69019 平方米，参展商 2267家，36.7%为国际展商，参观者 104837 人次，是捷克的最大展会。布尔诺国际信息、通信技术展（INVEX），2005 年展览面积 27438 平方米，参展商 507 家，参观者 103640 人次，是中、东欧地区最大的 IT 业展会。

展览面积较大的还有国际车展（Autosalon，面积为 54241 平方米），国际建筑材料展（IBF，面积为 53470 平方米），国际军事装备技术展（IDET，面积为 48804 平方米），国际体育用品展（Sportlife，面积为 30137 平方米）等。

参观者较多的有国际车展（142873 人次），国际建筑材料展及同期的电子展（99650 人次），国际家纺、家具及家居展（Mobitex，65429 人次）和圣诞市场礼品展（68756 人次）。

在布拉格举办的主要展会有布拉格国际家居展（Pragointerier New Design），布拉格国际医疗保健用品展（Pragomedic）等。

捷克会展组织者协会（Association of Fair and Exhibition Organizers of the Czech Republic，简称 SOVA）是捷克会展行业的代表性组织，会员包括捷克主要的展览中心、展览公司、展览业服务公司。

第九节　比利时展览业概况

一、展览场馆

1. 根特国际展览会

根特国际展览会为非专业性定期展会，每年秋季（9 月份）举办一次，展期为 9 天，展出面积约 44000 平米，地点位于比利时东弗拉芒省根特市，是弗拉芒大区最重要的综合性展览会，也是比利时规模较大的展会之一。该展会摊位数一般在 400～500 之间，2002 年参观人数 150000 人，观众主要来自比利时，少数来自周边的法国、德国等国家。该展会每年确定一个主题国或地区，主办方向主题国或地区免费提供位于 1 号馆最佳位置的 400～1200 平方米光地。如作为主题国或地区参展，可免除场地和广告宣传费用，仅需承担摊位搭建、水、电、清洁等费用。2002 年根特国际展览会主题国是土耳其。此外，主办方还可为参展的企业举办小型洽谈会等活动提供场地和支持。据悉，2003 年根特国际展览会主题地区是比利时本国的瓦隆大区。

2. 布鲁塞尔国际会展中心

布鲁塞尔国际会展中心建于 1935 年，位于布鲁塞尔北部，离市中心约 10 公里，是比利时最大的展场之一，共有 12 个大型多功能展厅，展馆面积为 130000 平方米，占地面积为 120000 平方米，总建筑面积 180000 平方米，包括停车场及其他附属设施，展馆配套设施约 1000 平方米，其内容为供水、供电、供暖等设施，展厅地面结构为混凝土，美观耐用，地面承受力一般为 500 公斤，展馆高度根据不同位置一般在 3～30 米不等，是一个集展览、会议、娱乐为一体的现代化公共设施。该中心每年举办 60 多个各种类型的展览会，接待观众 800 万次，其中成千上万的观众来自世界其他国家。年场地使用率为 80%以上。该地电压（动力电）380 伏特，照明电 220 伏特。

3. 列日国际会展中心

列日国际会展中心创建于 1949 年，是一个实体专业展览公司。它可以自己组织各种会展，同时也可以将其展览场馆出租给主办单位。

在列日国际会展中心可以举办各类综合性或专业国际、国内展览会，以及其他重要活动。其博览会展场是列日国际博览会实现瓦隆地区贸易战略目标的关键部分，是地区、国家及国际间合作伙伴聚集的重要场所和开展进出口贸易的广阔市场。

二、展览行业协会

比利时展览业协会（Fédération belge des Activités de l'Exposition）代表的是比利时展览场馆提供服务者的利益，其成员均为展览场馆的设计商、摊位的建设者、展览设备和家具的租赁商。该协会是比利时唯一展览场馆服务商的专业性协会，在全国乃至世界范围内保护其成员的利益。其成员是参展客户可信任的合作者，它们的经验可帮助其客户成功地参加任何一项展览。

第十节　日本展览业概况

日本是亚洲展业最发达的国家之一，展会数量多，行业分布广。日本每年举办各类展会达 400 多个，内容涉及食品、服装纺织、机械电子、汽车等 34 个行业，其中规模较大、外国参展企业达到一定规模的国际性展会有 40 多个，如国际食品饮料展、东京国际汽车展、国际礼品展、国际花卉展等。日本展览会中，专业展项目数占展览项目总数的 80% 以上。

日本展览业主要集中在东京、大阪、千叶、神奈川、爱知五大城市，其中东京的展览会项目数占日本全国展览项目总数的 50% 以上，东京展览净面积总和占日本全国展览净面积总数的 60% 以上。日本目前最大的两个展馆分别是东京国际展览中心和大阪国际展览中心。

东京国际展览中心位于东京都江东区有明。"东京大展览馆"是中心的核心设备之一，是目前日本最大、等级最高的展览中心，总展览面积达 8 万平方米，有 10 个展览大厅，有最新的设施。

日本大阪国际贸易展览中心位于大阪，其室内展出面积 7 万平方米，主要设施有 6 个展馆和室外展场。

日本知名的展览公司还有爱喜思会展策划服务株式会社。

知名的展览会有东京国际礼品展，于每年春季（2 月份）以及秋季（9 月份）举办，是日本最有影响力的展览会之一。还有规模大、国际声誉好的东京国际食品饮料展，每年 3 月在东京举办，已经举办了 30 多年，目前已成为亚太地区规模最大、声誉最高的食品博览会，参展商达 2500 家，其中国际展商占 70%。由于地缘近、专项产业发达，目前日本已成为中国企业出国参展的一大目标市场。

【思考题】

1. 欧洲展览会市场哪些国家比较发达？如果你要组织一次欧洲参展，会选择哪个国家？为什么？

2. 与海外知名展览会国家相比，我国展览会市场有哪些特点？哪里需要进一步改进？

附录一

UFI 认证的要求

    UFI 是国际展览联盟（Union of International Fairs）的简称。在 2003 年 10 月 20 日开罗第七十届会员大会上，该组织决定更名为全球展览业协会（The Global Association of the Exhibition Industry），仍简称 UFI。UFI 是迄今为止世界展览业最重要的国际性组织。

    UFI 原为法文 Union des Foires Internationales 的缩写，英文写作 Union of International Fairs。UFI 于 1925 年在意大利米兰成立，并将总部设在法国巴黎。

    一、UFI 认证具体申请程序

    准备申请成为 UFI 会员的机构或者展会主办者必须尽早向 UFI 提出申请。UFI 首先要进行备案，如果申请 UFI 将其纳入当年工作日程，那么申请在理论上最迟为前一年的年底前向 UFI 秘书处提交所有正式申请文件。申请被受理后，UFI 下设的指导委员会将委派一名或者多名代表前往展会实地考察、实地核查所提交材料的情况，然后出具审核报告。相关的所有费用由申请人承担。审核报告由指导委员会先行审核，审核通过后向 UFI 大会提交认可提议。UFI 每年会举办一次全体会员大会，其中一项议程为审核由指导委员会提交的认可提议，如果会员出席或代表出席人数多于 2/3 支持通过认可提议，则可授予其 UFI 展会认证资格证书。

    二、通过 UFI 认证的条件

    1. 首先必须获得展览会所在国家有关部门的认可，认可其为国际展会。

    2. 直接或间接外国参展商数量不少于总数量的 20%。

    3. 直接或间接外国参展商的展出净面积比例不少于总展出净面积的 20%。

    4. 外国观众数量不少于总观众数量的 4%。

    5. 展会主办者必须可以提供专业的软硬件服务，展场必须是适当的永久性设施。

    6. 所有相关申请表格、广告材料及目录必须使用尽可能广泛的外文，包括英语、法语、德语等。

7. 在展会举行期间不允许进行任何非商业性活动。

8. 参展商必须是生产商、独家代理商或者批发商，其他类的商人不允许参展。

9. 严格禁止现场销售展品或者现场买卖。

10. 展会定期举办，展期不超过两周。

11. 申请认可时展会最少定期举办过 3 届。

三、我国取得 UFI 认证的展会项目

1. 上海国际汽车工业展览会

2. 中国国际工程机械、建材机械、工程车辆及设备博览会

3. 北京国际工程机械展览与技术交流会

4. 中国长春国际汽车博览会

5. 中国国际服装服饰博览会

6. 中国国际投资贸易洽谈会

7. 国际医疗仪器设备展览会

8. 北京国际印刷技术展览会

9. 国际制冷、空调、供暖、通风及食品冷冻加工展览会

10. 中国东莞国际鞋展、鞋机展、鞋材展

11. 中国（深圳）国际钟表珠宝礼品展览会

12. 中国国际医药（工业）展览会暨技术交流会

13. 中国国际机床工具展览会

14. 中国国际石油石化技术装备展览会

15. 中国国际纺织机械展览会暨 ITMA 亚洲展览会

16. 中国国际安全生产及职业健康展览会

17. 中国（大连）国际服装纺织品博览会

18. 中国国际模具技术和设备展览会

19. 中国国际地面材料及铺装技术展览会

20. 国际食品、饮料、酒店设备、餐饮设备、烘培及服务展览

21. 中国国际家具生产装潢与装饰机械及配件展览

22. 中国国际高新技术成果交易会

23. 国际名家具（东莞）展览会

24. 广州（锦汉）家居用品及礼品展览会

25. 锦汉纺织服装及面料展览会

26. 中国国际铸造、锻造及工业炉展览会

27. 多国仪器仪表学术会议暨展览会

28. 中国国际加工、包装及印刷科技展览

29. 中国国际流体机械展（新加坡）

30. 中国国际通信设备技术展览会

31. 上海国际广告印刷包装纸业展览会

32. 中国（深圳）国际品牌服装服饰交易会

33. 深圳国际礼品、工艺品、钟表及家庭用品展览会

34. 深圳国际玩具及礼品展览会

35. 中国深圳国际机械及模具工业展览会

36. 中国国际石材产品及石材技术装备展览会

37. 中国国际林业、木工机械与供应展览会

38. 义乌国际袜子、针织及服装工业展（香港）

39. 华南国际印刷展（香港）

40. 中国国际电力展（香港）

41. 中国国际塑料橡胶工业展览会（香港）

42. 顺德木工展（香港）

43. 华南国际包装技术展（香港）

44. 中国国际线缆及线材展

45. 中国国际管材展

46. 中国（上海）国际建材及室内装饰展览会

47. 中国国际染料工业暨有机颜料、纺织化学品展览会

48. 中国（深圳）国际文化产业博览交易会

49. 中国国际全印展——中国国际印刷技术及设备器材展

50. 中国国际社会公共安全产品博览会（简称安博会，英文缩写为 CPSE）

51. 深圳国际家具、家居饰品、家具配料展览会

52. 中国国际家居博览会

53. 亚洲国际流体机械展

54. 中国国际中小企业博览会

55. 中国（上海）国际建筑节能及新型建材展览会

56. 中国（东莞）国际纺织制衣、鞋机鞋材工业技术展

57. 中国国际光电博览会（CIOE）

58. 中国义乌国际小商品博览会

59. 中国国际农用化学品及植保展览会

资料来源：www.ufi.org

展陈工程企业资质等级评审手册

展陈工程企业资质等级评审管理办法

（2013 年 12 月 31 日）

1 总则

1.1 为了适应中国展览展示陈列（以下简称展陈）行业快速发展的形势，适应国际国内展陈行业的运行机制与管理要求，提升展陈企业形象与品质，进一步规范市场，促进展陈工程的设计与施工水平的提高，促进展陈工程的质量，确保展陈工程安全，推动行业进步与繁荣，特制定《展陈工程企业资质等级管理办法》。

2 展陈工程企业资质等级评审适用工程范围

2.1 规划馆、科技馆、博物馆、纪念馆、主题馆、产业馆、展览馆等在各类公共场所，进行的展览展示陈列工程项目。

2.2 规划馆、科技馆、博物馆、纪念馆、主题馆、产业馆、展览馆等在各类公共场所，进行以展览展示陈列为目的的工程项目配套服务的室内装饰设计与制作、光环境设计与制作、高新科技展项设计与制作、展陈组合设计与制作、景观设计与制作、展陈设备设计与制作、辅助展品设计与制作、观众服务系统设计与制作等辅助工程项目。

3 展陈工程企业资质等级评审申请

3.1 展陈工程企业资质等级的评审每年将根据申请企业数量不定期开展，具体申请办法参照《展陈工程企业资质等级评审流程》。

3.2 凡符合《展陈工程企业资质等级评审标准》中规定的适用范围和通用标准的展陈工程企业，可根据本单位情况，对照资质等级评审标准申报相应的资质等级。

3.3 申报资质等级评审的展陈工程企业，可自 2014 年 1 月 1 日起，在中国会展经济研究会指定网站上根据资质等级评审要求，自行进行电子文本申报。

3.4 参评企业按规定要求，在限定期限内将相关书面文本资料提交展陈工程企业资质等级评审工作办公室。

4 中国会展经济研究会展陈工程企业资质等级评审专家委员会和展陈工程企业资质等级评审专家库

4.1 中国会展经济研究会聘请相关方面具有权威性、代表性、影响力的业内专家出任展陈工程企业资质等级评审专家委员会委员。该委员会受中国会展经济研究会的领导，负责资质等级标准的修订、资质等级评审组织，参与相关培训和国内外考察等工作。并下设展陈工程企业资质等级评审工作办公室，专司日常工作。

4.2 中国会展经济研究会聘请展陈行业领域的专家组建展陈工程企业资质等级评审专家库。专家库成员参与资质等级评审。

5 资质等级的评审和认证

5.1 展陈工程企业资质等级评审专家委员会委员和专家库成员对参评企业的资料进行评审。

5.2 初审

5.2.1 由展陈工程企业资质等级评审工作办公室对申报资质等级评审的展陈工程企业申报的材料进行审查、核实。

5.2.2 展陈工程企业资质等级评审工作办公室对初审的意见，进行公示，公示期为 5 个工作日。

5.3 评审认证

5.3.1 由展陈工程企业资质等级评审工作办公室召集专家，举行评审会，对经过初审并公示的申报资质等级评审的展陈工程企业申报的材料，进行评审。

5.3.2 评审分抽样实地考察和专项会议评审等多种形式。

5.3.3 评审结果

5.3.3.1 展陈工程企业资质等级由"展陈工程企业资质等级评审专家委员会"确认。

5.3.3.2 展陈工程企业资质等级评审工作办公室通过相关途径公布评审结果。

5.3.3.3 中国会展经济研究会为获得资质等级认定的企业颁发《展陈工程企业资质等级证书》。

5.3.3.4 中国会展经济研究会将在指定网站及相关场合（商务部举办的会展推介会、中国会展经济研究会举办的年会、研讨会等）公布届次评审结果。

6《展陈工程企业资质等级证书》

6.1《展陈工程企业资质等级证书》是对展陈工程企业承包、设计、承建、施工、服务质量、信誉的认定，是展陈工程企业参与投标、承揽工程项目的重要凭证之一。

6.2《展陈工程企业资质等级证书》由展陈工程企业资质等级评审工作办公室统一印制，每证一号，任何单位和个人均不得复制。

6.3《展陈工程企业资质等级证书》分正本一份，副本四份，共五份。正本和副本具有同等效力。

6.4《展陈工程企业资质等级证书》有效期为3年，有效期自颁发证书之日起计算。有效期满，按照规定程序重新审核。重新审核未通过或者在3年期间发生本办法第7款第6条情况的企业单位，资质等级资格撤销。

6.5《展陈工程企业资质等级证书》只限被认证的展陈工程企业使用。如有遗失，应及时在公众媒体上声明，并申请补办。

6.6 任何单位和个人不得调换、伪造、涂改、出借、转让；除发证单位外，任何单位和个人不得非法扣押和没收。

6.7 已取得认证的企业变更名称、地址、法定代表人、注册资金等企业登记项目，应在变更后的一个月内办理变更手续。

7 已取得认证的企业有下列情形之一者，将被撤销其资质等级，并做出公示公告

7.1 出卖、出借、转让、涂改、复制《展陈工程企业资质等级证书》。

7.2 伪造《展陈工程企业资质等级证书》，承揽设计、施工或其他业务。

7.3 企业经营中或项目操作中出现重大安全事故。

7.4 严重违反各级政府部门、各类馆厅、展览组织者、地方和行业协会所主办的会展、事件活动的有关规定，遭到投诉、限制和处罚，并经展陈工作办公室调查属实。

7.5 未在规定的期限内办理登记项目变更备案手续。

7.6 企业经营活动中存在违法、舞弊、欺诈行为。

7.7 在有效期内企业经营情况发生重大变化已不符合资质要求。

8 对于利用《展陈工程企业资质等级证书》违法乱纪人员要按照有关规定严肃查处，直至追究法律责任。

9 附则

9.1 本标准自颁布之日起执行。

9.2 本标准由展陈工程企业资质等级评审专家委员会负责解释和修订。

联系方式：010-57412055 010-57412067

中国会展经济研究会

展陈工程企业资质等级评审工作办公室

2013 年 12 月 31 日

展陈工程企业资质等级评审标准

（2013 年 12 月 31 日）

1 本标准适用于展陈工程企业承揽以下所列工程（含类似）的资质认定，并作为参与投标以下所列工程（含类似）的资质凭证之一

1.1 规划馆、科技馆、博物馆、纪念馆、主题馆、产业馆、展览馆等在各类公共场所，进行的展览展示陈列工程项目。

1.2 规划馆、科技馆、博物馆、纪念馆、主题馆、产业馆、展览馆等在各类公共场所，进行以展览展示陈列为目的的工程项目配套服务的室内装饰设计与制作、光环境设计与制作、高新科技展项设计与制作、展陈设备设计与制作、展陈组合设计与制作、辅助展品设计与制作、景观设计与制作、观众服务系统设计与制作等辅助工程项目。

1.3 本标准为会展行业展览展示，展陈工程及相关服务企业、单位的通用标准，分为一级、二级、三级 3 个等级标准。

2 展陈工程企业资质等级评审申报条件

2.1 具有法人资格。

2.2 从事《展陈工程资质等级管理办法》中第 2 款业务范围的工程业务活动。

2.3 经工商行政管理部门正式批准登记注册。

2.4 同意公开企业相关参评信息。

3 资质等级适用和推荐的展陈工程范围

3.1 一级资质：设计施工展陈工程面积和展陈工程合同的金额不限，优先获得展陈工程企业资质评审专家委员会及展陈工作办公室向中国会展经济研究会会员单位、国家及各级政府展陈行业主管部门、展馆及各类展厅建设组织者、相关的各行业协会和地方协会的工程资格推荐。

3.2 二级资质：优先获得在展馆或分项分包中，展陈工程企业资质评审专家委员会及展陈工作办公室向中国会展经济研究会会员单位、国家及各级政府展陈行业主管部门、展馆及各类展厅建设组织者、相关的各行业协会和地方协会推荐作为面积 3000 平方米以下项目的承建商、或合同金额 2000 万元以下的展陈工程项目的设计承建商、搭建商的资格。

3.3 三级资质：优先获得在展馆或分项分包中，展陈工程企业资质评审专家委员会及展陈工作办公室向中国会展经济研究会会员单位、国家及各级政府展陈行业主管部门、展馆及各类展厅建设组织者、相关的各行业协会和地方协会推荐作为面积 2000 平方米以下项目的承建商、或合同金额 1000 万元以下的展陈工程项目的设计承建商、搭建商的资格。

展陈工程企业资质等级评审流程

1 报名

1.1 参评企业单位提出申请需提交以下材料及表格

1.1.1 展陈工程企业资质等级评审申请承诺书（附件一）

1.1.2 资质等级评审申请报名表（附件二）

1.1.3 法人委托书（附件三）

1.1.4 资质等级评审申请企业基本情况调查表（附件四）

1.1.5 资质等级评审申请企业无展陈工程安全质量事故及不良信用责任声明（附件五）

1.1.6 资质等级评审申请企业展陈工程业绩列表（附件六）

1.1.7 展陈工程企业申报资料一、二

2 缴费

2.1 参评企业根据展陈工程企业资质等级评审标准要求，在提交企业相关资料后 5 个工作日内全额缴纳资质评审费（一级资质评审费 36000 元、二级资质评审费 18000 元、三级资质评审费 8000 元）。

3 初审

3.1 对企业提交的申请资料进行初步审核，参评企业未按要求提供相关资料及资料不完善的将取消评审资格。

3.2 初审由展陈工程企业资质评审工作办公室对参评企业申报资料的完整性、有效性及必达项进行审核，经全部审核通过后方能视为通过初审。

3.3 未通过初审的企业将扣除 20%受理费后退还全部费用。

4 公示

4.1 在中国会展研究会指定网站及其他形式公示通过初审企业的资料，接受会员单位及社会监督。

4.2 在公示期间，如参评单位被举报资料不实，经查实将取消参评资格,扣除 40%初评费后退还全部费用。

5 评审

5.1 初评结果公示期满，由展陈工程企业资质等级评审专家委员会召开专家评审会对参评企业资料进行评审。

5.2 评审专家将从展陈工程企业资质评审专家委员会委员和专家库成员中选取，人数为 7～9 人。

5.3 召开评审会议。评审的内容为：审查、核实参评企业上报资料、综合打分、投票、形成评审意见等。

5.4 评审需经与会专家 5～7 人同意后，才能视为通过评审。

5.5 评审会议出具工程资质等级专家评审书面结论并经所有专家确认。

5.6 评审未通过的企业将扣除 60% 资质评审费后退还全部费用。

6 考察及公示

6.1 展陈工程企业资质等级评审专家委员会召集专家对需核实情况的企业进行实地考察。经实地考察不合格的企业将退回企业资料并扣除资质评审费80% 后退还全部费用。

6.2 评审结束，通过中国会展经济研究会指定网站及其他途径公示评审结果，公示期为 5 个工作日。

6.3 公示期满，展陈工程企业资质等级评审工作办公室将评审结果提交展陈工程企业资质等级评审专家委员会审核并确认最终评审结果。

7 发证

7.1《资质等级证书》加盖中国会展经济研究会公章及展陈工程企业资质评审专家委员会公章后颁发给获得资质等级认定的企业。

8 付款

8.1 付款时间：申报资料提交后 5 个工作日内。

8.2 付款方式：汇付。款项汇出后，需将汇款单传真至展陈工作办公室。

中国会展经济研究会

展陈工程企业资质等级评审工作办公室

2013 年 12 月 31 日

展陈工程企业资质等级评审申请指南

1 填写、提交《资质等级评审申请企业基本情况调查表》及相关资料的要求。

1.1 参评企业确保所提交的资料、信息完整、真实、合法、有效。

1.2 参评企业对适用的项目如实填写，对不适用的项目须注明"不适用"。

1.3 参评企业遵照《展陈工程企业资质等级评审标准》及本指南中的要求提供相关资料。

1.4 申报资料包括以下两个部分（各部分应分别单独装订），各部分包括的资料内容如下：

1.4.1 第一部分：申报资料一。

包括并按照顺序装订以下文件：

①目录

②展陈工程企业资质等级评审申请承诺书（附件一）

③展陈工程企业资质等级评审申请报名表（附件二）

④法人委托书（附件三）

⑤资质等级评审申请企业基本情况调查表（附件四）

⑥资质等级评审申请企业无工程安全质量事故及不良信用责任声明（附件五）

⑦参评企业、单位营业执照副本复印件

⑧企业、单位法定代表人情况简介和身份证复印件

⑨参评企业、单位所获得并在有效期内的 ISO9000 质量管理体系认证证书与 ISO14000 环境认证复印件（自选，作评议参考）

⑩参评企业、单位截至到申请之日前的 36 个月内所获得的市级以上涉及经营活动的荣誉证书、证明等资料（自选，作评议参考）

⑪其他资质等级评定及相应级别（自选，作评议参考）

⑫符合申报等级所规定的企业人员的职称证书、学位证书

⑬员工社会保障情况（需提供企业社会保障登记证复印件）

⑭安全管理体系

⑮公司组织体系

⑯参评企业、单位需要说明及提交的其他资料

1.4.2 第二部分：申报资料二。

包括并按照顺序装订，提交以下文件：

①目录

②资质等级评审申请企业展陈工程业绩列表（附件六）并附合同及对应收款凭据（银行对账单）复印件

③参评企业自申请之日前两年度的财务审计报告及相关说明

1.5 参评单位将以上两部分资料按要求填写完毕并装订成册（一式二份），密封送达展陈工程企业资质等级评审工作办公室

1.6 展陈工程企业资质等级评审工作办公室联系方式

地址：北京市东城区安定门外东后巷 28 号 1 号楼 418（商务部研究院）

邮编：100710

电话：010-57412067 57412055

传真：010-84504657

联系人：师洋 18500277172 孙浩 13911864075

2 申报资料的装订、密封和标记：

2.1 申报资料应按本指南规定进行装订。

2.2 所有申报资料由 A4 纸复印胶订并统一大小封装（特殊大小材料可折叠为 A4 纸大小后统一装订），以易于密封和搬运。如申报资料较多，可以使用多个密封袋密封包装。申报企业、单位在每个密封袋的后面注明"（企业名称）申办工程资质等级评审资料"字样。

2.3 申报资料密封方式采用密封条（可以自行制作）在密封袋的开口处密封并填写密封日期、加盖公司公章。

3 特别提示：

3.1 参评企业一旦提交资料将不得修改、补充申报资料，请各参评企业需参照《中国会展经济研究会展陈工程企业资质等级评审申请手册》逐一确认申报材料。

3.2 在提交资料过程中出现下列情形之一的，将取消参评单位的申报资格：

①逾期送达或未送达指定地点；

②未按规定要求装订成册；

③未按规定要求密封；

④递交资料有缺失。

中国会展经济研究会

展陈工程企业资质等级评审工作办公室

2013 年 12 月 31 日

附件一

展陈工程企业资质等级评审申请承诺书

中国会展经济研究会：

_____（单位名称）按照《展陈工程企业资质等级评审标准》，现正式申报展陈工程企业____级资质评审。

我企业接受展陈工程企业资质等级评审专家委员会的评审和实地考察，并作如下承诺。

一、我企业已详细阅读《中国会展经济研究会展陈工程企业资质等级评审申请手册》。

二、我企业承诺向中国会展经济研究会所提供的所有信息及相关资料完整、真实、合法、有效，并同意向社会公开企业相关参评信息，如因我企业所提供的上述信息及相关资料不实等原因导致申报资质未获通过，责任由我企业负责。

特此申请。

单位盖章：   法定代表人签字：
                                 日期：
                                 代理人签字：
                                 日期：

附件二

展陈工程企业资质等级评审申请报名表

公司名称				
展陈工程企业申请资质等级	□一级		□二级	□三级
法定代表人		联系方式		
委托代理人				
企业主营范围	□规划馆、科技馆类展览展示陈列设计/施工 □博物馆、纪念馆类展览展示陈列设计/施工 □产业馆、主题馆、展览馆类展览展示陈列设计/施工 □以展览展示陈列为目的的高新科技展项设计与制作 □以展览展示陈列为目的的工程项目配套服务的室内装饰设计与制作、光环境设计与制作、展陈组合设计与制作、景观设计与制作、展陈设备设计与制作、辅助展品设计与制作、观众服务系统设计与制作等辅助工程项目 注：资质等级评审申请企业可从以上主营范围中最多勾选四项，所勾选项将标注在展陈工程企业资质等级证书中				
备注说明				

单位盖章：　　　　　　　　　　　　法定代表人签字：

日期：

代理人签字：

日期：

附件三

法人委托书

本授权委托书声明：我_____（姓名）系_____（申报企业）的法定代表人，现授权委托_____（姓名）作为我公司正式合法的代理人，以我公司名义并代表我公司全权处理展陈工程企业资质等级评审的相关事宜。

在此授权范围和期限内，被授权人所实施的行为具有法律效力，授权人予以认可。

本授权书限期自_____起至_____止。

代理人无转委托权，特此委托。

（指定委托代理人身份证明复印件粘贴处）

单位公章：　　　　　　　　　　法定代表人签字：

　　　　　　　　　　　　　　　日期：

代理人签字：

日期：

附件四

资质等级评审申请企业基本情况调查表

公司名称			
公司地址		注册地址	
工商证号		年检情况	
注册资金			
注册时间			
法定代表人		法定代表人身份证号	
委托代理人		委托代理身份证号	
申请联系人		职务	
电话号码		传真号码	
企业邮箱		企业网址	
企业人员情况简述	可制作附件		
经营范围	主营		
	兼营		
上一年度资产规模	万元	展陈业务在贵司总额的比例	
经营情况	目前是否涉及重大纠纷诉讼仲裁或行政处罚等	企业获奖情况	可制作附件

注：此表格可以按同样格式扩展

附件五

资质等级评审申请企业无展陈工程安全质量事故
及不良信用责任声明

中国会展经济研究会：

兹声明我单位在　　　　年度内，在所从事的展陈工程设计施工经营活动中没有严重安全、质量事故和涉及企业诚信的不良记录。

本单位对此声明承担法律责任。

特此声明。

单位盖章：　　　　　　　　　　法定代表人签字：

日期：

代理人签字：

日期：

附件六

展陈工程企业工程业绩列表（样本）

项目实施时间	项目实施地点	工程项目名称	服务对象	联系人	电话	实施面积	实施内容	合同单位造价	结算单位造价	备注
						0.00			0.00	
						0.00			0.00	
						0.00			0.00	
						0.00			0.00	
						0.00			0.00	
						0.00			0.00	
						0.00			0.00	
						0.00			0.00	
						0.00			0.00	
						0.00			0.00	
						0.00			0.00	
						0.00			0.00	
						0.00			0.00	

填报说明：1. 展陈工程项目业绩为 36 个月内发生或签署的；

　　　　　2. 实施内容是指所实施项目中的设计、施工、制作安装等的分类；

　　　　　3. 合同单位造价为该项目正式合同中所签订的平均单位平米造价，结算单位造价是该项目完工时含所有增项后的平均单位平米造价

　　　　　4. 此表格可以按同样格式扩展。

参考文献

1. （德）曼弗雷德·基希盖奥格，维尔纳·M．多恩夏特主编．博览管理[M]．上海：上海财经大学出版社，2008

2. 陈泽炎．欧美国家知识产权保护与我国的借鉴、应对与思考[R]．北京：中国会展经济研究会，2011

3. （美）杰克·吉多，詹姆斯·P．克莱门斯著．成功的项目管理[M]．北京：电子工业出版社，2008

4. 施谊，张义，王真主编．展览管理实务[M]．上海：化学工业出版社，2008

5. 龚维刚主编．会展实务[M]．上海：华东师范大学出版社，2007

6. 杨顺勇，曹杨主编．会展手册[M]．上海：化学工业出版社，2007

7. 龚维刚，杨顺勇．上海会展业发展报告（2011）[M]．北京：中央编译出版社，2012

8. 过聚荣．中国会展经济发展报告（2011）[M]．北京：社会科学文献出版社，2012

9. 林福厚，马卫星著．展示艺术设计[M]．北京：北京理工大学出版社，2006

10. 范卓明，周辉向，何彬．商业会展与展台设计入行实战[M]．北京：电子工业出版社，2006

11. 周利方，沈全主编．会展政策与法规[M]．上海：立信会计出版社，2006

12. 王春雷，陈震著．展览会策划与管理[M]．北京：中国旅游出版社，2006

13. 刘松萍，郭牧，毛大奔．参展商实务[M]．北京：机械工业出版社，2005

14. 王起静等编著．会展项目管理[M]．北京：中国商务出版社，2004

15. 刘松萍，李佳莎编著. 会展营销[M]. 成都：电子科技大学出版社，2003

16. 陈祝平著. 服务市场营销[M]. 大连：东北财经大学出版社，2001

17. （美）菲利普·科特勒，加里·阿姆斯特朗. 营销学导论[M]. 北京：华夏出版社，1998

18. 汪祖柱，周正柱，储吉旺. 会展物流管理的信息组织与集成分析[J]. 物流科技[J]. 2007，No.7

19. 刘助忠，龚荷英. 会展观众参展动机研究[J]. 当代经济，2007，No.1

20. 钟颖. 提高企业参展营销绩效的方法[J]. 广西财经学院学报，2006，Vol.19 No.6

21. 王春雷，诸大建. 中美会展产业发展系统比较研究——兼论美国会展产业发展对中国的启示[J]. 世界地理研究，2006，Vol.15 No.2

22. 熊涛涛，李春林. 展览展示绿色设计的新观念和新方法初探[J]. 艺术教育，2006

23. 杨孟雷. 关于出国展览项目的选择与管理[J]. 商业经济文荟. 2004，No.5

24. 李原. 会后跟踪——参展企业完成展览交易的保证[J]. 生产力研究，2003，No.3

25. 黄宁. 中国远洋物流有限公司会展物流组织过程实例分析[D]. 北京：北京交通大学，2007

26. 黄玉. 我国会展物流模式及报价体系研究[D]. 大连：大连海事大学，2006

27. 嵇方. 会展活动安全事故成因分析及预警模型研究[D]. 上海：同济大学，2006

28. Schneuwly, P. & M. Widmer. Layout Modeling and Construction Procedure for the Arrangement of Exhibition Spaces in a Fair [J]. International Transactions in Operational Research, 2003, No.10.

29. AUMA.Successful Participation in Trade Fairs[R]. AUMA copyright, 2014.

30. AUMA.Review Key Figures of the German Trade Fair Industry 2010[R], AUMA copyright, 2011.

31. UFI. Report on UFI Member Exhibitions and Venue Activity[R]. UFI copyright, 2011.